U0910948

教育部人文社会科学研究青年基金项目资助
(项目批准号：10YJC880031)

◆ 教育部人文社会科学研究青年基金项目资助
（项目批准号：10YJC880031）

教育平等观念在中国
（1840—2010）

丰向日◎著

中国社会科学出版社

图书在版编目（CIP）数据

教育平等观念在中国（1840—2010）／丰向日著．—北京：中国社会科学出版社，2014. 11

ISBN 978-7-5161-5131-0

Ⅰ. ①教… Ⅱ. ①丰… Ⅲ. ①公平原则—教育思想—思想史—中国—1840～2010 Ⅳ. ①G40-092. 5

中国版本图书馆 CIP 数据核字（2014）第 272582 号

出 版 人　赵剑英
责任编辑　凌金良
责任校对　刘　娟
责任印制　张雪娇

出　　版　中国社会科学出版社
社　　址　北京鼓楼西大街甲 158 号
邮　　编　100720
网　　址　http：//www. csspw. cn
发 行 部　010-84083685
门 市 部　010-84029450
经　　销　新华书店及其他书店

印　　刷　北京君升印刷有限公司
装　　订　廊坊市广阳区广增装订厂
版　　次　2014 年 11 月第 1 版
印　　次　2014 年 11 月第 1 次印刷

开　　本　710×1000　1/16
印　　张　17
插　　页　2
字　　数　279 千字
定　　价　55. 00 元

目　录

第一章 绪 论

第一节 问题提出

一 研究缘起

教育公平的推进受经济、社会等客观条件的限制，也与人们拥有的教育平等观念密切相关。研究百年来中国教育平等观念的历史演变，对于把握中国教育公平的实践历程，推进21世纪的教育公平具有重要意义。

第一，教育平等是现代教育的核心价值，也是世界教育改革的主旋律。现代教育发展的一个重要方向是教育民主化。教育民主化的首要内容是教育机会的民主化，即教育机会均等。随着世界教育的大众化和普及化，教育平等作为现代教育的核心价值，越来越成为各国教育改革的基本目标和政策依据。

1948年联合国大会在《世界人权宣言》中提出："人人都有受教育的权利，初级教育应属义务性质，技术和职业教育应普遍设立，高等教育应根据成绩对一切人平等开放。"在联合国的推动下，教育民主化渐渐成为全世界所有国家和所有与教育有关的人最关心的问题。20世纪60—70年代，一些发达国家开始采取措施解决本国的教育不平等问题。英国政府实行"教育优先区计划"以解决劳工阶层子女及其他处境不利儿童的教育问题。美国政府废除了公立教育的种族隔离制度。瑞典教育家胡森（Husen，T.）在1972年指出："若干年以来，无论在国内还是国际上，就教育问题进行的政策讨论中，'平等'已变成一个关键词。"[①] 进入20世纪90年代后，联合国教科文组织等国际组织在世界范围内发起全民教

① 张人杰主编：《国外教育社会学基本文选》，华东师范大学出版社1989年版，第193页。

育运动，旨在使每个人都能够有机会接受满足其基本学习需要的基础教育。全民教育作为一项国际行动和教育思潮对世界各国，尤其是发展中国家的教育平等起到了很大的推动作用。发展中国家在教育政策的制定上，把其视为重要目标。发达国家的教育改革，同样以教育平等为基本宗旨。如美国教育部颁布的“2002—2007 年战略规划”的扉页上写道：美国教育部的使命就是在全国范围内，保障教育平等、促进教育卓越。[①]

受国际教育思潮的影响，进入 20 世纪 90 年代，教育平等也成为中国学者热议的话题。2001 年中国政府颁布的《全国教育事业第十个五年计划》明确提出，把教育公平与公正作为教育改革与发展的指导思想和基本原则。此后，教育公平越来越受到中国政府的重视。2007 年中共十七大报告明确提出：“教育公平是社会公平的重要基础，要优化教育结构，促进义务教育均衡发展，加快普及高中阶段教育，大力发展职业教育。坚持教育公益性质，加大财政对教育投入，扶持贫困地区、民族地区教育，健全学生资助制度，保障经济困难家庭、进城务工人员子女平等接受义务教育。”2010 年中国政府发布了《国家中长期教育改革和发展规划纲要（2010—2020 年）》（以下简称《纲要》），《纲要》明确提出“把促进公平作为国家基本教育政策。教育公平的关键是机会公平，基本要求是保障公民依法享有受教育的权利”，“促进公平”成为教育的工作方针。

由上可以看出，20 世纪 90 年代以来，无论是国外还是国内都非常重视教育平等问题，各国政府明确把教育平等作为施政纲领和教育改革的基本原则，教育平等是世界教育改革的主旋律。

第二，教育平等观念制约着中国普及教育的百年之路。在中国近代教育史上，首次明确系统提出普及教育思想的是以康有为、梁启超为代表的维新派。1895 年康有为在著名的《上清帝第二书》中建议清帝遍设乡塾，使人人皆得入学。在其后的变法维新运动中，普及教育成为维新志士的重要政治纲领。1904 年清政府在王朝自救运动中颁布《奏定学堂章程》，采纳了维新派的普及教育思想，第一次把普及教育列入政府和各级官员的职责范围内，从此开启了中国的普及教育之路。到 20 世纪末，中国政府庄

① 周满生等主编：《发达国家教育改革的动向和趋势》（第七集），人民教育出版社 2004 年版，第 3 页。

严地向世界宣布，中国已经基本普及了九年义务教育。2000年年底，全国小学学龄儿童入学率为99.11%，初中阶段入学率为88.60%。[①]

中国的普及教育用了大约100年的时间，其过程可谓漫长而艰辛。而西方主要国家在19世纪末20世纪初就基本普及了义务教育。以英国为例，1870年通过《初等教育法》，至19世纪末，用了大约30年的时间，全国人口的识字率接近97%。我国的近邻日本1886年颁布《小学校令》，实行四年制义务教育，至1908年，儿童入学率达到97.80%，用了大约20年的时间。与这些国家相比，中国的普及教育步履维艰，这一方面是中国幅员辽阔、人口众多、工业化程度低下、经济发展总体落后而又极不平衡的客观条件所致；[②] 另一方面决策者、教育者以及普通民众所拥有的教育平等观念也制约着教育平等实践的推进。比如，有人认为："教育是经济发展和社会进步的需求，教育只有达到一定的教育水平（如中学后职业培训之后）才对经济产生明显的作用。扫盲或小学文化是没有什么经济效益可言的。培养一部分人达到中学加职业培训教育水平，其经济效益远大于所有人普及小学文化。"[③] 这种只注重教育外部功能，而没有看到它是人的一项基本人权的观点直接影响着民众是否能平等接受教育。

第三，中国教育平等观念的产生和变革是中西文化冲突交融的结果。现代教育平等观念是西方现代化的产物之一，它萌生于文艺复兴时期，经过宗教改革运动的发展，到18世纪法国启蒙运动时期成为一项具有完整内涵的社会核心价值观。1840年的鸦片战争打破了中国传统的发展轨道，在西方列强的侵略下，中国被迫启动了现代化，植根于西方大生产和工业化基础上的现代教育制度及其教育平等理念开始传入中国。

在中国教育现代化一百多年来的求索中，中国的教育平等观念在西方的影响下，慢慢融入世界教育现代化潮流。融入的过程和中国与西方的接触程度、中国对西方文化的认识深浅有密切关系。戊戌维新变法之前，国人对西方文化的了解主要通过来华的传教士，由于传入源本身的限制，对西方教育平等的认识也仅仅停留于制度层面。戊戌维新变法后，大批知识

---

① 时晓玲：《"两基"：谱写中国教育新篇章》，《中国教育报》2002年9月24日第2版。

② 田正平等主编：《世纪之理想——中国近代义务教育研究》，浙江教育出版社2000年版，第832、837页。

③ 刘吉：《关于发展我国教育的几个战略观点》，《社会科学》1989年第4期。

精英留学日本，他们在日本接触到了西方启蒙时期的一些思想巨著，对西方民主平等学说有了更完整、更系统的了解，对西方教育平等的认识又前进了一步。他们认识到义务教育的宗旨在于培养有民主精神的共和国民，教育平等的取得首先要推翻封建帝制，发展资本主义经济。“五四”时期，留学欧美的知识精英陆续回国，欧美的一些知名学者来中国宣传西方式的民主、教育民主，由于与西方文化有了直接接触，中国人对教育平等有了更本质的认识，开始从权利、人格、个性的角度思考教育平等问题。20 世纪 70 年代末以来，中国实行改革开放政策，1949 年后由于种种因素而中断的中西教育交流重新启动，西方教育平等的一些新理念大量传入中国，中国逐渐融入世界教育平等大潮，共享着世界教育平等观念。

中国对西方教育平等观念的接受，不仅与中西文化的往来有密切关系，而且受到中国自身的文化传统、经济条件、国际国内环境等因素的影响。西方的观念在传入后，融入了中国人的生命和创见，带上了中国的色彩和特点。比如，在经济十分困难时期，中国的义务教育并没有像西方那样有固定的年限、一定的标准，而是做了灵活的变通。义务教育的办学经费也不是由国家全部负责，而是发动人民群众的力量。在中国人看来，首先要使人民有受教育的机会，至于由谁来提供这样的机会并不重要。西方所谓的普遍意义的价值观在中国有了独特的样式。

二　研究问题

本书主要研究以下几个问题：

1. 中国教育平等观念的发展阶段，每一阶段的主要特征。

2. 西方教育平等观念传入中国以来，中国人吸收了哪些元素，做出了哪些变革。

3. 中国人接受西方教育平等观念的条件，影响中国人教育平等观念变革的因素。

4. 中国人教育平等观念中的固有元素及其对教育平等实践推进的影响。

本书的整体目标：

通过对近代以来中西文化交流冲突下的中国教育平等观念进行历史考察，揭示中国人对西方教育平等观念的接受与融通，探讨制约中国人观念变革的因素、接受观念的条件，研究中国人固有的传统观念对于推进教育平等实践的影响，挖掘经过中国人提炼升华的教育平等价值观，为中国教育公平的制度建设、实践推进，为中国教育学科的现代化建设，为加强中外文化教育交流发挥一定的作用。

三　研究意义

具体来说，研究有以下几方面意义：

1. 理论意义：通过对百年来中国教育平等观念历史演变的研究，有利于明确教育平等的理论内涵，为教育学相关学科对教育平等概念的阐释提供支持。教育平等作为一个西方式的概念，国人可能没有自觉地将其本土化、民族化，但事实上已经无意识地打上了中国的文化、时代烙印。教育学科对这一概念的阐释既要考虑其世界意义，也应该揭示其本土意义。本书通过对中西教育平等观念的比较分析，可以更好地认识各自的特征，从而提高吸收外来文化精髓、汲取传统思想有益成分的自觉性。

2. 现实意义：有利于明确当代应该树立什么样的教育平等观念，为教育公平实践的推进、体现平等和公正的教育制度建设提供一定的借鉴、依据。本书把教育平等观念以及观念影响下的教育实践相联系进行研究，通过对观念后果——教育实际状况的分析，有利于让人们认清一些观念的问题，信服地接受当代应该确立什么样的教育平等观念。

3. 文化交流意义：有利于挖掘中国现代教育传统中的教育平等观，为中外文化教育交流提供一定的资源。中国的教育平等观念源于西方，其发展变化受西方的影响，但又融进了自身的理解，经过本民族的提炼和升华，成为中国现代教育传统中的重要内容。中国与西方的教育交流，不仅要介绍古代传统中的教育思想精华，还要贡献中国现代传统中的教育新观念。这种新观念与以西方价值为主流的现代观念有一些共享的理念，同属一个现代化运动，具有某种全球化趋向，更容易实现交流与对话。中国的教育平等观念对于与中国有相似处境的发展中国家更具有借鉴意义。

第二节 概念界定

本书的核心概念是“教育平等”（equality in education/educational equality）和“观念”。

《辞海》对“平等”的定义为：“平等是人们在社会上处于同等的地位，在政治、经济、文化等各方面享有同等的权利。”依据此定义，《教育大辞典》对“教育平等”的解释为：“教育平等指人们不受政治、经济、社会地位和民族、种族、信仰及性别差异的限制，在法律上都享有同等受教育的权利。”①

与“教育平等”相近的概念还有“教育公平”（equity in education/educational equity），这两个概念经常互换使用。它们的内涵有很大的一致性，但还有一些不同。“平等”与“公平”都是从西方引入的概念，从西方词典里对二者的阐释，可以看出其不同点。韦氏词典对“平等”和“公平”的解释如下：

平等（equality）：①指与他人相同的尺寸、量或数字；②指与他人相同的权力、能力、阶级或地位；③指比例上的相称、匀称、齐一的状态；④指不可或缺的能力、权力、勇气，以完成某种挑战。由此可知，平等乃是与他人比较之下，在某种项目上有相同或齐一的状态。透过比较的方式，了解每人是否都相同，乃是平等的重要精神所在。

公平（equity）：是对某种自然权利、法则及正义无私无偏的遵守。公平的基础在于平等，也就是在每个人基本权利相同的前提下，再因应个别需要做特殊情形的处置，方为公平的精神所在。

我国台湾学者罗清水根据韦氏词典的解释作了进一步的说明：认为公平与平等最大不同之处在于对不平等的处理。在平等的概念下，需达到一致性的要求；否则，须透过特别的处理，以期获得相等的对待，是谓平等。例如，文化不利地区的儿童，在学龄入学前，给予提早教育的机会，使其具有与相同智力者相同的学习能力，即为平等概念下发展出来的措施。然而，在平等的基础上，仍无法使个体顺利发展，获得应有的成果

① 顾明远主编：《教育大辞典》（教育哲学卷），上海教育出版社1992年版，第100页。

时，则需透过特别的处理，给予更多额外的资源，例如，学校中对低成就学生所进行的补救教学，即是在公平的理念下所发展出来的具体措施。[1]

根据上述词典及学者对“公平”和“平等”的解释，我们对“教育平等”和“教育公平”作一基本界定：“教育平等”是每个人的基本权利，它强调人与人之间在教育条件上的一致性，不同个体之间不会因为一些社会因素而造成在教育权利、机会、条件等方面的差别。“教育公平”则是以教育平等为基础，依照一定的社会价值观和法则，对教育条件做出适当调整，以扶持社会特定群体的正义行为。可以看出，“教育公平”是对“教育平等”的进一步发展，是人们对教育的更高期待。从这两个概念使用时段的不同，也能看出其内涵的演进。据有学者对20世纪60年代以来的英文文献进行研究，发现“教育平等”更多地出现在60—70年代，在80年代后仍有相当一部分资料沿袭使用此概念，而“教育公平”更多地运用于80年代以后。[2] 从我国的实际来看，在90年代中期前主要使用的是“教育平等”；90年代中期后主要使用的是“教育公平”。通过中国知网（www. cnki. net/index. htm）中国期刊全文数据库，对1994年到2010年年底的核心期刊进行检索：以“教育平等”为篇名的共有79条，以“教育公平”为篇名的共有814条。

“教育平等”既是“教育公平”的基础，又为各个时期所使用，作为历史研究，所以本书使用“教育平等”概念。

“观念”也有多个含义，各派哲学家对“观念”的理解各不相同。马克思主义哲学认为：“观念的东西不外是移入人的头脑并在人的头脑中改造过的物质的东西而已。”[3] 观念一方面决定于客观现实，是物质世界的反映；另一方面观念具有能动性。“教育平等观念”就是人们对所处历史时期、所在地区教育平等情况的认识，以及对教育平等的理想追求。“教育平等观念”与一定的社会制度、经济发展水平、一定的地域相联系，它不是固定不变的，而是处于不断的发展变化之中的。教育平等观是一个历史范畴，不同社会、不同阶级、不同阶层、不同地域的人对平等的理解

① 罗清水：《论教育机会均等意涵与做法》（上），《研习资讯》1998年第2期。
② 翁文艳：《教育公平与学校选择制度》，北京师范大学出版社2003年版，第2页。
③ 《马克思恩格斯选集》（第2卷），人民出版社1995年版，第112页。

和认识是迥然有别的。

由于教育平等观具有历史性，“教育平等”、“教育公平”的概念在不断地演进，本书的核心就是揭示不同时期人们对教育平等、教育公平的认识，概念本身就是本书的重要内容，在不同的章节，我们将分析当时的历史阶段人们对教育平等、教育公平的认识。

第三节　研究现状

一　研究概况

从国外来看，教育平等这个概念是从19世纪以来被不断地明确提出，20世纪西方国家普遍制定体现这一概念的政策。20世纪60—70年代西方曾出现过一个研究教育平等的高潮。美国的丹尼尔·E. 格里菲思对1966年至1975年10年中世界教育研究的成果进行了总结，列出了10项最有意义的成果，其中有3项直接或间接与教育平等的研究有关。美国卫生、教育和福利部提出的“1977年美国国家教育研究所的6个研究领域”，教育机会均等列第二位。80年代以来，美国对教育公平的研究更加深化，并凸显新的研究特点，即超越了社会和地区层面教育机会公平的宏观研究，更加深入到学校和教室层面教育机会公平的微观研究。[①] 国外一直很重视关于平等、教育平等、教育公平的研究，中国国家图书馆收藏的论述平等以及教育平等、教育公平的英文书籍就有500多本。

从国内来看，19世纪80年代开始谈论平等问题，但当时对平等的理解非常薄弱、含糊。19世纪与20世纪之交，以康有为为首的维新派较明确地表达了平等观念。辛亥革命前后革命派的各种报刊上，平等已经成为使用频率颇高的词语。新文化运动时期，启蒙思想家们对平等展开了深入的讨论。[②] 就笔者所见的资料来看，最早使用教育平等这个概念的是梁启超，他在《南海康先生传》中用“教育平等”一词来概括康有为所描绘的大同社会的教育特征。[③] “五四”时期，学者们开始明确地探讨教育平

① 单中惠等：《基于学校和教室层面的教育机会公平——达林—哈蒙德的教育公平思想初探》，《比较教育研究》2010年第9期。

② 高瑞泉：《中国现代精神传统》（增补本），上海古籍出版社2005年版，第188—199页。

③ 梁启超：《康有为传》，团结出版社2004年版，第65页。

等，20 世纪 20—30 年代有了专门论述教育平等的著作，如 1922 年出版的《平等教育计画》（张崇玖著），1923 年出版的《教育机会贫富均等问题》（张武著）。这两部著作主要讨论了富人和穷人之间教育机会不均等的问题。在 20 世纪 20 年代末至 1949 年，主要教育刊物上都有讨论教育机会平等的论文。1949 年以后，我国台湾学者在 20 世纪 60 年代末开始对教育平等进行研究。我国内地学者则在 20 世纪 90 年代中期以来开始关注教育平等问题。以《人民教育》和《教育研究》杂志为例，在 1994 年以前没有正面讨论这方面的文章。

就研究的主题来看，国外学者主要关注：社会阶层、种族、性别、同性恋、特殊教育需要者的教育平等问题；基础教育课程目标、内容是否体现了多元文化，是否注重培养学生平等信念、人权观念；各党派、各政治流派的教育平等观等。国内学者的研究集中在两方面：一方面是教育平等的一些现实问题与制约因素。如陈中原的《中国教育平等初探》（2004）研究了地区、城乡、性别差异以及制度安排对教育平等的影响。这类研究主要关注入学机会均等以及资源配置的均衡问题，对教学过程中的机会均等问题关注较少。对教学过程平等问题进行系统研究的有程晓樵的《课堂互动中的机会均等》（2002），该书从微观的角度，以课堂中师生互动为研究对象，研究不同家庭背景学生在课堂中受教育机会均等问题。另一方面是对国外教育平等理论的译介、述评。如郭彩琴的《教育公平论——西方教育理论的哲学考察》（2004），马和民、许小平的《西方关于教育平等的理论》（1999），马早明的《西方“教育机会均等”研究述评》（2001）等。

对教育平等进行历史研究的，国外著名的有：瑞典教育家胡森（Husen，T.）在 1972 年出版的《社会环境与学业成就》，对第二次世界大战后欧美关于教育机会均等的研究作了述评。美国教育家科尔曼（Coleman）在 1968 年发表的《教育机会均等的观念》对 19 世纪后普通教育机会思想的产生、演变及美国教育机会均等思想发展的阶段进行了综述。美国的丘奇（Church，R. L.）研究了 1960—1975 年间美国教育机会均等概念的演变。20 世纪末以来，国外的一些研究对整个 20 世纪的教育平等进行了反思，探讨人类已经实现了多大程度的平等，其中教育扮演了什么样的角色，人类到底能实现多大程度的教育平等（Dave Hill & Mike

Cole，2001；Mike Cole，2000）。国外对教育平等的一些具体问题研究，往往都要追踪历史，从历史的角度探讨现实问题。

我国从历史视角研究教育平等的主要有：台湾学者张建勋（1991）的《我国教育机会均等政策之分析》研究了台湾教育机会均等政策的理论基础三民主义教育机会均等思想的内涵及演进。内地学者吴德刚（1998）的《中国全民教育问题研究——兼论教育机会平等问题》对古今中外一些重要人物的教育平等思想进行了研究，主要有古代的孔子、柏拉图、亚里士多德；西欧文艺复兴时期的莫尔、马丁·路德、夸美纽斯；近代自由资本主义时期的卢梭、裴斯泰洛齐、欧文、贺拉斯曼、福泽谕吉；中国近现代的孙中山、陶行知、鲁迅；还有马克思、恩格斯、列宁、毛泽东、邓小平等马克思主义者。杨军（2006）的《西北少数民族地区基础教育均衡发展研究》对新中国成立以来国家实行的对少数民族教育支持和倾斜政策进行了综述。杨东平（2006）的《中国教育公平的理想与现实》梳理了新中国教育公平的发展轨迹。他认为1949年以来我国教育公平历程大致有两条脉络：一条是基于政治意识形态的变化，从权利平等到机会均等的发展过程。另一条是精英主义与大众主义两种不同的教育发展模式的矛盾，其背后是实行赶超战略的国家主义目标与面向大多数人的教育的社会主义目标的冲突。他把新中国的教育分为四个阶段，并概括了每一阶段教育公平的特征：一是“文革”前的十七年教育，体现精英主义的价值和路线，基于政治歧视的权利不平等。二是“文革”时期，权利不平等，教育面向大多数人，低水平的教育机会均衡。三是20世纪80年代，权利平等、能力取向的分数面前的平等，面向少数人的精英教育。四是20世纪90年代中期之后，教育机会扩大，教育差距扩大。该书虽然对我国教育公平的历史进行了梳理，但其研究重点是20世纪90年代以来高中和高等教育的入学机会均等。谢维和（2008）的《中国的教育公平与教育发展（1990—2005）》应用文献计量学的词频方法、参考群体和相对剥夺等方法对1990—2005年15年间中国社会对教育公平的关注程度、批评特点的变化进行了研究，试图探讨教育公平与教育发展的关系，以发展中国自身的教育公平理论与研究方法。

综上所述，国内学者对教育平等的探讨主要关注的是教育平等、教育公平的实践状况以及制约教育平等、教育公平的因素，或者是对国外教育平等、教育公平理论的评介。一些对教育平等、教育公平进行历史研究的学者较多关注的是教育政策的历史，或者是通过对历史的实证研究试图发展中国自身的教育公平理论与研究方法，对中国教育平等观念的历史演变很少有涉猎。

二　教育平等内涵研究综述

对教育平等的内涵大致有以下一些认识：陈桂生（1997）认为，教育平等的内涵有一个演变的序列，从教育权利平等、均等到受教育者成就机会的均等。李江源（2001）认为，教育平等问题可以归结为教育权利平等、教育机会平等。我国台湾学者罗清水（1998）认为，教育机会均等的演进可以分为三个阶段：20 世纪 50 年代以前，强调入学接受基础教育之机会相等；20 世纪 50 年代开始至 60 年代中期为止，注重共同教育经验的提供，主张人人不但应有接受免费中等教育的权利，而且每个人也都应有相当之机会，接受共同的、综合型的教育；20 世纪 60 年代中期开始，衡量教育机会均等的重点，已由教育资源的投入转至教育过程的产出。胡森（Husen，T.，1972）认为，就个体而言，平等有三个含义：平等首先可以指个体的起点，指每个人都有不受任何歧视地开始其学习生涯的机会；其次平等也可以指中介性的阶段，指以各种不同但都以平等为基础的方式来对待每一个人——不论其人种和社会出身情况；平等还可以指最后目标，或者是指这三方面的综合。辛涛（2009）认为，教育公平的内涵分为三类，即教育起点的公平、教育过程的公平、教育结果的公平，教育起点的公平包括教育权利平等和教育机会均等。

综合国内外学者的观点，可以看出，教育平等是一个历史的概念，其内涵不断丰富，包括权利平等、机会平等、过程平等、结果平等。权利平等是指以法律的形式确认并保护每一个人的受教育权利。从目前全世界来看，各个国家都把保障教育权列入法律条文，因而权利平等已经是一件不言而喻的事情。教育平等主要指的是后三者，后三者是权利平等的具体化。

1. 机会平等

一些学者和联合国等国际组织对机会平等的内涵界定如下：

联合国大会在《世界人权宣言》（1948）第 26 条中提出：人人都有受教育的权利，教育应当免费，至少在初级和基本阶段应如此。初级教育应属义务性质。技术和职业教育应普遍设立。高等教育应根据成绩对一切人平等开放。教育的目的在于充分发展人的个性并加强对人权和基本自由的尊重。

托尼（Tawney，1964）在《均等》（*Equality*）一书中指出，英国的教育组织（学校）长久以来都是与社会阶级意识相连的，教育机会与财富及社会地位挂钩，劳工阶级子女接受的是较低劣的学校教育。[①] 他指出，英国的教育机会在很长时间之内受阶级身份、阶层地位的影响。

联合国大会在《经济、社会及文化权利国际公约》（1966）中规定：对那些未受到或未完成初等教育的人的基础教育，应尽可能加以鼓励或推进。这指出了社会应当不断提供机会补偿那些因各种原因未受到基础教育者。

经济合作与开发组织（OECD，1965）指出：①能力相同的青年，不论其性别、种族、地区、社会阶级等的差异，均具有相等的机会，接受非强迫性的教育；②社会各阶层的青年，均具有相等的机会以获取学术的能力；③社会各阶层的成员，对于非强迫性教育均具有相等参与比率。该组织强调在非强迫性教育阶段中不同社会阶层的机会平等。

科尔曼（Coleman，1968）认为，免费学校的存在并没有消灭机会不均等的经济根源。免费学校绝不意味着儿童的教育成本对任何经济水平的家庭都同样为零。当实施免费教育时，仍有许多家庭无法供养较大的子女上学，因为他的劳动无论对地处农村或城市的家庭来说都是必不可少的。在儿童劳动法颁布后，这种状况在农场还依然如故。经济问题在某些国家里，仍然是机会不均等的主要根源。[②]

我国台湾学者黄昆辉（1972）认为，教育机会均等的含义是：每一个个体应享受相同年限的义务教育；每一个个体应享受符合其能力发展的教育。[③] 他指出了义务教育机会人人享有，更高层次教育的机会依个人能力而论。

瑞典教育家胡森（Husen，T.，1972）认为，影响机会平等的因素

---

① 程晓樵：《课堂互动中的机会均等》，江苏教育出版社 2002 年版，第 26 页。

② Coleman, J., The Concept of Equality of Educational Opportunity, *Harvard Educational Review*, 1968, Vol. 38, No. 1.

③ 罗清水：《论教育机会均等意涵与做法》（上），《研习资讯》1998 年第 2 期。

有：①学校外部的各种物质因素，即学生家庭经济状况、学习开支总额、学校地理位置和上学的交通工具。②家庭环境中某些心理因素，其中主要包括家长对子女在学习方面的期望，家庭对掌握知识所持有的总的态度以及家庭为子女提供的独立自主的口头表述等习惯。[①]

英国学者 Silver（1973）认为，教育机会的含义，就在于改善公立的初等教育，以及为所有通过当时 11 岁中学入学会考的儿童，不分阶级、种族、收入或家长职业等，提供免费中等教育的机会，直至其达到 16 岁为止。[②] Silver 的意思是人人都有机会进入中等学校，不会因为经济、阶级、阶层、种族影响机会的平等。

我国台湾学者郭为藩、林清江、盖浙生与陈伯璋（1986）四人合撰的《教育机会均等理想的实践》指出：在基本教育以上阶段的学校，所有国民应有公平竞争的入学机会，不因社会身份或经济条件而有所差异。就高等教育而言，所强调的是教育的开放，一方面应有公平的入学制度；另一方面要确保继续进修的机会，使有能力与有求学意愿的在职者，也有机会充实自己。[③] 他们认为，所有的教育阶段对于国民而言都应机会平等，高等教育机会应始终向社会开放，让那些曾经失去的人有弥补的机会。

我国台湾学者张建勋（1991）认为，制约教育平等的因素有：①公私立学校收费之多寡。家庭经济状况的好坏，决定一个人入学机会的多寡。因此公私立学校收费之多寡，也影响教育机会的分配。即使由政府提供免费性教育，低社会阶层子女也因负担不起巨额的机会成本及隐藏性成本而无法就学。②地区开发之先后。地区开发受时间及资源的限制，有先有后。已开发地区，观念由传统改变为现代化，越了解知识技能的重要性，越重视教育；其经济条件也由贫乏走向富裕，经济条件越富裕，越想获得更好的教育机会。③人际间观念的偏差。不同的种族间，彼此认为双方生活内容应不相同，结果形成种族偏见与歧视，导致种族间教育不平等。男女角色的划分，也使男女双方产生“理所当然”的差别。

---

① 张人杰主编：《国外教育社会学基本文选》，华东师范大学出版社 1989 年版，第 197 页。

② 程晓樵：《课堂互动中的机会均等》，江苏教育出版社 2002 年版，第 27 页。

③ 罗清水：《论教育机会均等意涵与做法》（上），《研习资讯》1998 年第 2 期。

《国际教育百科全书》（1994）认为，教育不平等的来源有：①个体在理解教育对生活目标的价值方面，在积极地获取教育并确保教育的质量方面，在阻碍他人接受教育方面，在利用使教育有效的东西方面，以及在取得教育成功方面所处的社会阶级。②政府、社会阶级和个体提供和获得教育的政治权力。③国家和私人为教育提供的资源。④教育层级之间的资源分配。⑤在各地理区域配置的和向社会各群体提供的教育机构的差异。⑥家庭在教育方面的直接成本或间接成本。⑦不同教育层级的选拔。[①] 这实际上指出了阶级、阶层、国家总的教育资源、国家制度安排、区域差别、家庭经济等因素对机会平等的制约。

以上学者、法律条文对机会平等的论述主要涉及四方面的内容：一是提供教育机会的目的。它包含尊重个人人权、尊严和国家发展两种取向。二是关于不同学段教育机会的内涵。大部分学者认为义务教育应当是免费的，是人人都能够享有的，而且年限应该相同。非强迫教育则非人人享有，应根据能力、成绩来决定，机会应当公平竞争。三是影响机会平等的因素。主要包括性别、阶级、阶层、种族、国家的经济状况和提供的总的教育资源、教育制度、区域差异、学校差别、家庭经济、家长对子女的期望与态度、家长的文化教育情况等。四是机会的补偿和扩充。主要指向未受到或未完成基础教育者提供教育机会补偿，通过普遍设立职业或技术学校提供广泛的教育机会。

2. 过程平等

对过程平等主要有以下一些论述：

联合国教科文组织《反对教育歧视公约》（1960）第4条提出："政府要努力保障所有公共教育机构的标准统一，教育条件与教育质量的统一，要向教师提供没有歧视的职业培训。"第5条提出："各个成员国应当尊重少数民族的教育权利，包括设立自己的学校，用自己的语言进行教育等；应当保障他们的教育标准不能低于全国总的标准。"

英国学者怀斯曼（Wiseman，1967）研究发现，与小学生学业成就最有关的因素是存在于儿童的家庭环境之内的。他建议应透过学前教育的提

---

① ［瑞典］胡森等主编：《国际教育百科全书》（第3卷），贵州教育出版社1990年版，第436页。

供来解决因家庭环境因素所带来的不良影响。怀斯曼的研究一方面将民众的注意力由中学转移到学前与初等教育阶段；另一方面提出了“积极差别待遇”观念。[①]

美国学者科尔曼（Coleman，1968）认为，无论儿童出身背景如何，均需为其提供共同的课程；在低人口密度的情形下，透过人为的规划，使不同背景出身的儿童，能有进入相同学校受教育的机会；由于学校资源是由地方税收来支持的，因此对同一地区的学校应提供均等的经济支援。在对美国教育机会均等状况调查之前，科尔曼对教育机会均等概念进行了界定：①以社区投入学校资源的差异来界定教育机会的均等。如学生单位成本、学校设备、图书馆、教师素质以及其他类似的可量化的因素。②以学校学生的种族组成比例来界定教育机会的均等，因此，有些依照美国联邦最高法院（对黑白分校的教育本质上是不平等）的判决被视为均等的，就会因其种族组成比例，显示出不均等的教育机会。③教育机会不均等的界定，是根据学校的各种非具体特性，以及可直接从社区投入学校资源追溯到的因素，如教师士气、教师对学生的期望、学生学习兴趣等。

联合国教科文组织出版的《学会生存》（1972）中对教育平等的定义：给每个人平等的机会，并不是指名义上的平等，即对每一个人一视同仁，如目前许多人所认为的那样。教育平等是要肯定每一个人都能受到适当的教育，而且这种教育的进度和方法是适合个人特点的。

英国学者伊薇姿（Evetts，1973）认为教育机会均等可作三种解释：①每个人不论其潜力如何，都应享有相同分量的教育资源；②不论儿童的环境如何，对能力相同者，应提供相同的待遇；③对教育条件不利的儿童，应提供正面差别的待遇，而不是仅要求相同的学校教育。[②] 第一点指出学校之间设施应当均等。第二点是对英国三轨制中等教育的反对，主张儿童应接受共同的、综合形态的教育。第三点指出对于不利儿童应实行补偿教育。

我国台湾学者郭为藩等（1986）认为：①所有国民接受相当年限的免费而课程相同的义务教育，不因学童的社会背景、性别、身体特征而有

① 程晓樵：《课堂互动中的机会均等》，江苏教育出版社 2002 年版，第 29 页。

② 罗清水：《论教育机会均等意涵与做法》（上），《研习资讯》1998 年第 2 期。

差异。②在基本教育阶段，尽量促使不同地区的学校在教育素质上水准一致。③教育的实施要顾及个别学生的学习能力、性向与志趣，对于资赋优异、智能不足、身体或感官残障学生，应给予因材施教，以发展潜能的机会。[①]

我国台湾学者陈奎熹（1991）认为：①除了不消极地对学生之就学机会加以性别、宗教、种族、社会地位或其他限制之外，更含有积极地提供弥补缺陷的机会，促进立足点的平等，以便充分发展个人才能。②教育机会均等，不仅指入学机会的均等，而且还包含教育内容与教育情境的均等，亦即在同等的条件下接受合适的教育。这些条件主要是指学校经费、师资、设备的均等，当然也包括家庭与社会环境以及其他影响学业成就不利因素的合理改善。[②]

吴康宁（1998）认为，教育过程的平等主要指教育内容的均等和师生互动的均等。中国学校的教育内容都是由国家或省、市政府统一规定的，具有法定性质。从表面上看，相同教育阶段的所有学生都在学习着法定的相同课程，享受着同等的教育机会。但实际上却是在学习着“不同的”课程。这是因为来自不同家庭背景的学生，掌握着不同的文化代码。中上阶层家庭出身的学生，所掌握和使用的是精致代码；中下阶层家庭出身的学生，所掌握和使用的是局限代码。学校教育课程一般是用精致代码编制和实施的，这就使得出身于不同家庭背景的学生，在学习和掌握学校教育内容的可能性上存在差异，并导致中下阶层家庭出身的学生出现“不适应”学校课程的现象，从而出现不均等的受教育机会。中国学校课堂教学过程中，师生互动基本上是“不均等的”。教师在互动对象的选择、互动内容的分配、互动过程的延续、互动关系的建构上，都明显地因人而异。

美国学者琳达·达林－哈蒙德（Linda Darling－Hammond，2007）从课程、教学、教师三方面论述了教育公平问题。她认为，获得高水平和挑战性课程的不平等，是造成美国少数民族学生和白人学生学业成绩差异的因素之一，不同的种族和民族的学生接受相似质量的课程，那么他们

① 罗清水：《论教育机会均等意涵与做法》（上），《研习资讯》1998年第2期。

② 同上。

的学业成绩差距就会大大缩小。高质量的教学不应该只是面向少数精英学生，而应该是面向所有的学生，是针对每个学生的有效教学。教师是影响课程与教学质量的关键因素，必须平均分配具有资格许可和高质量的教师。[①]

以上对过程平等的论述主要涉及五方面的内容：一是学校的类别与生源的组成。也就是不同背景的学生能否进入同样的学校就读，学校中各种背景的学生比例是否合适。20 世纪 60—70 年代英、美都主张设立综合的中等学校，不因阶层、种族、能力等的不同，而进入不同的学校。二是学校之间的资源配置是否均等。主要包括经费投入、设施设备、师资条件。学者们认为，同一地区的学校在经费投入、教育条件上应达到基本一致。三是课程设置、内容。学者们认为，应为不同背景的儿童提供共同的课程，有学者提出仅仅是共同的课程仍然不平等，课程本身应当包含各种背景儿童所熟悉的文化。四是师生关系。教师是否能一视同仁地对待学生，课堂机会分配是否因人而异。五是教学实施。能否根据不同学生特点采取不同的方法策略，让每个学生都受到合适的教育。能否为处于不利教育条件的儿童实施补偿教育。依据此五方面内容，对上述有关过程平等的观点综述如表 1—1 所示。

表 1—1　　　　过程平等观点综述

	学校类别生源组成	学校资源配置	课程设置与内容	师生关系	教学实施
《反对教育歧视公约》（1960）	少数民族设立自己的学校	教育机构标准统一、教育条件统一	少数民族用自己的语言进行教育		
怀斯曼（1967）					积极差别待遇

① 单中惠等：《基于学校和教室层面的教育机会公平——达林—哈蒙德的教育公平思想初探》，《比较教育研究》2010 年第 9 期。

续表

	学校类别生源组成	学校资源配置	课程设置与内容	师生关系	教学实施
科尔曼（1968）	不同背景的儿童进入相同学校，学校中种族比例适当	向同一地区的学校提供均等的经济支援，社区投入学校资源相同	共同的课程	教师对学生的期望不应有差别	
《学会生存》（1972）				对每一个人一视同仁	每个人都能受到适当的教育，教育的进度和方法适合个人特点
伊薇姿（1973）	设立综合学校	相同分量的教育资源			正面差别的待遇
郭为藩等（1986）		学校在教育素质上水准一致	课程相同		对于资赋优异、智能不足、身体或感官残障学生应因材施教
陈奎熹（1991）		学校经费、师资、设备均等	教育内容均等	教育情境均等	积极地提供弥补缺陷的机会，进行适性的教育
吴康宁（1998）			相同课程对不同阶层学生不平等	师生互动应当是均等的	

续表

	学校类别生源组成	学校资源配置	课程设置与内容	师生关系	教学实施
琳达·达林-哈蒙德（美国；2007）		具有资格许可和专业技能的教师均等	高水平和挑战性课程均等		针对每个学生进行有效教学

3. 结果平等

下面是学者们对结果平等的界定。

美国学者安德森（Anderson，1967）认为：①教育机会均等意即学校教育的提供，足以使每一儿童达到一个既定的标准；②教育机会的提供，足以使每一个体充分发展其潜能；③提供继续教育的机会，直到学生学习的结果符合某种要求。[①] 就整体而言，安德森所阐释的教育机会均等，强调某一基准的教育，不论质与量，人人都应相同。至于基准教育以上，则应使人人依其潜能，追求更多、更好的教育机会，并达到某种程度的教育成果。

科尔曼（Coleman，1968）认为，向人们提供达到某一规定水平的免费教育，这一水平应足以构成加入劳动力市场的基础。科尔曼在进行教育机会均等调查之前，界定了如何通过结果来衡量教育平等，他以学校对具有不同背景与能力的学生的教育效果来界定教育机会的均等。1972 年美国学者 Jencks 出版了《不均等》（*Inequality*）一书，对以结果衡量的教育均等提出质疑，认为均等的教育机会不一定能保证均等的结果。科尔曼（Coleman，1975）也对自己关于教育平等的解释作了调整，他认为，如果以学校教育的产品和结果来界定均等，则均等是一个不能达成的空词；如果用投入资源来界定，则此名词是个虚弱的概念，因它未提供素质上的保证。鉴于此，科尔曼认为，“教育机会的均等”的提法，应该改为“教育机会不均等的减少”。

郭为藩等人（1986）认为，教育机会均等强调教育机会的公平，是

① 罗清水：《论教育机会均等意涵与做法》（上），《研习资讯》1998 年第 2 期。

“真平等”，而非教育数量形式上的平等（假平等）。

黄炳煌（1988）认为，“均等”或“平等”既不等于“相等”，亦不等于“相同”或“同一”，宜作“相当”解释。所谓“相当”系指个人之所得或所有，与其本身或主观之条件（但非主观之意愿），如能力、教育程度、努力程度等，或客观之实际需求相合、相称或相配，尽量做到恰如其分，适得其所。

陈奎熹（1991）认为，均等指的是机会均等，而非结果均等。也就是孙中山先生所说的立足点的平等（真平等），而非齐头点的平等（假平等）。

罗清水（1998）认为，在义务教育阶段应要求每位学生达到应有的水准，而在非义务教育阶段，属分化教育，所强调的是教育机会的开放，一方面要求公平的入学制度；另一方面要求资源的开放，并确保继续进修的机会。

《世界全民教育宣言》（1990）第4条指出：教育平等不仅仅是入学机会上的平等，还要努力实现教育结果上的平等。无论扩大教育机会与否，关键是要将教育转化成有效的发展。无论是个人还是社会，关键是充分利用教育机会，掌握有用的知识、技能以及能力、价值。

国际学生评估项目（PISA，2009）所提倡的教育公平包含着结果平等，该项目从两方面界定学习结果的平等：一是从相对指标来看，指学生是否可以获得同样的学习结果，可以用学生之间的成绩差距来测量。处于成绩分布高端的学生与低端的学生之间成绩差异越大，表明学习结果越不平等。二是从绝对指标来看，指学生都达到某个基准水平，可以用达到基准水平的学生比例来测量。①

以上学者从三方面对结果平等进行了探讨：一是结果平等能否成为教育平等的衡量指标。有学者指出结果平等不可能实现，不能以结果平等衡量教育平等（Jencks，1972）。但大部分学者都坚持不能仅仅追求机会平等，应以结果平等为目标。二是如何认识结果平等。如有学者指出结果平等不是数量形式上的平等。三是对不同的教育阶段给出了不同的结果平等指标。学者们一般认为，义务教育阶段应达到一定的水准，而非义务教育阶段则应当机会开放，使每个人的潜能得到应有的发展。依此三方面对上述学者的观点进行综述（见表1—2）。

① 陆璟：《上海基础教育公平的实证研究》，《教育研究》2013年第2期。

表 1—2　**结果平等观点综述**

	结果平等能否衡量教育平等	对结果平等的理解	不同教育阶段结果平等的指标	
			义务教育	非义务教育
安德森（1967）			每一儿童达到一既定的标准	每一个体充分发展其潜能
科尔曼（1968，1975）	以投入资源来界定，未能提供素质上的保证；以学校教育的产品和结果来界定，则不能达成	“教育机会的均等”的提法，应该改为“教育机会不均等的减少”	提供达到某一规定水平的免费教育	
Jencks（1972）	均等的教育机会不一定能保证均等的结果			
郭为藩等（1986）		非教育数量形式上的平等		
黄炳煌（1988）		平等宜作“相当”解释，即与其本身或主观之条件或客观之实际需求相合、相称或相配		
陈奎熹（1991）	均等指的是机会均等，而非结果均等			
罗清水（1998）			每位学生达到应有的水准	教育机会的开放
《世界全民教育宣言》（1990）	要努力实现教育结果上的平等	将教育转化成有效的发展。掌握有用的知识、技能以及能力、价值		

续表

<table>
<tr><td rowspan="2"></td><td rowspan="2">结果平等能否衡量教育平等</td><td rowspan="2">对结果平等的理解</td><td colspan="2">不同教育阶段结果平等的指标</td></tr>
<tr><td>义务教育</td><td>非义务教育</td></tr>
<tr><td>PISA（2009）</td><td>把结果平等作为各国政府追求的政策导向</td><td>获得同样的学习结果，达到某个基准水平</td><td>保证更多的学生达到基本水平，缩小学生之间的差距，达到高位平等</td><td></td></tr>
</table>

依据上述对机会平等、过程平等、结果平等三方面内涵的综述，可以对教育平等的内涵有一个总体的概括（见表1—3）。

表1—3 教育平等内涵综述

<table>
<tr><td rowspan="17">教育平等</td><td rowspan="10">机会平等</td><td rowspan="2">提供教育机会的目的</td><td>尊重人权、发展个性</td></tr>
<tr><td>国家富强，社会稳定</td></tr>
<tr><td rowspan="5">影响机会平等的因素</td><td>性别</td></tr>
<tr><td>阶级、阶层</td></tr>
<tr><td>国家经济状况</td></tr>
<tr><td>家庭经济与文化</td></tr>
<tr><td>地区差别、学校差别、制度因素</td></tr>
<tr><td rowspan="2">不同学段教育机会的内涵</td><td>义务教育阶段</td></tr>
<tr><td>非强迫教育阶段</td></tr>
<tr><td>教育机会扩大与补偿</td><td></td></tr>
<tr><td rowspan="4">过程平等</td><td>学校类别</td><td></td></tr>
<tr><td>学校资源配置</td><td>师资、经费、设备</td></tr>
<tr><td>师生关系</td><td></td></tr>
<tr><td>教学实施</td><td></td></tr>
<tr><td rowspan="3">结果平等</td><td>教育平等是否包含结果平等</td><td></td></tr>
<tr><td>对结果平等的认识</td><td></td></tr>
<tr><td>结果平等的衡量指标</td><td></td></tr>
</table>

自从西方教育平等观念登陆中国以来，中国人对教育平等的讨论主要集中在机会平等。对机会平等的讨论主要关注教育首先要向谁开放，为何要首先为这些人提供教育，如何促进机会平等，提供什么样的教育机会，影响教育机会平等的因素等。根据上面对教育平等内涵的综述以及中国人教育平等观念的实际状况，本书的分析框架如表1—4所示。

表1—4 本书的分析框架

教育机会平等	主要关注的受教育对象
	为何首先关注一部分群体、促进机会平等的目的
	促进机会平等的措施
	由谁提供和提供什么样的教育机会
	影响教育机会平等的因素

第四节 研究思路及方法

一 研究思路

本书研究的是观念史，观念史属于思想史，但它和思想史有一点区别。如果说，思想史主要讨论的是刺激思想的历史环境、思想在不同社会环境和不同历史时代中的变迁，要整体地描述时代、环境和思潮，那么，观念史主要是围绕一个或者一组观念的历史过程进行研究。观念史又不同于哲学史，哲学史可以把观念抽象出来自行繁殖和推衍，构造哲学的历史；观念史则需要把观念放在“环境”里面，看看那些温度、水分如何使蚕化为蛹，蛹破茧而出化为蝴蝶的。一个观念一个说法，字面上可能没有变化，但是在不同时代，理解和解释就有了变化。所以观念史需要研究的是观念背后的历史。①

教育平等就是这样一组观念，产生久远，又始终为教育变革的主题。从字面上看，各个时代变化不大，反反复复出现的就是教育平等、教育机会均等、教育公平、受教育权平等名词。虽然各个时代名词基本一样，但

① 葛兆光：《思想史研究课堂讲录》，生活·读书·新知三联书店2005年版，第266、272页。

其背后的内涵则不同。随着时代的发展，教育平等内涵与时扩增，在上一阶段概念基础上不断丰富。

鉴于观念史及教育平等观念本身的特征，本书首先对一些关于教育平等内涵的经典论述进行分析，从中提炼出教育平等观念的基本要素，作为对各个时代材料分析的框架（如前文献综述部分所述）。其次，根据研究的理论假设及主要目标，从纵横两条线展开研究。在纵向上主要研究西方现代教育平等观念的产生、演进以及中国教育平等观念的历史发展，后者是本书的重点。平等是一个政治学、社会学的概念，因而社会历史发展的阶段基本体现了平等的发展阶段。本书以中国近现代的历史为基础，结合教育平等观念的自身发展以及中外教育交流的历史，把中国教育平等观念的发展划分为五大阶段：清末民初、“五四”时期、20 世纪 30—40 年代、1949—1978 年、改革开放后。研究按照以上阶段进行，该书也以此来陈述。本书分析了每个阶段的基本特征，并对不同阶段之间的异同进行了比较。在横向上主要研究每一阶段西方教育平等观念的传入途径、传入的主要观念，中国人接受了西方哪些观念，做出了哪些变革。并通过对中西方教育平等观念的比较，努力揭示中国人接受西方教育平等观念的条件，影响中国人教育平等观念变革的因素。每一阶段还分析了教育平等观念和教育平等实践状况的关系，通过对二者关系的研究，揭示观念的历史作用与自身局限。

二　研究方法

根据上述研究思路，研究主要采用历史文献分析法、比较的方法。

历史文献分析法：文献主要有三类，第一类是各个时代重要思想家和一些学者关于教育平等的论述。随着时代的发展，对教育平等的关注由少数社会精英扩大到普通的学者，在文献的选择上也体现了这一特点。清末民初，主要分析了康有为、梁启超、严复、孙中山、邹容、蔡元培、秋瑾等人的思想。“五四”时期，人物就多了起来。到了 20 世纪 30—40 年代，有更多的人关注教育机会平等，文献也就不仅来源于一些著名教育家，而且收集了当时主要教育期刊上的重要文献。1949 年后，学者对教育平等讨论较少，这时的文献主要是领导人物的著作、讲话。20 世纪 90 年代后，教育平等成为一个大众话题，这时在文献上参考了报纸、网络等媒介的资料。第二类是各个时期颁布的教育法规、制定的教育政策，这些资料虽然没有明确讲教育平等，但其背后隐藏着教育平等思想。第三类是各个时期的教育实践状况，主要是一些统计资料。观念不仅在接受的个人那里常常是滞后的，它的社会结果也是滞后的，通过对观念的后果——教育实际状况进行分析，能够比较清楚地认识当时的观念。

比较的方法：比较是对两个或两个以上有联系的事物进行考察，寻找其异同，揭示其背后原因。本书的比较涉及两方面：一是对中西方教育平等观念、西方传入的观念与中国接受的观念进行比较，以揭示中西教育平等观念的相通之处、歧异之点以及外来观念被接受的条件；二是对中国各个时期之间的教育平等观念进行比较，以揭示观念先后继承之序和变异之处。

第二章　清末民初：西方教育平等观念登陆中国

鸦片战争后，中国在外力的逼迫下逐渐脱离自给自足的农业社会和封建专制制度，资本主义的制度与文化伴随着西方的炮火和商业的入侵开始传入中国。清末的西学东渐[①]大致可以分为两个阶段：第一个阶段从1840年第一次鸦片战争到维新运动时期。这一阶段西方文化的传播主体是外国传教士，建立在西方资本主义工业大生产基础上的现代教育平等观念也主要由传教士传入。以康有为、梁启超为代表的维新派最早系统接受并宣传了西方教育平等观念等思想文化，他们对中国几千年来"妇女不读书，农、工、商、兵不知学"[②]的状况进行了批判，主张普及教育、兴办女学，建立义务教育制度。第二个阶段从维新运动时期到1911年的辛亥革命。这一阶段中国人取代传教士成了西学东渐的主体。甲午的战败使人们对日本有了新的认识，无论是清廷上层官僚，还是维新派都呼吁向日本学习。1901年清末新政后，大批的学生留学日本。日本成为西学传入的中转站，有关西方民主平等观念的一些重要著作由日文翻译成中文。活动于日本的革命派对于西方文化有着更亲近的关系，他们高扬法国启蒙时期的民主平等学说，认识到只有铲除帝制、发展资本主义经济才能实现教育的普及，义务教育是培养具有民主精神的现代国民、实现男女平权的重要保证。

---

① 西学东渐最早发生在明末清初，主要由耶稣会传教士利玛窦等人导入，当时所引来的西学主要是西方的自然科学知识，传播范围局限于宫廷和少数官员狭小的范围之内。到了清朝雍正时，清政府驱逐传教士，实行闭关自守政策，西学的传入遂告中绝。鸦片战争后，西学重新东渐。

② 梁启超：《学校总论》，载《变法通议》，华夏出版社2002年版，第38页。

第一节　中西教育平等观念溯源

教育平等观念的来源可以追溯到久远，其思想萌芽或雏形在所有民族和文明中几乎都可以发现，中国古代亦不例外。但是，就像“现代性”是从西方发源一样，“教育平等”这一现代教育的核心价值观念，主要是西方的产品。它由文艺复兴时期的人文主义教育家提出，基督教特别是新教以及资产阶级天赋人权的思想给了它有力的支持。经过3个多世纪的发展，到18世纪末，教育平等才真正成为一项具有完整内涵的社会核心价值观。

一　中国古代教育平等思想探析

平等是专属于人类精神状态的一种理念追求。自从人类开始群体生活以来，平等就成为大多数人梦寐以求的理想和目标。中国作为世界上最早的文明古国，很早就产生了平等的思想。从中国古代思想家的著作中，可以看到“均”、“公”、“平均”等表达平等思想的词语。下面对中国古代社会一直占据统治地位的儒家思想进行分析，以探明中国古人所指的平等究竟为何意，具有哪些特征。

儒家的平等思想发源于中国文化的轴心时代春秋战国时期，后儒的思想基本上是在先秦儒家思想的基础上发展起来的。先秦儒家关于平等的论述主要有：“丘也闻有国有家者，不患寡而患不均，不患贫而患不安。盖均无贫，和无寡，安无倾。”（《论语·季氏》）“天下莫不平均。”（《荀子·王霸》）“大道之行也，天下为公……是谓大同。”（《礼记·礼运》）大同社会体现了儒家的平等理想，“公”和“均”是这一理想社会的主要特征。“公”表达了天下是天下人的天下，为大家所共有。“均”则含有平均的意思，意指社会中的每一个成员都会受到社会的供养和照顾。儒家所勾勒的无处不均匀、无处不饱暖的理想社会，与农民中存在的“均贫富”这类原始平等的愿望有某种契合。

带有平均性质的大同社会是儒家平等的理想，但对于一个高度入世的学派来说，其价值理念不会完全脱离现实。儒家的一整套价值观念体系建立在宗法等级的社会基础上，强调“亲亲有术”、“爱有差等”。作为其价值观念体系中的平等思想，绝不是完全平均的意思，更多的是一种在等级秩序基础上的平等。这可以从朱熹对“不患寡而患不均，不患贫而患不安”中“均”和“安”的解释看出。朱熹注释说：“均谓各得其分，安谓上下相安。”（《四书章句集注·论语集注》）“各得其分”很好地揭示了“均”的意义以及儒家对于平等的理解，它表示每个人应该各自得到与其名分相应的产业、地位、待遇。可以看出，儒家的平等观建立在个人固有的名分上，每个人一生下来其名分就已固定，人们的经济、政治地位也就天生不平等。

“各得其分”不仅表明儒家的平等思想含有鲜明的等级特征，同时也指明儒家的平等强调均衡与和谐。“均平”本身就包含有中和、和谐、均衡、平衡的意义。在这种均衡的平等观下，儒家关心民众最基本的生存状况，提出要“制民之产”（《孟子·梁惠王上》），反对“富者地连阡陌，贫者无立锥之地”（《汉书·食货志上》）。均衡客观上为民众带来了一定的利益，体现了一定的公正和公平。但儒家之所以要提倡以均衡为核心的平等观，目的是为了社会的安定与政权的巩固，并不是把平等作为人的天然权利。如朱熹所言，只有“均”，才能实现“上下相安”，“而无倾覆之患”（《四书章句集注·论语集注》）。均衡只是手段，而不是目的。这与儒家的整体政治观相联系，儒家虽然提倡民本主义，但其目的在“保民而王”（《孟子·梁惠王下》）。民本不是真正为民，而是出于统治阶级的利益。民本主义与人本主义有实质上的差距。

同平等思想一样，中国古代很早就有了教育平等的思想。孔子所倡导的“有教无类”（《论语·卫灵公》）就表明了一定的教育平等倾向。“有教无类”所表达的教育平等的范围、程度与对“教”、“类”的理解有关。

对于“类”，后儒一般解释为种类。如东汉马融说：“言人所在见教，无有种类。”梁朝皇侃说：“人乃有贵贱，同宜资教，不可以其种类庶鄙而不教之也，教之则善，本无类也。”在他们看来，尽管人有贵贱、庶鄙等不同的种类，但无论何类，都宜受教。如果按照这二人的理解，中国古代教育平等思想已经含有人人要受教育的意蕴。但从孔子本人的其他言论以及整个中国古代教育来看，“有教无类”是有一定范围的，还不具有全民的性质。如孔子说：“唯女子与小人为难养也。”（《论语·阳货》）孔子是这样说的，在他的私学中确实也没有把奴隶和妇女作为教育对象。整个中国古代官学中基本没有平民与女子的身影。

马融、皇侃对“有教无类”的解释，表达了儒家在教育平等方面的理想。与平等思想一样，儒家的教育平等思想也没有脱离社会实际、停留于理想状态。专制等级的社会形态决定了其教育平等思想的等级性。儒家在人性论领域里，预设了圣人与凡人、天子与百姓天生的不可逾越的贵贱禀性。人性天生的不平等决定了教育上也不可能平等，有人享有教育的特权，有人则被排除在门槛之外。孔子在提出“有教无类”的同时还提出了“学而优则仕”。“学而优则仕”指出了教育的目标在于造就统治者、人上人。这一目标决定了教育不可能为人人所享有，只能是少数人的特权。那些已经成为官僚富贵之人，绝不会让自己的优越地位与特殊权益旁落他人，他们会通过教育把这种优势转让给自己的后代。这种以培养治人者为目的的教育，既不要求教育的普遍，更不许可其普遍。

儒家在平等上讲求“各得其分”，强调和谐，这种思想同样表现在教育上。如上所言，通往仕宦之路的教育只为少数人所占有，大多数民众没有机会，但民众可以受到最基本的教化。朱熹对“有教无类”的解释是：“人性皆善，而其类有善恶之殊者，气息之染也，故君子有教，则人皆可以复于善，而不当复论其类之恶也。”（《四书章句集注·论语集注》）朱熹把“类”解为善恶之分，从让每个人“复于善”的角度而言，每个人都要受到最基本的教化。儒家在政治上主张王道、仁政、德治，而教化为其基本手段。因而，在教化方面，人人是平等的。也就是说，如果把“有教无类”的“教”解释为教化的意思，那才真正是不分贫富、贵贱，人人平等。

儒家的教育平等思想贯穿于整个封建社会，历朝历代的封建统治者对于教育的发展，关心的重心是从中央到地方的各级官学系统，这一系统主要是为了培养“仕宦之才”，受教育者主要是官僚子弟。对民众进行教化及基本知识训练的初等教育基本上交由民间办学，靠人民自己集资。

二 西方现代教育平等观念的生成

西方现代平等、教育平等观念萌生于文艺复兴时期，经过宗教改革运动的发展，到18世纪法国启蒙运动时期，平等、教育平等已成为当时先进思想家、教育家的共同信念。

14 世纪末至 16 世纪，欧洲封建社会开始解体，中世纪的行会和工会以及自给自足的农业经济逐渐退居历史后台。资本主义性质的工场手工业和农牧场开始出现，资本主义经济关系在封建社会内部孕育发展，新兴的资产阶级走到了历史的前台。为了发展生产力、建立资本主义制度，需要有一种新的意识形态来对抗封建主义的意识形态。一批先进的资产阶级思想家从古代希腊、罗马的古籍中，找到了可以用来反对封建文化的思想武器。于是他们大力搜集、整理和研究古希腊、古罗马的典籍，宣称“要让死去的东西复活”，史称这一时期为“文艺复兴”时期。文艺复兴并不是简单地复活古希腊、古罗马文化，而是新兴资产阶级继承、利用和改造古希腊、古罗马文化，来建立自己的新文化。这种新文化被称为人文主义文化，文艺复兴运动也被称为人文主义运动。人文主义运动旨在恢复和重建人的主体性，反对宗教神学对人价值的否定、对人存在的轻视、对人发展的禁锢，唤起人自身的觉醒。它要求解放人的个性，恢复人的价值，发展人的能力。人文主义运动对个人价值和地位的强调，为现代平等、教育平等观念的确立奠定了基础。平等与个人主义有着内在联系，如果没有以个人为本位、以个人为实体的观念，平等的观念是无法想象的。[①] 新兴资产阶级也正是以个人主义为大旗，反对封建专制、等级、特权以及宗教神学对人的压制。

为了摧毁封建制度和封建文化，建立新的制度与文化，当时的人文主义者要求兴办新的学校，用新的教育去培养年轻一代。经过激烈反复的斗争，新的学校建立了起来。新学校的出现，新教育理论的提出，拉开了现代教育的序幕。这一时期，一些人文主义思想家开始提出建立公共普及教育制度。英国空想社会主义者莫尔（Thomas More，1478—1535）就是这一思想最早发端者。他在《乌托邦》这部空想社会主义著作中，勾勒了一个没有剥削、没有压迫，人人参加劳动的理想国。在他的理想国中，实行公共教育和义务制度，所有的儿童，不论男女，都要受到良好的初等教育。国家还举办各种公共讲演会，让成年男女工余之暇能够接受文化科学知识和道德教育。莫尔的这些设想明确表达了在教育上人人机会平等的主张。

① 高瑞泉：《中国现代精神传统》（增补本），上海古籍出版社 2005 年版，第 177 页。

文艺复兴时期的人文主义者虽然反对教权的压迫、教廷的权威，但他们中的大多数人并不否认上帝造人这一基本前提，坚定地信仰基督。他们一方面承认上帝的存在；另一方面又反对人在上帝面前的无能为力，强调人的尊严与价值。在这样的背景下，16 世纪 20 年代在欧洲爆发了宗教改革运动。宗教改革运动以人文主义思想为基石，提出在上帝面前人人平等。其领袖马丁·路德（Martin Luther，1483—1546）对罗马教廷把教皇、主教、神甫和修士称为“属灵等级”，把诸侯、领主、贵族、手工业者和农民称为“属世等级”的不平等划分进行了批判。他在《致德意志基督教贵族公开书》中说：“这是一个伪造的谎言和阴谋诡计。大家不要被他吓倒，因为所有基督徒都是真正的‘属灵等级’，在他们之间除了职务不同以外，没有其他差别。……我们有同一个洗礼，同一个福音，同一个信仰。凡经过洗礼的人，都可以自豪地说，他已是一个被授予圣职的神甫、主教和教皇。”因此，“一个皮匠，铁匠，农民，各有各的工作和职务，但都是被授予圣职的神甫和主教”。[①] 宗教改革运动者否定教会组织中的等级关系，使普通教徒群众同高级神职人员在精神上获得了平等。他们宣称上帝亲自赋予信徒以直接依赖上帝的权利，信徒凭着“信”就能与上帝沟通，得到拯救，即“因信称义”。“信”使教会失去了绝对权威，教士不再被作为神人的中介，人人在上帝面前取得了平等的地位。基督教作为西方传统文化中的重要内容，其所提倡的平等精神为现代平等观念的确立提供了文化支持。一些资产阶级思想家如洛克（John Locke，1632—1704）就以新教所提倡的上帝面前人人平等为公理，来论证人与人之间的法权平等。

根据“因信称义”的新教思想，每一个人的信仰来自于他直接阅读《圣经》所获得的独立理解。这样，每一个人都必须具有阅读《圣经》的能力和知识。基于此，马丁·路德主张实行普及性的初等教育。1530 年他在《关于送子弟入学义务》的演讲中强烈呼吁：教育机关应由公费设立，一律公开。全国的儿童不论贫富、贵贱、男女，都应入学校受教育，凡入学者不予收费。他还号召，父母要对自己年满六七岁子女送入学校受

① 胡玉娟：《拯救信仰——评马丁·路德的宗教改革》，《湖北大学学报》（哲学社会科学版）1997 年第 6 期。

教育负责任，尽义务；国家的义务在于强迫人民送子弟受教育。[①] 马丁·路德特别强调家长送子女入学读书的责任和义务。他依据《圣经》指出，在上帝眼中，使人世承受沉重负担和应受严厉惩罚的公开罪行，莫过于忽视子女的教育。因而他提出，对于没有尽职的家长，国家将采取强迫手段。[②]

马丁·路德发展了莫尔的公共教育设想，明确提出要实行义务教育制度，指出义务教育是具有普及性、平等性、义务性、免费性的强迫教育。不仅如此，他将义务教育思想变为实践，在宗教改革中大力发展学校教育。在马丁·路德领导的宗教改革运动的推动下，德国成为最早推行义务教育制度的国家。自 1599 年，德国有许多邦国都先后颁布了强迫教育的法令。其中 1619 年魏玛邦公布的《学校法令》在当时影响最为强烈，该法令规定父母必须送 6—12 岁的儿童入学，否则政府强迫其履行义务。尽管这一时期（18 世纪以前）德国等欧洲国家已经开始普及义务教育，但教育权主要控制在教会手中而不是在国家手中，义务教育主要由教会来实施，目的是为了传播宗教知识。

宗教改革运动沉重打击了封建制度和天主教教会，促进了民族意识的觉醒和民族语言文化的发展。罗马教会一统西欧的局面逐渐被打破，中世纪的封建割据走向终结，一些统一的民族国家开始形成。民族国家的形成是资产阶级与封建统治、教会特权的斗争过程，这一斗争在当时的法国最为激烈。为了反封建、反教会，法国资产阶级在 18 世纪掀起了继文艺复兴之后又一次伟大的思想解放运动，史称“启蒙运动”。启蒙运动者把平等与自由、博爱作为自己的旗帜，抨击封建等级制度下的社会不平等现象，要求用理性作为衡量一切、判断一切的尺度，王权、神权和特权受到了最无情的批判。有了文艺复兴、宗教改革运动在思想上的铺垫，启蒙运动思想家不再借助上帝的权威来论证平等的合理性，他们把平等作为一个自然公理、先验的价值直接提出。启蒙运动中最伟大的平等论者卢梭（Rousseau，1712—1778）在《社会契约论》、《论人与人之间不平等的起

① 吴德刚：《中国全民教育问题研究——兼论教育机会平等问题》，教育科学出版社 1998 年版，第 29 页。

② 田正平等主编：《世纪之理想——中国近代义务教育研究》，浙江教育出版社 2000 年版，第 33 页。

因和基础》等多部著作中，明确提出“每个人都生而自由平等”。在启蒙思想家看来，平等是不可剥夺的“天赋人权”。他们从“天赋人权说”、“社会契约说”出发，提出了“主权在民”的思想。这一思想指出国家、政府只是接受人民委托、体现人民意志、维护人民利益的公共机关，当其违背人民意志、侵犯人民权利的时候，人民便有权将它们推翻，重建新的国家、政府。①

启蒙思想家把现代平等思想推向了高潮，他们基于平等是“天赋人权”的思想，赋予教育平等以人权的意义。18世纪末，法国的爱尔维修（Helvetius，1715—1771）最早明确提出受教育乃是人的权利，同时代的巴贝夫（Babeyf，1760—1797）进一步论证了受教育乃是人的原始权利。②在此之前，马丁·路德等思想家已经提出送子女入学读书是家长必须履行的义务，国家的义务在于强迫人民送子弟受教育。父母和社会对儿童进行教育的义务中隐含着儿童具有受教育权，但这种反推出来的受教育权毕竟还没有获得理论上的权利说明。而启蒙思想家使受教育权获得了人权的理论说明。

启蒙思想家一方面把接受教育及学习的权利视为基本的人权，要求重建教育的自然权；另一方面从“主权在民”思想出发，认为受教育权是一项平等的社会权利。他们主张用公共的教育代替教会的教育，要求国家普遍立学，为每一个儿童提供受教育的必要条件，将教育普及到社会各阶层。资产阶级启蒙思想家希望建立民主共和国家，因而他们认为义务教育的基本宗旨及目标就是培养近代国民，使这些国民不仅具有基本的文化知识、生产技能及健康的体魄，而且更为重要的是使他们具有近代国民的民主意识和政治觉悟。③

启蒙运动思想家提出的一系列资产阶级民主思想直接导引了1789年法国大革命，革命者所颁布的纲领性文件《人权和公民权宣言》（简称《人权宣言》）在第一条中就提出：“在权利方面，人们生来是而且始终是

① 田正平等主编：《世纪之理想——中国近代义务教育研究》，浙江教育出版社2000年版，第22页。

② 曲相霏：《受教育权初探》，《政法论坛》2002年第3期。

③ 田正平等主编：《世纪之理想——中国近代义务教育研究》，浙江教育出版社2000年版，第22页。

自由平等的。”资产阶级大革命胜利后，新兴资本主义国家建立了确认和保障资产阶级“人权”、“平等”、“自由”的民主政治制度。民主政治制度的建立为公民平等受教育提供了制度基础。到了18世纪末期，西方国家开始以法律确认公民的平等受教育权。1793年法国通过的《雅各宾宪法》明确规定：“人民享有受教育权、工作权和接受社会救济的权利。”这是受教育权第一次获得了基本权利的地位。① 随着资本主义工业革命的展开，对劳动者的素质要求越来越高。与此同时，工人阶级也不断通过斗争争取包括教育权在内的基本人权。出于这两方面原因，一些资本主义国家制定专门的教育法律来保障公民的基本教育权。如1833年法国教育部部长基佐（Guizot，1787—1874）亲自主持制定了《基佐教育法》，1870年英国国会颁布了《初等教育法》，1872年普鲁士颁布了《国民学校法》。这些专门的教育法律对国民学校的形式、内容和课程设置作出具体规定，切实推动了义务教育的普及，保障了公民教育机会平等。

综上可知，平等和教育平等思想在古代就已萌生，但由于社会经济条件所限，古代的平等只是人们的一种美好愿望，并没有成为社会的基本价值追求。作为中国传统文化核心的儒家的教育平等思想带有强烈的等级观念，西方古代哲人的思想同样充斥着等级观念，这是农业社会条件所致。教育平等真正成为社会的一种基本价值追求，则是西方近代以来的事情。它是资本主义经济关系及其生产发展的产物。资产阶级所倡导的平等、人权思想是其赖以出现的最基本的社会观念基础；资产阶级民族国家的独立、发展及其民主政治制度的建立是其产生的制度基础；资本主义工业大生产及其工业化的完成则为其提供了经济基础和现实需要。西方现代教育平等观念立足于人的本能需要，以人权为核心，以法律为保障，以公共义务教育制度为依托。这种公共义务教育制度由国家公共权力机构承担，对就学者实行免费教育，具有国家性、公共性、普及性、免费性等特征。

在16世纪西欧各国普遍开始文艺复兴之时，处于明清之际的中国也出现了一股启蒙思潮。这一思潮与西欧的文艺复兴具有同样的主题，就是批判君权和封建专制等级，唤醒人的主体意识和民主意识。这其中也包含着现代平等的思想。如李贽提出“尧舜与途人一，圣人与凡人一”的圣

---

① 陈盛清：《外国法制史》，北京大学出版社1985年版，第239页。

凡平等观、女子“学道并非一定见短”的男女平等教育观。但这些观念与西方近代社会所主张的人生而平等的“天赋人权”观念不同。西方的平等观念建立在个人主义基础上，明确地肯定个体价值的优先性，突出强调单个个人的自由权利。明清时期的平等观尽管开始重视个体，但这种个体始终以整体面目出现，个体独立的要求遮掩于整体之下，服务于整体的利益。这主要是由于明清时期新思想的鼓吹者往往是一批接受了很好的人文教育、带有深厚旧知识传统的士人，他们一直都有着十分强烈的周济天下的入世情怀和为帝王师的狂傲之气。①

明清时期启蒙思潮所提倡的民主平等观，不仅与西方平等观念有一定的差别，而且这种观念最终未能形成一种新的发展定式。建立在自然经济基础之上的君主专制社会遏制了这种新观念的发展，强化了封建等级制与不平等的价值观念。中国的现代化因素终究未能从内部冲破坚硬的传统结构外壳，未促使中国走上通向现代社会的道路。

第二节　传教士与西方教育平等观念的传入

1840 年的鸦片战争打破了中国传统的发展轨道，在西方列强的侵略下，中国开始被纳入现代世界发展的大潮。外部世界的挑战迫使中国启动了现代化，植根于西方大生产和工业化基础上的现代教育制度及其教育平等理念开始传入中国。鸦片战争后来华的传教士是清末西学东渐的重要文化使者，也是西方教育平等观念的主要传入者。传教士对西方教育平等观念的介绍有两条途径：一条是兴办教会学校，投身于洋务学堂教学和管理工作，通过教学实践传递西方的教育理念。另一条是借助报刊和书籍两种大众媒介开展宣传活动。在当时传播西学的报刊中，由美国传教士林乐知（Y. J. Allen）主办的《万国公报》② 是发行最广、影响最大的报纸，不少与教育密切相关的论著及译著，都曾在上面发表或作过介绍。其时传教士

① 吴根友：《中国现代价值观的初生历程：从李贽到戴震》，武汉大学出版社 2004 年版，第 377 页。

② 《万国公报》的前身是 1868 年由林乐知在上海创办的《中国教会新报》，1872 年改称《教会新报》，1874 年改名为《万国公报》，1883 年 7 月 28 日停刊，1889 年 2 月复刊，由周刊改为月刊，成为广学会的机关报，仍由林乐知主编，陆佩、慕维廉协助，1907 年年底终刊。

研究介绍西方近代教育的著作主要有：德国传教士花之安（E. Faber）撰写的《德国学校论略》、美国传教士丁韪良（W. A. P. Martin）撰写的《西学考略》、英国传教士李提摩太（T. Richard）撰写的《七国新学备要》、美国传教士林乐知翻译的《文学兴国策》[①]，除《西学考略》外，其余三部都曾在《万国公报》上或连载，或部分发表。传教士通过这些著作和报刊，主要表达了以下一些教育平等观念。

一 普遍设学，平等受教

义务教育制度是人人平等受教的制度依托。传教士在其著作中介绍了西方各国普遍设学，建立义务教育制度，并论述了义务教育制度的基本特征。最早作此介绍的是德国传教士花之安，他在《德国学校论略》（1873）中结合德国初等教育的情况比较系统地论述了西方义务教育制度。他说："泰西诸国，大书院固多，而小书院亦复不少，有为皇家（指国家政府——引者注）所立，有为民间自设。今学术繁兴，民间自设之家塾较前渐少，因需多置各种书籍器具，非有力之家不能。""唯德国，则不拘男女贫富诸色人等，俱要入院肄业，自七八岁至十五岁止，此国家定制，若有抗例，则司书院者记录其名，呈知地方官，罚其父母，出示后戒。故通国男女，皆知书识字之人。"[②] 1898 年 12 月《万国公报》登载了《富国新策·论学问》一文，提到了英国的义务教育制度。文章指出："西历一千八百六十八年，英国定律，男女小孩，责令识字习算，有违命者，下其父兄于狱。"东家欲雇小孩做工，"当视其曾读书否。如其未曾读书，不准雇佣"。[③]《文学兴国策》则对美国的初等教育情况作了介绍："初学，由国家供给者也。凡府、州、县城以至都、图、乡、镇，无不设焉。凡七岁以上至十四五岁之幼孩，无不入焉。凡一切启蒙之学，无不教

① 1872 年，日本驻美外交使节森有礼向美国政府各部及议会发照会一份，并向美国著名大学校长及教育界、文化界、实业界著名人士发公函一份，请求其陈述对教育兴国的看法以及对日本创立近代教育的建议。森有礼将各界人士的 13 封信函以及美国教育部、耶鲁大学教授的两篇论文汇编成 *Education in Japan* 一书，次年在华盛顿出版；1896 年，林乐知将 *Education in Japan* 的主要内容译成中文，取名为《文学兴国策》，由上海广学会刊印。文学指的是文化教育。

② ［德］花之安：《德国学校论略》，日本东京求志楼翻刊，明治七年（1874）版，第 1 页。

③ 《万国公报》，台湾华文书局 1968 年影印合订本，第 18149 页。

焉。……人无论男女，境无论贫富，位无论贵贱，皆当于公学中教训之焉。”①

从以上传教士的介绍，可以看出西方早期各国义务教育制度主要有以下一些基本特征。

第一，国家办学，免费教育。传教士认为，欲实现“兴学于通国之中”，使“通国之人，无一人不能入学读书”，就需要“设立公学”，即由国家出资办学，建立公立学校。因为只有公立学校才能实现“入学者概不取资”，使孤寒子弟尽人可读。在传教士看来，义务教育公办、实行免费教育是普及教育的主要途径，是人人平等就学的前提。他们因而提出兴学是国家“当行之事”，“当尽之职”。国家要“严定律法”，以确保其设立公学的责任；要“立通国之捐法”，保证教育经费的落实。②

第二，平等受教，人人享有。传教士认为平等性是近代教育的首要原则，不论贫富、肤色、贵贱、男女，人人都有读书的权利。不管任何人的子弟，公立学校都要准许其入学读书。美国传教士还提出，在教学中应当“去其分教分类之陋习，而平等以教之”。③针对中国“女子无才便是德”，以及“重男学，轻女学”的现状，传教士专门论述了女子教育的重要。他们提出了女子应该受教育的几条理由：其一，女子受教育“可使知修身齐家之道，得与男子同心偕老耳”，从而使家庭和谐安乐；其二，“管教幼孩之权，操于妇人之手，欲后世之多贤子孙，必先教训今日之女子，使尽成为他年之贤母”；④其三，“为母者知读书之有益，必勉其子女，以期有成”。⑤这几条理由立足于把妇女培养成贤妻良母。《文学兴国策》中《美国兴学成法》一文，还介绍了美国其时的女子教育理念已经超越贤妻良母的范畴，女子受教育不只是“为持家课子之计”。她们不再仅仅就学于初等、中等学堂而止，同男子一样可以升入大书院，“凡男子所读之书，妇女亦莫不读之也”。获取功名，参与社会工作也不再是男子

---

① ［日］森有礼编：《文学兴国策》，［美］林乐知译，上海书店出版社2002年版，第52页。

② 同上书，第25、50、56、68页。

③ 同上书，第23页。

④ 同上书，第51页。

⑤ ［美］丁韪良：《西学考略》，总理衙门印同文馆聚珍版光绪九年（1883），第42页。

的专利，女子“学成考取亦可得受功名”，成为“律师传道格物之名家”。[①]

第三，制定法律，强制入学。传教士认为，义务教育是一种强迫教育。所谓强迫教育就是通过法律来监督学龄儿童的父母或监护人将其子女或被监护人送入学校接受教育，对于违令的家长和监护人将会根据法律进行制裁。传教士介绍了西方各国的强迫教育情况。如英国“定出国章，幼年童子不准有不读书者”，[②] 美国“下令国中，凡及岁之男女小孩，咸使入学读书，有嬉游者罚其家长”。[③] 在传教士看来，只有通过法律才能使国中没有“不劝学之地方”，才能消灭“愚鲁无知之民”。强迫教育的实施也使父母、监护人意识到保障学龄儿童入学是自己的义务，从而有利于保障儿童的教育权利，落实教育机会。

二　习益智之学，求国家之富

传教士之所以提出人人应当平等受教，原因之一是他们认为教育是国家富强的重要因素，教育的兴衰决定着一国的权势力量与国际地位。李提摩太指出：“某国苟第一讲教化，则某国即第一最得好处，且事事局五洲之上。某国苟第一不讲求教化，则某国不但第一不得好处，且事事落五洲之后。”[④] 传教士以当时的德国和美国为例说明“权力至大之国，皆文学至盛之国”。[⑤] 普鲁士曾被法君破其都城，据其土地，几为灭亡。后来普设乡学，令民间子弟无不诵读。在1870年的普法战争中战胜法国，兼并德意志诸小邦，建立了德意志帝国。[⑥] 美国在“未立国之先，勉励学业，

---

① ［日］森有礼编：《文学兴国策》，［美］林乐知译，上海书店出版社2002年版，第77页。

② 《万国公报》，台湾华文书局1968年影印合订本，第7133页。

③ ［日］森有礼编：《文学兴国策》，［美］林乐知译，上海书店出版社2002年版，第26页。

④ ［英］李提摩太：《救世教益》，载《中国近代学术名著》（《万国公报》文选），生活·读书·新知三联书店1998年版，第119页。

⑤ ［日］森有礼编：《文学兴国策》，［美］林乐知译，上海书店出版社2002年版，第21页。

⑥ ［美］丁韪良：《西学考略》，总理衙门印同文馆聚珍版光绪九年（1883），第39页。

男女老幼无人不读书史，迨后卒能胜英而自立”。[①] 德、美两国由于重视教育的普及，不仅摆脱了国难，走向独立，而且成为“天下至富之国”。综观各国情况，传教士因此认为国家投资办教育，是富国强兵，使人民享受身家、人伦之安乐的最好途径。这种投资不仅不是浪费，而且会有高的回报。如李提摩太所言：“或曰朝廷每岁弃银数千万以立学校，岂非伤财害民之事欤？曰：非也，此母钱也，他日之所进必多于今日之所出。”[②]“母钱”即指可以实现增值的钱。

传教士看到教育对于国家强盛、人民富足具有重要的作用，但他们清醒地认识到富强的根本在于人。“天下至富之国，其富之大者则仍在于人耳。”[③] 教育是通过对人的作用，促进了国家的富强。一个人接受了各种“益智之学”，其心思才力会得到充分发展。无论其从事何种职业，“务求节劳利用之良法”，从而推进各项事业。知识越多者，在实践中利用越多，其生产制造也既快又精。由于看到了人是国家富强的关键，传教士提出必须创造民主自由的环境，只有这样，一个人的学问才能有益于事业，教育才能真正使国家强盛。如果对一个人限制太多，遇事牵制，则其徒有学问，不能有为。

三　益浚心灵，成自主之民

传教士认为，人人平等受教的另一原因是教育是人之成为人和成为“自主”之民的需要。在传教士看来，人之为人的根本在于人有“心灵”，也即思维。人能够管辖众生、治理万物，成为万物之灵，即在于此。“若舍心灵以论人，是人亦不过生物类之一耳，且将不得列于至强生物之中矣。”但是，要想使人的“心灵”真正起作用，必须通过教育来训练，“心以用而益精，力以炼而愈出”。[④] 只有通过教育“益浚心灵”，人才能

---

① ［日］森有礼编：《文学兴国策》，［美］林乐知译，上海书店出版社2002年版，第21页。

② ［英］李提摩太：《七国新学备要》，载《新学汇编》（卷二），上海广学会校刊图书集成局光绪二十四年（1898）铅印本，第21页。

③ ［日］森有礼编：《文学兴国策》，［美］林乐知译，上海书店出版社2002年版，第22页。

④ 同上书，第13页。

真正成为人。既然教育是人所必需，是人之成为人的必要条件，传教士因而认为受教育是人的一种自然权利，是人的一项基本人权。

教育不仅是人之成为人的必需，它也是一个人成为“自主”之民的需要。传教士所言的“自主”包含两层含义：第一层是指人能够依靠自身力量，独立生存。在传教士看来，这种力量的获得以及基本生存能力的形成离不开教育，这也是教育最基本的目标。花之安在谈到德国义务教育目标时就指出：“能于诵读抄写，可以谋食资生。”① 丁韪良在论及美国初等义务教育的宗旨时说：“其立意不在服官，但能经营工贸，俾得谋生。”② 传教士认为，不只普通人的生存需要教育赋予力量，即使是残疾之人也要通过教育使其获得谋生之计。因为一个人只有自食其力，才能体会到人的生存价值以及人生之乐趣。“自主”的第二层含义是指每个人应该具有现代国民所需要的民主意识和民主能力，这二者离不开教育的培养。传教士认为，培养合格的共和国国民是现代教育的重要目标。教育的目的在于“望民有治国之权，愿民有自主之意”。教育要使人民“咸知自主自治，以备他日登明选公，可为国家之大用”。③ 教育要教给人作为一个公民最基本的知识，使其“深知律法、熟谙政事”。

四　生而平等，本无异同

传教士不仅阐明人人平等受教是必要的，而且认为这也是可能的，因为“天下之人，莫非同类”，“造物之生材，无非平等”，即人人生而平等。以造物主赐给人类最重要的“心灵”即智慧来说，无论是“君王以至庶人，一也”。假如在不同人之间存在智慧差别，也是无可预料的，不是由人的地位所决定的。传教士认为，相对于人的资质而言，教育更加重要。“无论人之生质若何，皆可由文学而增益之。”通过教育，每个人都

① ［德］花之安：《德国学校论略》，日本东京求志楼翻刊，明治七年（1874）版，第1页。

② ［美］丁韪良：《西学考略》，总理衙门印同文馆聚珍版光绪九年（1883），第18页。

③ ［日］森有礼编：《文学兴国策》，［美］林乐知译，上海书店出版社2002年版，第36页。

可以获得“私己之才能、出众之权力”。[①]

既然人人生而平等，那么每个人都应得到重视和尊重，哪怕是先天残疾之人。更何况国家的兴旺与每一个公民都息息相关，“一人仁，一国兴仁；一人让，一国兴让；一人贪戾，一国作乱”。[②] 因而，每一个人都不能被忽视，教育的一切都要以人为本。比如，对于盲人，所读之书应以“厚纸刻印，各字皆成凸形，使盲人得以手扪而志之于心”。[③] 盲人所学内容，也应以其获得谋生之计为重。

从上述四方面可知，传教士通过他们的文章书籍传递了 19 世纪中后期西方教育平等的一些基本理念：人人生而平等，每一个人都应受到最基本的教育；这既是国家富强的重要途径，也是人之为人、个人生存和成为现代国民的必需；由国家出资办学、实行免费教育并通过法律强制的义务教育制度是人人平等受教的制度保障。

维新运动前，国人对西学的了解主要是通过外国传教士所翻译的书籍和创办的报刊。梁启超在回忆 1895 年前后在京城读书、酝酿并宣传新学时说：“我们当时认为，中国自汉以后的学问全要不得的，外来的学问都是好的。……既然外国学问都好，却是不懂外国话，不能读外国书，只好拿几部教会的译书当宝贝。”[④] 康有为在 1882 年的上海行中，面对上海租界的繁华，佩服“西人治术之有本”。[⑤] 于是他大购西书，并于次年订阅了《万国公报》，以期了解西方的制度与文化。可见，传教士的著作是当时先进中国人吸取西方进步文化的唯一途径，也是影响他们教育思想的重要载体。梁启超在《学校总论》中写道：“西人学校之等差、之名号、之章程、之功课，彼士所著《德国学校》、《七国新学备要》、《文学兴国策》等书，类能言之。”[⑥] 由此可知，传教士的一些主要教育著作，他都曾读过。传教士在其著作中所传递的教育平等观念对康有为、梁启超等维

---

① ［日］森有礼编：《文学兴国策》，［美］林乐知译，上海书店出版社 2002 年版，第 15 页。

② 同上书，第 14 页。

③ 同上书，第 76 页。

④ 梁启超：《亡友夏穗卿先生》，载《饮冰室合集·文集之四十四》（上），中华书局 1989 年版，第 22 页。

⑤ 康有为：《康南海自编年谱》（外二种），中华书局 1992 年版，第 11 页。

⑥ 梁启超：《学校总论》，载《变法通议》，华夏出版社 2002 年版，第 40 页。

新派有重要影响。

第三节 维新派的教育平等观念

维新派又称改良派，是代表资产阶级利益的政治派别。在政治上主张开议院、兴民权，限制封建君主的权力，实行君主立宪；经济上主张振兴实业，发展资本主义经济；文化上主张兴办学校，开发民智，学习西方科学技术与思想文化。

维新派包括早期改良派和戊戌维新派，通常所说的维新派指的是戊戌维新派。1884 年中法战争的失败使洋务派中的一部分人意识到单靠学习西方的坚船利炮救不了国，他们提出必须从政制这个根本问题上着手改革，中国才有出路。这部分人逐渐从洋务派中脱离，形成早期改良派，其代表人物主要有郑观应、王韬、薛福成、何启等。维新派的一些基本主张，早期改良派都已经提到，但他们所谈笼统粗疏，并且只是一些设想。真正系统论述西方资本主义政治学说的是以康有为、梁启超、严复为代表的戊戌维新派，他们将西方学说与传统的儒家思想结合，形成了较为完整的变法理论并将理论付诸实践，领导了一场维新变法运动。西方的义务教育制度及普及教育思想早期改良派也已经言及，如郑观应说“兴学院，广书院，重技艺，别考课，使人尽其才”。① 虽然早期改良派提出了普及书院的主张，但他们对兴办什么样的学校，为什么兴学缺乏认识。他们的介绍零星、片段，只是简单地照搬传教士的言论，对西方的教育制度与观念认识还非常有限。相比于早期改良派，戊戌维新派对西方义务教育制度有了更多的了解，第一次比较系统地阐发了普及教育的思想，较明确地表达了人人平等受教的观念。他们专门论述了女子教育，提出了男女无异，女子同样应该接受教育的主张。戊戌维新运动虽然失败了，但其思想为后来的清末新政教育改革所采纳，直接推动了中国义务教育制度的建立和自上而下的普及教育运动。戊戌政变之后，康有为、梁启超流亡日本。康有为随后还游历了加拿大、英国、印度等国，并于 1901—1902 年结合游历中所感受到的资本主义制度的不足与社会危机以及国际上一些空想社会主

① 郑观应：《郑观应集》（上册），上海人民出版社 1982 年版，第 234 页。

义思潮，对其耗费多年精力所作且一直没有面世的《大同书》草稿进行了修改与增补，书中勾勒了人人受教的理想蓝图。梁启超在日本期间，受卢梭、孟德斯鸠、福泽谕吉等欧美和日本思想家的影响，对义务教育宗旨有了更深入的认识，提出了教育的根本宗旨在于新民，即培养具有民主意识的现代国民。

一　广设学塾，民皆入学

对照西方教育的普及，维新派揭示了中国教育不普及且为少数人所享有的状况。康有为指出："各国读书识字者，百人中率有七十人，而我中国文物之邦，读书识字仅百之二十"，"若夫小民识字已寡，或有一省而无礼律之书，一县而无童蒙之馆，其为不教甚矣"。[①] 严复指出，西方教育"四民并重，从未尝以士为独尊"，"四民之众，降而至于妇女走卒之伦，盖无不识字知书之人类"。中国教育却"以文字一门专属之士"，士也"以知书自异"。[②] 维新派看到西方教育为士、农、工、商每一阶层所享有，中国享受读书权利的只有士，而且把读书视作一种特权。这种不平等的受教育情况，一方面是由于中国不重视初等教育机构的建设、教育不普及所造成；另一方面与传统的劳心、劳力思想有关。如严复所言："至于吾民，则姑亦无论学校义废久矣，即使尚存如初，亦不过择凡民之俊秀者而教之。至于穷檐之子，编户之氓，则自襁褓以至成人，未尝闻有孰教之者也。"[③] 他指出，导致一部分人不能接受教育的根本原因，在于其所在的阶层与财富，穷闾陋巷的贫民由于被视作劳力阶层且又贫苦至极，因而始终不能获得受教育权。

维新派不仅指出中国古代教育的不普及及其等级性，并且针对此状况提出国家要广设学塾，确保人人入学。康有为在 1895 年的《公车上书》中就提道："其余州、县、乡、镇，皆设书藏，以广见闻。若能厚筹经

① 康有为：《公车上书》，载陈学恂主编《中国近代教育文选》，人民教育出版社 1983 年版，第 97 页。

② 严复：《救亡决论》，载陈学恂主编《中国近代教育文选》，人民教育出版社 1983 年版，第 190 页。

③ 严复：《原强》，载陈学恂主编《中国近代教育文选》，人民教育出版社 1983 年版，第 178 页。

费，广加劝募，令乡落咸设学塾，小民童子，人人皆得入学。"[①] 在1898年给光绪皇帝的奏折中，他再一次吁请："乞下明诏，遍令省府县乡兴学。乡立小学，令民七岁以上皆入学。"[②] 康有为认识到欲实现人人入学，国家就要广设学塾，学塾不仅要建立在都城，而且要遍设于乡野。学塾的建立需要广增经费，并鼓动绅民捐创学堂。通过广设学塾，才能最终实现教育的普及，"使一国之内，无一人不受教，无一人不知学"。[③] 维新派不仅主张要普及小学，而且认为小学教育应是平等的，且要通过法律强制入学。如梁启超提出"举国之人，无贵贱无不学"。[④] 康有为指出："责令民人子弟，年至六岁者，皆必入小学读书。而教之以图算、器艺、语言文字，其不入学者，罪其父母。"[⑤] 可见，维新派对义务教育制度的普及性、平等性、强迫性等特征已有初步认识。

维新派的上述思想虽因戊戌变法的失败被打入"冷宫"，但这些思想在当时的中国具有重要意义，它成为随后启动的中国教育近代化的思想源泉。1904年颁布的《奏定学堂章程》（《癸卯学制》）第一次把普及义务教育列入政府和各级官员的职责范围，该章程明文规定："设初等小学堂，令凡国民七岁以上者入焉。"

二 男女无异，女亦受教

中国古代教育不普及，受教育只是少数人的特权。从阶层来看，只有士能受教，农、工、商、兵没有受教机会。从性别来看，只有男子能受教育，女子则被排除在教育的门槛之外。在"女子无才便是德"思想的支配下，女子受教育者微乎其微。个别名士之家虽然让女子习礼明诗，但也只是吟风弄月，没有真正的学问。至于科举考试，"只有男子，应考并无女人"。倡导人人受教的维新派从男女平权的角度对几千年来女子不能受

---

① 康有为：《公车上书》，载陈学恂主编《中国近代教育文选》，人民教育出版社1983年版，第98页。

② 康有为：《请开学校折》，载陈学恂主编《中国近代教育文选》，人民教育出版社1983年版，第109页。

③ 梁启超：《学校总论》，载《变法通议》，华夏出版社2002年版，第33页。

④ 梁启超：《论幼学》，载《变法通议》，华夏出版社2002年版，第126页。

⑤ 康有为：《请饬各省改书院淫祠为学堂折》，载朱有瓛主编《中国近代学制史料》（第一辑下册），华东师范大学出版社1986年版，第440页。

教育的状况进行了批判。康有为指出："人者天所生也，有是身体即有其权利"，"女之与男既同为人体，同为天民，则有天权而不可侵之"。[①] 严复指出："名既为人，即当学问，不以男女而异也。"[②]

女子占国民人数之一半，但一句"女子无才便是德"让女子整体上丧失教育权几千年，维新派认为女子受教育有诸多好处。

第一，使女子自养自立，既可以获得与男子平等的地位，又可以成为国家有用之才。维新派认为女子受了教育以后，可以自营而养生，不必待养于男子，从而摆脱为男子奴役的处境。不仅如此，由于女子可以自养，"一国之内，执业之人，骤增一倍"，[③] 国家自然就会强盛。在维新派看来，中国当时徒弃二万万之妇女于教育之外，是置有用之才而于无用之地，只能使中国在世界竞争优胜劣汰中，处于不利地位。他们呼吁："广为教育，使男女皆有用。"[④]

第二，使女子有德有才，家庭内外相处熙睦。维新派认为"女子无才便是德"完全是无稽之谈。"令天下女子，不识一字，不读一书，然后为贤淑之正宗"，不仅不能达到目的，"实祸天下之道也"。[⑤] 在维新派看来，如果女子不能受教育，其"性情不能陶冶，胸襟不能开拓，嫉妒褊狭，乖戾愚蠢"，目光心力所见极小，因而极易引起忿争。与此相反，假如女子能够读书受教育，可以使其"日闻天下之事理，以阅历而学识益深，日扩山川品物之大观，以开拓而心思益扩"。[⑥] 女子心胸开阔，不再计较家人妇子、鸡毛蒜皮之事，真正使家庭内外相处熙睦。

第三，有利于胎教、母教，保种、保国。维新派认为，要想保国必须保种，而保种要从胎教始。受进化论思想影响，他们认为胎教是人种进化的根源。"传种多美，则全国之民永得人种文明之益。"[⑦] "母健而后儿肥，

① 康有为：《大同书》，华夏出版社 2002 年版，第 157—158 页。

② 严复：《论沪上创兴女学堂事》，载陈学恂主编《中国近代教育文选》，人民教育出版社 1983 年版，第 212 页。

③ 梁启超：《论女学》，载《变法通议》，华夏出版社 2002 年版，第 89 页。

④ 康有为：《日本变政考》，载黄明同主编《康有为早期遗稿述评》，中山大学出版社 1988 年版，第 135 页。

⑤ 梁启超：《论女学》，载《变法通议》，华夏出版社 2002 年版，第 89 页。

⑥ 康有为：《大同书》，华夏出版社 2002 年版，第 160—161 页。

⑦ 同上书，第 160 页。

培其先天而种乃进也。”[①] 人种的进化既有赖于胎教，也和其出生后的教育密不可分。“少成若性，长则因之”，欲成人才，必自蒙养始。对于蒙养时期的教育，维新派认为母教更强于父教。“孩提之童，母亲于父，其性情嗜好，惟妇人能因势而利导之。”“蒙养之本，必自母教始。”而“母教之本，必自妇学始”。因而，他们坚信妇学是“天下存亡强弱之大原”。女子是否求学直接关系着人种的改良，“妇学是保种之权舆也”。[②]

维新派对女子教育的认识和思考与当时创巨痛深的社会现实紧紧地交织在一起，使两千年来处于黑暗中的女子看到了教育的曙光。维新派的女子教育思想开兴女学之先河，1898 年中国人自办的第一所女子学校经正女学由经元善在上海创办。清末新政之后，民间女子学校逐渐增多。

维新派虽然重视女教，强调女子的自立，但其立论根据限于“上可相夫，下可教子，近可宜家，远可善种。妇道既昌，千室良善”。[③] 这种女子教育观尽管促成了女学的诞生，但也限制了女子享有和男子真正平等的教育。然而，这种立论在当时是有其合理性的。一方面维新派是在传统文化中成长起来的一代知识分子，他们的新思想很难完全摆脱传统的束缚；另一方面这也是维新派为能够兴办女学的权宜之计。在中国这样一个以家庭为本的社会里，女子始终被定位在妻和母的角色上，要完全打破这种角色定位在当时显然是不可能的。因之，维新派将培养贤妻良母作为女子教育的目标。但就是这样一个目标，仍然难被当时的封建士大夫所接受，这一点从清末新政教育规程中就能看出。1904 年颁布的《奏定学堂章程》接受了维新派的普及教育思想，但并没有接受其兴女学的思想。章程中提到“女子只可于家庭教之，或受母教，或受保姆之教”。[④] 清政府对兴女学还是持反对态度，其所提的义务教育仍然不包括女子的教育。在社会对女学的呼吁以及民间女学的推动下，1906 年慈

① 严复：《原强》，载陈学恂主编《中国近代教育文选》，人民教育出版社 1983 年版，第 176 页。

② 梁启超：《论女学》，载《变法通议》，华夏出版社 2002 年版，第 91—93 页。

③ 梁启超：《创设女学堂启》，载朱有瓛主编《中国近代学制史料》（第一辑下册），华东师范大学出版社 1986 年版，第 883 页。

④ 朱有瓛主编：《中国近代学制史料》（第二辑下册），华东师范大学出版社 1989 年版，第 573 页。

禧太后面谕学部开办女学，女学才正式开禁。1907 年清政府终于颁布了《奏定女子小学堂章程》、《女子师范学堂章程》，中国第一次将女子教育正式纳入学制系统，开创了政府创办女子教育的新纪元。

三　开启民智，意求自强

维新派之所以提出广设学塾，民皆入学，人人平等受教，其原因在于救亡图存，寻求富强。在这一点上，维新派和洋务派并没有区别。不同之处在于，洋务派认为西方各国强大，靠的是船坚炮利；而维新派却把原因归结为发展教育与开民智。[①] 如康有为所言："尝考泰西之所以富强，不在炮械军兵，而在穷理劝学。"[②] "近者日本胜我，亦非其将相兵士能胜我也。其国遍设各学，才艺足用，实能胜我也。"[③] 维新派对洋务运动的失败进行了反思，严复认为，洋务派所倡导推行的练兵、开矿、通铁道、兴商务皆是治标，标需要治，不治标无以救急。但缺乏了民智的提高这一根本，标将自废，本治标才可以立。[④] 梁启超亦认为："今不惜糜重帑以治海军，而不肯舍薄费以营学校，重其所轻，而轻其所重。"[⑤] 维新派把开民智看作是富强之源，认识到前朝"愚黔首，重君权，驭一统之天下，弭内乱之道"，[⑥] 在当今"万国交通，以文学政艺相竞"[⑦] 的时代已然行不通，只能自取灭亡。他们提出："自强于今日，以开民智为第一义。"[⑧]

维新派虽然强调开民智，但在戊戌运动前后，人才教育仍是当时的主题。维新派所批评的洋务运动没有培其根本，指的是没有造就有实际学问的各种人才，而不是一般意义上的国民素质。在维新派看来，当时中国割

---

① 霍益萍：《近代中国的高等教育》，华东师范大学出版社 1999 年版，第 40 页。

② 康有为：《公车上书》，载陈学恂主编《中国近代教育文选》，人民教育出版社 1983 年版，第 97 页。

③ 康有为：《请开学校折》，载陈学恂主编《中国近代教育文选》，人民教育出版社 1983 年版，第 109 页。

④ 严复：《原强》，载陈学恂主编《中国近代教育文选》，人民教育出版社 1983 年版，第 180 页。

⑤ 梁启超：《学校总论》，载《变法通议》，华夏出版社 2002 年版，第 42 页。

⑥ 同上书，第 34 页。

⑦ 康有为：《请废八股试贴楷法试士改用策论折》，载陈学恂主编《中国近代教育文选》，人民教育出版社 1983 年版，第 104 页。

⑧ 梁启超：《学校总论》，载《变法通议》，华夏出版社 2002 年版，第 32 页。

地削权危亡岌岌，皆人才乏绝无以御侮之故，中国的强大必须依靠人才。[①] 他们认为在科举考试之下，士人逐科第求富贵而废学业，难以成为为国所用之人才。[②] 人才的形成需要通过学校作而致之，兴学校是育人才之本。如梁启超所言："学校昌，才智繁，虽无兵焉，犹之强也"；"学校塞，才智希，虽举其国而兵焉，犹之亡也"[③]。维新派认识到时代所需要的人才是以科举为核心的旧教育制度培育不出来的，人才的繁盛有赖于广设学校建立近代教育制度，普及学校的根本目的在于培养人才。

由于把人才培养作为主要目标，维新派强调的民智包含两个层次。一是"士之智"；二是"小民之智"。康有为说："故教有及于士，有逮于民。"对于天下之士，要使其"才智大开，以待皇上之用"。对于小民，则在于"明其理"，使其更容易接受统治。[④] 梁启超引用《孟子·离娄上》中的"下民无学，贼民兴，丧无日矣"来说明民众不受教育，会导致盗贼丛生、社会动荡。[⑤] 严复亦引用孟子的话，指明饱食暖衣之民如不受教育尚且近于禽兽，对于饥寒逼驱之民更是不可想象，只能是后义先利、诈伪奸欺。[⑥] 可以看出，维新派虽然重视教育的普及，但包含着双层含义：一方面通过普设学校使"士之初基"的童生能够成为有用之才；另一方面通过对普通大众的教化，使其成为良民。古代"化民成俗，其必由学"的德治教化思想仍然根植于维新派的脑际中，普通民众在教育上只能获得道德修养上的平等，而不是教育权利意义上的平等。

与传教士所传入的西方教育平等观念相比，维新派提倡人人受教的缘由在于教育可以促进国家富强，而传教士不仅提及教育对国家富强的作

---

① 梁启超：《公车上书请变科举折》，载《饮冰室合集》（文集之三），中华书局 1989 年版，第 21 页。

② 康有为：《公车上书》，载陈学恂主编《中国近代教育文选》，人民教育出版社 1983 年版，第 97 页。

③ 梁启超：《论变法不知本原之害》，载《变法通议》，华夏出版社 2002 年版，第 26 页。

④ 康有为：《公车上书》，载陈学恂主编《中国近代教育文选》，人民教育出版社 1983 年版，第 97—98 页。

⑤ 梁启超：《学校总论》，载《变法通议》，华夏出版社 2002 年版，第 39 页。

⑥ 严复：《原强》，载陈学恂主编《中国近代教育文选》，人民教育出版社 1983 年版，第 178 页。

用，还强调了教育是个人与生俱来的自然权利，是个人生存和成为现代国民的基本条件。与此相应，传教士特别强调国家在办教育方面的责任和义务，强调社会必须通过普遍设学保证公民教育权利的实现，而维新派更多强调的是民众受教育对于国家的责任。这种差异与当时中国的国情以及中西不同的文化传统有关。鸦片战争以后的中国，主权日削、国土日蹙、列强环伺，摆在中国人民面前最紧迫的任务是争取民族独立。民族危机决定了维新派在学习西方时，更多地关注西方普及教育的制度，对其背后人人平等受教的丰富内涵无暇深入探究。在建立义务教育制度方面，中国和西方有不同的路径。西方是从人人平等受教育的要求到义务教育制度的建立，中国是从御侮救国到义务教育制度的建立。从文化角度看，中西方对人的理解、对权利概念的理解不同。西方文化比较强调自然人即人的自然属性、个人性、利己性以及个人与他人的分离性；而中国文化则比较强调社会人即人的社会性、道德性以及个人对他人的依存性。中国的国情与文化决定了维新派把普设学校、培育人才看作是御侮救国的重要手段，而没有把他们作为保障人民教育权的制度基础。维新派更多关注的是中华民族的集体人权，而没有精力去注意个人人权。

四 人人受教，古已有之

维新派的普及教育思想源于西方，在他们的著作中能看到关于泰西、日本、美国义务教育制度的大量介绍，以及对于欧美近代平等主义教育理念的推崇。但维新派把西方的这种制度和理念看作是中国三代教育的遗产，认为人人受教，古已有之。他们的普及教育的思想和主张披上了托古改制的“外衣”。如康有为说：“学校之设，选举之科，先王之法盛矣。”[①]“万国立学，莫我之先且备矣。”[②]梁启超亦言：“学校之制，惟吾三代为最备。”[③]提出“远法三代，近采泰西，自京师以讫州县，以次立

① 康有为：《公车上书》，载陈学恂主编《中国近代教育文选》，人民教育出版社 1983 年版，第 96 页。

② 康有为：《请开学校折》，载陈学恂主编《中国近代教育文选》，人民教育出版社 1983 年版，第 107 页。

③ 梁启超：《学校总论》，载《变法通议》，华夏出版社 2002 年版，第 32 页。

大学、小学，聚天下之才，教而后用之”。[1] 在谈到兴女学时，他说：“复前代之遗归，采泰西之美制，仪先圣之明训，急保种之远谋。”[2] 维新派在提出普及教育主张时，总是依托三代教育，是有其理由的。

首先，有利于避免顽固派的反对，推进近代教育体制的建立。在教育现代化的初始阶段，任何教育方面的革新措施，都意味着对旧传统、对“祖宗成法”的偏离和挑战，都会遇到顽强的抵制。[3] 维新派以兴学校、讲西学为核心，建立近代西方式学校教育体制的主张，是对传统教育体制的彻底反叛。对于在封建教育体制中成长起来的士人来说，接受起来当然非常困难。维新派通过托古改制、对三代兴学的张扬，有利于人们接受普及教育的主张，推进传统教育的转换，特别是女学的兴办。

其次，西方教育平等理念传入渠道不畅通，从三代教育中寻找理论支持。在中国近代教育的早期建设中，了解西方教育的渠道主要是通过传教士。传教士也确实在文化教育交流中起到了较大的作用。但是，传教士当时来华的根本目的是宣传基督教，所有的一切都服务于基督教。为了让中国人接受基督教，他们尽量迎合中国当时的需要。处于教育近代化的中国，在教育上首先需要的是义务教育制度方面的内容。因而，传教士介绍更多的是制度层面，对于其背后的理念介绍得非常有限。他们把基督教看得至高无上，甚至把基督教看作是兴学之源。如当时美国安汉斯大书院总教习西列就说：“欧美奉教诸邦，其劝人兴学之源，即由于基督之真道。”[4] 此外，中西文化本属于不同文化传统，长久隔阂，当时的翻译主要采用“西译中述”的模式。即由传教士先将西书的意思口译成中文，然后由不通西文的中国学者润色加工，条理成文。经这样三转两折，以中文印刷符号呈现在读者面前的西方文化，已经加进了不少中国文化成

---

① 梁启超：《论科举》，载《变法通议》，华夏出版社 2002 年版，第 60 页。

② 梁启超：《创设女学堂启》，载朱有瓛主编《中国近代学制史料》（第一辑下册），华东师范大学出版社 1986 年版，第 884 页。

③ 田正平主编：《中国教育史研究》（近代分卷），华东师范大学出版社 2001 年版，第 86 页。

④ ［日］森有礼编：《文学兴国策》，［美］林乐知译，上海书店出版社 2002 年版，第 29 页。

分。[1] 西方普及教育的基本理念并没有随着传教士的进入而得到全面透彻的输入。维新派不得已经常到古人那里寻找理论源泉，把西方的这种制度和理念看作是中国三代教育的遗意。

最后，任何人接受新思想，都以其原来的思想为依据，放入其固有的思维框架中去理解。维新派对西方普及教育制度及其背后教育平等理念的接受，同样体现了这样一个特点。

五　大同教育，理想蓝图

《大同书》是康有为抒发自己的政治见解、描绘所欲达到的理想境界的一部哲学、政治、教育思想专著。康有为对这部著作倾注心血最多、耗费时间最长。康氏自称早在 1884 年就开始“演大同主义”，初稿完成于 1885 年，名曰《人类公理》。但其时除给梁启超、陈千秋等少数几位弟子看过外，并没有公开。到戊戌变法后康有为流亡日本时，此书已有稿本 20 余篇。此后稿本随康有为周游欧美等地，到 1901—1902 年康氏避居印度时，最后成书。

《大同书》既吸取了古代儒家的社会历史思想，又融入了资产阶级天赋人权与平等的政治观念，还结合了资本主义进化论学说和空想社会主义思想。但其思想根基是儒学的“不忍人之心”的博爱观、“忧世之乱而思有以拯救之”等观念。康有为依据《春秋》“公羊三世”说和《礼运》中的“小康”、“大同”说，将人类历史分为乱世（或称据乱世、拨乱世）、升平世和太平世三个阶段。康有为给“三世”确定的内涵在戊戌政变前后有一些不同。戊戌政变之前，乱世是指文教未明；升平世即小康之世，渐有文教，实行君主制；太平世即大同之世，文教全备，实行民主制。这一时期他认为，孔子生于文教未明的乱世，而孔子之后的两千年，中国已经是升平小康之世，按三世进化之义，接下来就应朝太平大同之世发展。戊戌政变之后，康有为明确以君主立宪作为维新派的政治纲领和中心任务，并对“三世”说的内涵作了相应的调整。此时的“小康”与“升平”不再是等同的概念，小康归属于“乱世”之内，称之为“据乱小康之制”、“小康据乱世之制”。“升平世”从“小康”中独立了出来，实

---

① 熊月之：《西学东渐与晚清社会》，上海人民出版社 1994 年版，第 17 页。

行君主立宪，而“乱世”和“太平世”分别为君主制（小康之道）和民主共和制（大同之道）。依据此说，孔子之后两千年的中国社会就不再属于“升平世”，而是属于“乱世”。[①] 无论是新“三世”说还是旧“三世”说，实行君主制的封建社会始终是康有为批判的对象，而“太平世”的内涵基本没有变化，这一“人理至公”、“人人如一”的大同世界寄托着康氏美好的理想。

《大同书》中康有为从天赋人权、人人平等的理论出发，对“据乱世”的教育不平等现象进行猛烈抨击。他说：“同为人类，等是男身，而生落边蛮，僻居山穴，片布敝体，藜藿果腹，不识文字，蠢如马鹿，不知服食之美为何物，不知学问之事为何方；其与都邑之士，隐囊尘尾，裙屐风流，左图右书，古今博达，不几若人禽之别欤！”“子子孙孙，世袭为隶。虽有圣智，不许宦任，抑不得学，不能识字。……上天之生，奴婢亦人，以何理义，降此苦辛！”[②] 对于此种因出生地和家庭出身不同而造成的教育极度不平等，康有为愤愤不平，提出了只要是人都应该受教育。康有为在《大同书》中所表达的教育平等观念已经超越了其在维新运动之前的思想。维新运动之前，他从国家富强的角度提出了普设学塾、人人受教，而《大同书》中他开始用民权、平等的观念来衡量一切、审度一切，从人的角度反抗封建教育的等级制。[③] 康有为在《大同书》中虽然没有明确提出教育权利的概念，实际上已经暗含了教育权利是一项基本人权的思想。

康有为在抨击“据乱世”教育不平等的同时，以天才的笔调勾勒了“太平世”公养、公教的理想蓝图。他在书中写道：“太平世以开人智为主，最重学校。自慈幼院之教至小学、中学、大学，人人皆自幼而学，人人皆学至二十岁，人人皆无家累，人人皆无恶习，图书器物既备、语言文字同一，日力既省，养生又备，道德一而教化同，其学人之进化过今不止千万倍矣。……无据乱世学校全聚京都而乡邑则横僿不文之俗，此不平不

---

① 宋德华：《康有为“大同三世”说新探》，《华南师范大学学报》（社会科学版）2003年第4期。

② 康有为：《大同书》，华夏出版社2002年版，第18、23页。

③ 朱永新等：《〈大同书〉的教育平等思想》，《苏州大学学报》（哲学社会科学版）1985年第3期。

同也，太平世地地相同、地地平等，不待裹粮远学焉。”[①]

康有为特别重视教育，他不仅把大同教育看作是通向大同社会的桥梁，而且把其视为大同社会的重要特征。在《大同书》未正式示人之前，其弟子梁启超在1901年所写的《南海康先生传》中曾提及康有为的大同理想，并用“教育平等”[②]来概括康有为大同社会中教育的基本特征，这四个字确实揭示了康有为所描绘的教育蓝图的核心思想。康有为所期望的教育平等是全方位的：在教育机会方面，人无论贵贱、贫富、种族、性别都自幼而学，同受二十年教育，人人享有完全相同的教育机会。儿童归属社会公有，母亲怀孕即入公办的“人本院”，进行胎教；婴儿断乳后，就送进公办的“育婴院”，教歌教言，“使之浸渍心耳”；三岁转入“慈幼院”，六岁进“小学院”，十一岁进“中学院”，十六岁进“大学院”，经过二十年的教育，然后去为社会服务。在教育过程方面，无论是京都还是乡邑都普遍设学，学校不因地域而有差别。学校在图书器物、教学内容上同一。在教育结果方面，人人都成长为有德、有用的美才，智德渐臻平等。康有为的教育平等观念斩断了家庭和宗法制度的封建羁绊，体现了资产阶级的民主主义思想，可为至平、至公。但是这种观念强调数量的平等、追求高度统一，走向了极端化、绝对化。他无视教育平等会受客观经济条件的限制，不同教育组织在性质、运行方式、内外环境等方面的差异，也完全忽略了不同个体在先天素质、个性特长、生活环境等方面的区别。这种将实现平等的各种主客观条件置之不顾的所谓平等只能是一种机械的平等。他的教育平等观念实质上体现的仍然是中国传统的平均主义思想，这一思想以农业社会的生产方式为其客观物质基础，是儒家对平等的一种理想化寄托。

康有为的大同教育蓝图表达了对不平等教育的精神抗议。但由于其追求绝对的平等，泯除了一切差别，与现实之间有巨大的鸿沟，因而缺乏干预指导现实的精神。其教育平等观念仍然停留在“玄谈”上，不具有西

---

① 康有为：《大同书》，华夏出版社2002年版，第278页。

② 梁启超：《康有为传》，团结出版社2004年版，第65页。有学者对“教育家”一词溯源研究，发现可能最早出现在梁启超的《南海康先生传》中，“教育平等”一词也可能最早出现在该书中。参见孙孔懿《众里寻他千百度——“教育家”一词溯源研究手记》，《江苏教育研究》2003年第2期。

方现代教育平等观念改变现实教育的实践性价值。康有为本人也没有把大同纲领作为行动纲领。如张伯桢在《南海康先生传》中所写：“（《大同书》）书成，既而思大同之治，恐非今日所能骤行，骤行之恐适足以酿乱，故秘其稿不肯以示人。”[①] 康有为认为，大同世界的内容、原则都是将来的事，如果现在就要求实行大同世界的原则、主张，会使天下大乱。对于其弟子欲宣传大同之说者，亦极力阻止。康有为的教育平等蓝图，看来只能是海市蜃楼。

六 教育之义，首在新民

戊戌变法失败后，梁启超亡命日本。到日本后，他有机会直接接触西方近代资产阶级民主思想以及东瀛明治维新的思想，其思想与维新运动前相比，有了一定的变化。正如他自述的那样，“自东居以来，广搜日本书而读之，若行山阴道上，应接不暇。脑质为之改易，思想言论，与前者若出两人”。[②] 此时，梁启超对国家与国民的关系以及义务教育的宗旨有了新的认识，这些认识反映在他于1902—1906年间发表在《新民丛报》上的一系列文章当中。如《论教育当定宗旨》、《教育政策私议》以及其他政论文。[③]

在日本期间，梁启超对戊戌运动失败的原因进行了反思。他认识到戊戌变法之所以没有成功，固然是顽固派从中作梗，但与国民素质不佳有直接关系。马其顿、蒙古等一些国家兴亡的事例使他意识到一个国家如果没有健全的国民，只靠英雄、贤君相不足以维持国命。[④] 他说：“国民之文明程度低者，虽得明主贤相以代治之，及其人亡则其政息焉”，“国民之文明程度高者，虽偶有暴君污吏虔刘一时，而其民力自能补救之而整顿之”。梁启超把国民与国家比作四肢、五脏、筋脉、血轮与身体的关系，

---

① 李泽厚：《中国思想史论》（中），安徽文艺出版社1999年版，第477页。

② 梁启超：《饮冰室合集·专集之二十二》，中华书局1989年版，第186页。

③ 《新民丛报》（半月刊）由梁启超于1902年2月8日在日本创刊，1907年11月20日停刊。1902—1906年间，梁启超在上面发表一大批以“新民”为主题的文章，后汇编成册，取名《新民说》，1936年上海中华书局出版单行本。

④ “然非无亚历山大，而何以马其顿今已成灰尘？非无成吉思汗，而何以蒙古几不保残喘？”见梁启超《新民说》，第1页。

他说："未有四肢已断，五脏已瘵，筋脉已伤，血轮已涸，而身犹能存者；亦未有其民愚陋、怯弱、涣散混浊，而国犹能立者。"[①] 他因此提出："国也者，积民而成。"基于这样的认识，梁启超提出要挽救处于内忧外患之中的中国，拯救生灵于浩劫，必须提高四万万人之民德、民智、民力。他高呼"新民为今日中国第一急务"，"新民云者，非新者一人，而新之者又一人也，则在吾民之各自新而已"。[②]

从使人人成为新民的角度出发，梁启超修正了戊戌变法前自己的人才教育观。那时他虽然提出广设学塾，使"举国之人，无贵贱无不学"的思想，但兴学的目的主要是养人才，寄希望于通过人才来强中国。随着他对国民素质与国家关系认识的深入，他觉悟到此前的人才教育观实际上仍然是"吾中国数千年来之教育精神"的延续，即朝廷通过教育培养所需要的人才，士人受教育则为了升官发财。无非是古代教育通过科举来笼络人才，他所提的新教育以学校系统来培养人才；前者是以儒家经书为学习内容，而后者以西方近代各种学科为学习内容。教育的主旨并没有变化，仍然是培养朝廷所用人才。正由于此，清末新政虽然颁布新学制、建立现代教育制度，但国家依然衰败，因为学校所培养出来的人才仍然是些"汉奸奴隶之才"。他因此主张教育的宗旨要从人才教育转向"制造国民之具"，教育最本质的意义在于新民。如其所言："教育之意义，在养成一种特色之国民，使结团体，以自立竞存于列国之间，不徒为一人之才与智云也。"[③]

教育究竟要培养什么样的"特色之国民"，梁启超提出要依据五洲各国之趋势，并结合民族之特性来确定。他分析了当时最有代表性的国家——英国的教育宗旨，认为其教育旨在养成活泼进步之国民，即具备国家思想、权利义务观念以及进取冒险、自由、自治、自立、合群等意识的国民。[④] 梁启超把道德划分为"私德"和"公德"，并定义道："人人独善其身者谓之私德，人人相善其群者谓之公德。"他认为中国国民"无一人视国事如己事者，皆公德之大义未有发明故也"。中国国民所最缺者就

① 梁启超：《新民说》，辽宁人民出版社 1994 年版，第 2—3 页。

② 同上书，第 5 页。

③ 梁启超：《论教育当定宗旨》，载《饮冰室合集·文集之十》，中华书局 1989 年版，第 55 页。

④ 同上。

是公德。① 鉴于国际趋势以及中国国民的固有特性，梁启超主张教育必须以造就具有“公德”的现代国民为其宗旨，要“使其民备有人格，享有人权。能自动而非木偶，能自主而非傀儡，能自治而非土蛮，能自立而非附庸”。②

梁启超对教育宗旨认识的转变，也使他对义务教育制度的本质有了更清晰的认识，更加强调国家建立义务教育制度的重要。他在1902年5月所写的《教育政策私议》一文中明确提出建立义务教育制度，对于“义务”二字他解释为：及年之子弟，皆有不得不入学之义务。他认识到要使教育普及，先必须使学校普及。这就需要国家立定一法、广筹经费。此时，他还没有认识到义务教育的免费特征，但他主张学校收费“必须极廉，国家为定一额，不得逾额收取”，“其窭贫者，亦可豁免学费，以成就其前途”。他特别强调义务教育的强制性，指出要使及年子弟真正能够履行教育的义务，仅通过口舌劝说是办不到的。要“以国家之力干涉之”，“子弟及岁不遣就学，则罚其父母”。在维新运动时期，他虽然提出普及教育，但由于当时目的在于育人才，在办大学和小学的次序上，他主张先办大学以聚天下之才。而这一时期，由于他认识到国民素质对于国家的重要，教育的目的在于造就国民，因而在兴学的次序上，他反对先办大学，提出“欲兴学，则必自以政府干涉之力强行小学制度始”。③ 显然，他已经看到义务教育在一个国家中的基础作用。

第四节 革命派的教育平等观念

甲午战争后，中西文化的接触与碰撞不断加深，洋务运动中派遣的留学生陆续学成归国，中国人中掌握外国语言文字的人日益增多，他们逐渐取代传教士成为西学东渐的主体。1877年被派往英国的严复就是其中的代表之一，他热衷于西方的政治制度和学术思想，1897年翻译

① 梁启超：《新民说》，辽宁人民出版社1994年版，第16、20页。

② 梁启超：《论教育当定宗旨》，载《饮冰室合集·文集之十》，中华书局1989年版，第61页。

③ 梁启超：《教育政策私议》，载陈学恂主编《中国近代教育文选》，人民教育出版社1983年版，第160、165、166页。

出版了《天演论》，开始了介绍西方哲学、政治思想的征程。迫于内外压力，清政府于1901年开始推行新政，在教育方面的重要改革就是选派留学生出国。日本是当时留学生的主要派往地，1905—1906年留日达到了高峰，约万人留学日本。留日人员在日本直接接触并吸纳西方文化，通过报纸、杂志等媒介将新思想传播到国内。西方政治学说的著名著作以及资产阶级民主革命的重要文献这一时期被从日文翻译成中文：如卢梭的《民约论》（今译《社会契约论》）、孟德斯鸠的《万法精理》（今译《论法的精神》）、弥勒约翰的《自由原理》（今译《论自由》）、《美国独立檄文》（今称《独立宣言》）、《法兰西人权宣言》（通称《人权宣言》）等。与戊戌维新前相比，这时对西方政治、社会、人文方面的学说译介得更多，而且更加系统全面。西方的天赋人权论、自由、平等思想给国人以很大的影响。

革命派和改良派是19世纪末20世纪初中国资产阶级的两大政治派别。革命派的形成和发展与伟大的民主主义革命家孙中山的革命活动紧密地联系在一起。1894年11月孙中山在美国檀香山创立了兴中会，1905年孙中山把几个主要的革命团体统一起来，在日本东京成立了中国同盟会。其代表人物有孙中山、蔡元培、邹容、陈天华等。改良派的前身是戊戌变法时期的维新派，戊戌变法失败后流亡日本的康有为、梁启超是其主要代表人物，1905年后在国内兴起的立宪派也属于改良派。20世纪初，革命派和改良派都主要活动于日本，都受西方民主平等人权思想的影响。但他们对民主的态度不同，革命派主张实行彻底的民主，推翻君权实行民主共和制度，并主张通过革命来实现民主。改良派所主张的民主是保留君权下的民主，在政治上实行君主立宪制度，反对通过革命来实现民主。两者民主观的不同导致了他们对教育平等的认识有一些差异。

一　推翻帝制乃可普及教育

革命派以西方的天赋人权、自由平等学说为武器，猛烈抨击封建专制社会中的一切不平等现象，包括封建等级教育。孙中山指出：“圆颅方趾，同为社会之人，生于富贵之家即能受教育，生于贫贱之家即不能受教育，此不平之甚也。”[①] 在革命派看来，国家是人民的国家，全国无论贵贱、贫富皆为国民。[②] 国民享有天赋权利，“无人不自由”，“无人不平等”，“无所谓君也，所谓臣也”。[③] 只要是国民每个人都是平等的，每个人因而都应受教育。革命派已开始从人人平等、天赋人权的角度来审视现实中的教育不平等，指出只要是人则天然地要受教育。虽然没有明确提出教育权利的概念，实际上已把受教育看作基本的人权。

同时期的改良派也普遍地接受了天赋人权论和主权在民思想，提出国民与奴隶、国民与国家、权利与义务等新概念，并以此为武器批判教育中的不平等。这可从上文康有为的大同教育和梁启超的新民教育思想中看出。在这一点上，改良派与革命派有共同之处。二者的不同之处在于，改良派虽然从平等人权的角度批判教育中的不平等，但他们仅仅是批判而已，并没有认识到造成不平等的原因。革命派则不仅对不平等进行了批判，而且指出封建帝制是造成人民权利丧失、无法平等受教育的原因，将矛头直接指向封建政治经济制度。

与改良派仅仅看到了不平等、并寄希望于开明君主来改变不平等不同，革命派认为既然君权帝制是人民丧失权利的主因，那只有通过革命推翻帝制、铲除君主才能夺回人民的天赋权利。如邹容所言：“杀尽专制我之君主，以复我天赋之人权”，使我同胞“游幸于平等、自由城廓之中”。[④] 在革命派看来，封建等级教育的打破、普及教育的实现，也只有通过革命彻底推翻封建专制、建立民主共和国。孙中山说：“若必俟我教育之普及，知识之完备，而后始行，则河清无日，坐失良机，殊可惜也。必也治本为先，救穷宜急，衣食足而知礼节，仓廪实而知荣辱，实业发达，民生畅遂，此时普及教育乃可实行矣。”[⑤] 他深刻地指出不能希望从普及教育着手来实现民主平等，普及教育本身的实现需要“治本”，即采

① 孙中山：《在上海中国社会党的演说》，载《孙中山全集》（第二卷），中华书局1982年版，第523页。

② 《说国民》，载张枬等主编《辛亥革命前十年间时论选集》（第一卷上册），生活·读书·新知三联书店1960年版，第72页。

③ 邹容：《革命军》，中华书局1971年版，第23页。

④ 同上。

⑤ 孙中山：《建国方略之一：心理建设》，载《孙中山选集》（上卷），人民出版社1956年版，第167页。

用革命的手段推翻封建专制统治，发展社会生产，提高人民生活。革命派已经认识到，教育平等的实现以资本主义大工业的发展和民主政治制度的建立为基础。与改良派相比，革命派所提出的普及教育主张不再是悬在半空中的幻想，而是有其坚实基础的理想。①

造成革命派和改良派上述差异的原因在于二者的民主观不同。改良派虽然认识到国民有无民权与国家强弱兴亡有密切联系、提出兴民权的主张，但他们在呼唤民权的同时，又打出“尊皇”的旗帜。“民权”与“尊皇”这两个犹如冰炭不可同器、寒暑不可同时的东西，却被统一到改良派的思想中。② 所以，改良派的民主只能算半截子民主，这种民主观下的教育平等也只能是打了折扣的平等。革命派则不同，他们以法国启蒙思想家的民主平等学说以及法国、美国的人权宣言为法宝，对封建专制给予最猛烈的攻击，他们认为有君权就不可能有平等，他们所提出的只要是人都应该受教育也就更加真实、深刻。

二　播国民之种与养成健全人格

革命派主张通过革命手段实现主权在民，但他们认识到革命的成功不能只依靠英雄豪杰，它需要所有的国民都具有民主平等的意识与健全的人格。他们以法国和美国为例来说明这一道理，法、美两国之所以能摆脱专制、实现民主，不是因为有拿破仑、华盛顿等英雄豪杰，而在于他们以自由平等之说铸造国民。他们因此提出中国革命的成功同样要播国民之种子，培养中国之国民。③ 在革命派看来，“国家之要素，不在多得英雄豪杰，而在属望一国之壮者、少者、男者、女者，皆为完全人格之人”。“人不必尽为英雄豪杰，而断断不可不完全人格。”④

从养成国民健全人格出发，革命派认为国家要实行义务强制初等教

---

① 金林祥：《孙中山教育思想述评》，《高等师范教育研究》1995 年第 2 期。

② 熊月之：《中国近代民主思想史》（修订本），上海社会科学院出版社 2002 年版，第 346 页。

③ 《说国民》，载张枬等主编《辛亥革命前十年间时论选集》（第一卷上册），生活·读书·新知三联书店 1960 年版，第 77 页。

④ 《教育通论》，载张枬等主编《辛亥革命前十年间时论选集》（第一卷下册），生活·读书·新知三联书店 1960 年版，第 556 页。

育。他们对欧美各国与中国的情况进行了对比，英、德、美等国“人无论男女，家无论贫富”都要受义务强制教育，这些国家专门设立了贫穷学校、孤儿学校、盲哑聋痴学校，“务使一国中无一分子之欠缺，而有碍全体之进步”。中国不要说去关照盲哑聋痴者，在封建专制等级下，正常国民都无法受教育。欧美国家通过教育使盲者、哑者、聋者、痴者变得不盲、不聋、不哑、不痴，而中国“国民之不盲、不聋、不哑、不痴者，乃转盲之、聋之、哑之、痴之”。正是由于缺乏教育，中国国民智慧脑力人格没有得到健全发展，国家走向危亡的境地。革命派认识到，“旧国民之无教育者死，新国民之有教育者生”，[①] 国民受不受教育直接关乎自身与国家的命运。革命派不仅认识到要普及教育，而且阐明义务教育要以培养国民为宗旨。

革命派的国民教育思想与梁启超的新民思想有共同之处，他们都认识到国民的素质与国家存亡的关系，提出普及义务教育以培养国民，这些观念打破了中国传统以养士为目的的人才教育观，使初等教育逐渐为国人所重视。由于革命派和改良派在基本政治观点上的不同，二者的国民教育思想也有不同之处。梁启超希望通过国民教育提高国民的素质进而实现社会的改良、挽救中国于危亡之中，而革命派则认为仅通过教育是不可能救国的，同时他们也不忽略教育的作用，主张革命与教育并行。与此相应，梁启超所培养的国民特别强调国家意识，而革命派更重视民主平等精神的塑造。

辛亥革命后，革命派建立了资产阶级民主共和国，这时他们更加强调通过教育来养成国民的健全人格。孙中山在 1912 年的一次演讲中指出：“中国人民受专制者已数千年。近二百六十余年，又受异族专制，丧失人格久矣。”由此他认为民国成立伊始所要举办的万种事业中，最重要的是恢复中国人民的人格。而“欲回复其人格，第一件须从教育始”。因而，他极力主张普及国民教育，推展全民教育。他说：“中国人数四万万人，此四万万之人皆应受教育。”[②] 民国首任教育总长蔡元培亦提出：“国家无

① 《教育通论》，载张枬等主编《辛亥革命前十年间时论选集》（第一卷下册），生活·读书·新知三联书店 1960 年版，第 558、559 页。

② 孙中山：《在广东女子师范第二校的演说》，载《孙中山全集》（第二卷），中华书局 1982 年版，第 358 页。

论如何支绌，教育费万难减少。”要“多办初、高两等小学，渐立普及教育基础”。[①]“普通教育，务顺应时势，养成共和国民健全之人格。”[②]孙中山、蔡元培的思想直接体现于民初的一些教育法规制度中。1912 年教育部公布的《学校系统令》中明确规定，“初等小学校四年毕业，为义务教育”，同年公布的民国教育宗旨去除了清末新政中的忠君、尊孔，提出：“注重道德教育，以实利教育、军国民教育辅之，更以美感教育完成其道德。”[③]欧美国家以培养现代国民为宗旨的义务教育制度在中国第一次得到了法规的确认。

革命派虽然提出对民众进行国民教育，进行民主的启蒙。但由于革命前，忙于武装斗争，“播国民之种”并没有充分展开。革命后，政权旁落，“养成共和国民健全之人格”也只流于制度的聊备一格。

三　女子受教始可男女平权

从维新派提倡兴女学以来，民间兴办女学逐渐增多，一些女子受了教育以后开始觉醒，社会上关于女子的观念开始转变，这为西方女权思想的到来提供了土壤。1901 年后西方一些关于女权思想的著作经由日本翻译到中国，其中影响较大的有留学日本的马君武于 1902 年翻译的斯宾赛的《女权篇》、1903 年翻译的穆勒的《女人压制论》。西方的这些思想极大地促进了中国男女平权思想的发展，宣传天赋人权思想的革命派是这一时期男女平权思想的重要推动者。身为女性的革命派代表秋瑾明确提出：“天生男女，四肢五官，才智见识，聪明勇力，俱是同的。”[④]“男女平权天赋就，岂甘居牛后？”[⑤]女权、男女平权代替男女平等成为 20 世纪初中国思想界及文学界的主要用语，它突出强调女子的天赋权利不能被剥夺。

---

① 蔡元培：《在北京就任教育总长与部员谈话》，载《蔡元培教育论集》，湖南教育出版社 1987 年版，第 49 页。

② 蔡元培：《向参议院宣布政见之演说》，载《蔡元培教育论集》，湖南教育出版社 1987 年版，第 51 页。

③ 璩鑫圭等主编：《中国近代教育史资料汇编》（学制演变），上海教育出版社 1991 年版，第 651 页。

④ 秋瑾：《秋瑾集》，中华书局 1960 年版，第 126 页。

⑤ 同上书，第 117 页。

革命派不仅倡导男女平权，还深究了男女不平权的原因。他们认为，女子在生理结构与禀赋等方面本不比男子差，可是由于女子没有受到适当的教育其能力普遍低于男子，而能力的缺乏导致女子无法自立以及天赋权利的丧失。在他们看来，女子未能平等受教是男女不平权的根本原因。历代腐儒利用"男尊女卑"、"女子无才便是德"、"夫为妻纲"的论调来"束缚女子、愚弄女子"。使"女子不读书，不出外阅历，不出头做事，唯晓得死守闺门，老死窗下，把自己能力放弃得一点都没有了，让男子占了优胜地位"。①

由于女子被排除在读书的门槛之外，能力衰退，天赋的权利得不到保障。革命派因此认为实现男女平权的途径，只有让女子平等受教。孙中山就多次强调了这一观点，他说："教育既兴，然后男女可望平权。"②"提倡教育，使女界知识普及，力量乃宏，然后始可与男子争权，则必能得胜也。"③ 在革命派看来，女子受教育后，才能自立，进而挣脱男子的束缚。如秋瑾所言："欲脱男子之范围，非自立不可；欲自立，非求学艺不可，非合群不可。"④ 教育对于男女平权具有如此重要的意义，革命派因此提出任何一个家庭都要把自己的女儿送进学堂，女子自己也要争取进学堂。妇女们要通过自己的行动，解放自己，改变命运。"天下事靠人是不行的，总要求己为是。"⑤

革命派和改良派一样，他们都开始从天赋人权、男女平权的角度审视女子教育，认为男女都是人，女子同样应该受教育。与改良派不同的是，革命派不仅把男女平权作为女子应受教育的前提，他们还认识到男女平权的真正实现需要女子受教育。由于把女子受教育作为实现男女平权的先决条件，革命派对女子教育的目标也超越了改良派贤母良妻主义。蔡元培就指出："贤母良妻，亦甚紧要"，"然必谓女子之事，但以贤母良妻为限，

① 秋瑾：《秋瑾集》，中华书局1960年版，第126页。

② 孙中山：《在广东女子师范第二校的演说》，载《孙中山全集》（第二卷），中华书局1982年版，第358页。

③ 孙中山：《复南京参政同盟会女同志函》，载《孙中山全集》（第二卷），中华书局1982年版，第438页。

④ 秋瑾：《秋瑾集》，中华书局1960年版，第32页。

⑤ 同上书，第5页。

是又不通之论也”。[1] 革命派人士陈以益在《男尊女卑与贤母良妻》一文中对贤母良妻主义的女子教育思想进行了批判。他指出，贤母良妻并没有改变女子依附男子的状况，女子仍然为男子的奴隶，只不过由下等奴隶变为知书识字的高等奴隶。他认为男女既同为人类，应该受同等的教育。应该为女子设立中学、高等大学，男子所受的学问，应同样授予女子。[2]

革命派的女子教育观念虽然超越了改良派的贤母良妻主义，但它和改良派的共同特点都是从国家富强、民族危亡的角度出发，呼唤普及女子教育。宣传资产阶级革命思想的妇女杂志《女子世界》在发刊词中就说：“欲新中国，必新女子；欲强中国，必强女子；欲文明中国，必先文明我女子；欲普救中国，必先普救我女子。”[3] 女子的新、女子的强、女子的文明只有通过女子教育的普及才能实现。革命派与改良派虽然都从民族的命运出发，但二者仍然有不同之点。改良派是从“保国保种”、培养“国民之母”的目标提出女子应当受教育。革命派则是从塑造“女国民”，使女子具有同男子一样的革命精神与力量的角度提女子教育。“女国民”比起“国民之母”前进了一大步，女子教育的立足点由家庭转向了社会。

四　“立足点的平等”与“人尽其才”

革命派的领袖孙中山把平等分为“真平等”和“假平等”。“真平等”是指“社会上的地位平等，是始初起点的地位平等”，也就是“立足点的平等”。“假平等”则相反，它不是把平等地位放在立足点上，而是放在平头点上，通过把位置高的压下去，追求平头的平等也即结果的平等。孙中山指出：“把平等线放在平头上是不合乎平等正轨的，把平等线放在立足点，才算合乎平等的正轨。”[4] 他推崇“真平等”，反对“假平等”。孙中山认为“假平等”是不可能达到的，因为个人的聪明才力有天

---

① 蔡元培：《养成优美高尚思想》，载《蔡元培教育论集》，湖南教育出版社1987年版，第69页。

② 陈以益：《男尊女卑与贤母良妻》，载朱有瓛主编《中国近代学制史料》（第二辑下册），华东师范大学出版社1989年版，第681—683页。

③ 丁守和主编：《辛亥革命时期期刊介绍》（第1册），人民出版社1982年版，第461页。

④ 孙中山：《三民主义：民权主义》，载《孙中山选集》（下卷），人民出版社1956年版，第694、700页。

赋的不同，每个人的发展又依靠自己去造就，“所以造就的结果，当然不同。造就既是不同，自然不能有平等”。如果非要追求造就相同，一律平等，只能把造就高的压下去，造成一个“平头的平等”。这种“假平等”不仅不会促进世界的进步，反而会使人类退化。[①] 它是对后进的、弱小的、无能的那一类的迁就和纵容，因而它阻碍和延缓社会的进步与发展。孙中山的平等观突破了中国古代追求结果平等的绝对平均主义思想，使平等从空想走向现实，具有近代平等改变社会生活的实践品质。

孙中山主张“真平等”、“立足点的平等”，在教育上他提出：“要办普及的教育，令普通的人都可以受到教育。”[②] 他说：“凡为社会之人，无论贫贱，皆可入公共学校，不特不取学膳等费，即衣履书籍，公家任其费用。”[③] “要那些穷家小孩子都能够读书，不但是学校内不收学费，有书籍给他们读，还要那些读书的小孩子有饭吃、有衣穿、有屋住。”[④] 通过教育的普及，公共学校的设立以及对穷家小孩的资助，使每一个儿童都能受最基本的教育，使他们在立足点上获得平等。儿童受了基本教育后，以后的教育则要根据各人的天赋、聪明才力选择适合的教育，达到“人尽其才”的目标。孙中山说：“尽其聪明才力，各分专科，即资质不能受高等教育者，亦按其性之所近，授以农、工、商技艺，使有独立谋生之材。卒业以后，分送各处服务，以尽所能。”[⑤] 他认识到人的天赋才能不尽相同，不同的人各有擅长，教育的本质在于依据个人自身特征，使其天赋素质和能力得到充分发展。

孙中山认识到平等的真义是“立足点的平等”，而不是“平头的平等”。教育平等首要达到的是“立足点的平等”，也就是让每个人受到最基本的教育，这是儿童的权利，也是国家的责任。在基本教育以上，则要

---

① 孙中山：《三民主义：民权主义》，载《孙中山选集》（下卷），人民出版社 1956 年版，第 694 页。

② 孙中山：《知难行易》，载《总理全集》（第二集），民智书局 1930 年版，第 234 页。

③ 孙中山：《在上海中国社会党的演说》，载《孙中山全集》（第二卷），中华书局 1982 年版，第 523 页。

④ 孙中山：《广东第一女子师范学校校庆纪念会的演说》，载《孙中山全集》（第十卷），中华书局 1986 年版，第 24 页。

⑤ 孙中山：《在上海中国社会党的演说》，载《孙中山全集》（第二卷），中华书局 1982 年版，第 523 页。

依据“人尽其才”的原则，为一切人创造平等的条件，使每个人都有充分发挥自己才能的权利和机会。

总之，19 世纪末，西方的现代教育平等观念开始登陆中国，来华的传教士是观念的传递者，维新运动之前，他们的著作是中国人了解西方教育平等观念的主要渠道。最早接受并系统表达西方教育平等观念的是戊戌维新派，他们在维新运动中提出了普及教育、兴办女学的主张，这对于打破中国几千年来只有士能受教、男子能受教的教育观念具有重要的意义。由于传入源的限制以及中国当时的国情、中西不同文化传统等因素的影响，维新派提倡普及教育主要出于国家强盛的考虑，希望通过兴学校来养人才，他们还没有摆脱中国古代人才教育观的束缚。戊戌维新后，特别是 1901 年清末新政后，中西文化接触和碰撞逐渐加深。聚居于日本的两个主要资产阶级政治派别改良派与革命派受西方天赋人权、人人平等学说的影响，开始用民权、平等的观念来审视现实中的教育不平等，提出只要是人就应该受教育。他们虽然没有明确提出教育权利的概念，实际上已把受教育看作是人的一项基本人权。他们对国家与国民的素质也有了新的认识，明确提出义务教育的宗旨就是培养国民。由于改良派与革命派在政治态度、民主观上的不同，他们的教育平等观念也有差别。希望通过君主实现社会改良的改良派没有能揭示导致教育不平等的真正原因，也没有寻找出实现教育平等的途径。康有为所勾勒的大同教育只能是一种乌托邦的理想，梁启超所提出的通过教育来新民的主张在君主制度下也不可能实现。革命派高举法国启蒙思想的大旗，认识到只要帝制存在，就不可能实现人人平等。他们提出只有铲除帝制才能普及教育，帝制的铲除需要通过教育播国民之种，使一国之人皆有自由、平等、博爱之精神。革命派已经意识到教育平等的实现需要民主政治制度的建立与工业大生产的发达。在女子教育上，革命派不仅像改良派一样从男女平权的角度来审视现实中的男女教育不平等，他们还提出只有女子受教，才可能实现男女平权，他们对女子教育目标的定位也由培养贤妻良母过渡到培养女国民。

第三章 “五四”时期:教育平等观念的张扬

“五四”时期，中西文化交流与碰撞更加深入，西方文化不再经由日本传入中国，民国成立前后派往欧美的留学生成为西方文化的主要传入者，他们既精通西方语言文字，又对西方文化学术有比较深入的了解。大批来华的西方学者则是西学东渐的另一重要使者。“一战”后世界上掀起的民主潮流经由留学生以及民主主义发端者杜威的直接推动，在中国得到大范围的宣传。1915 年兴起的新文化运动将近代以来学习西方的道路推进了一大步，西方民主平等背后的个人本位思想被国人所认识。个体、权利、人格、个性、价值成为这一时期的重要术语。从个人权利以及人格平等的角度出发，平民教育受到最大关注，近代以来的男女平等受教思想也走向深化与成熟。这一时期，不仅提倡人人平等受教，而且提出教学要以儿童为中心，充分发展学生个性，对学生进行自动、自主的教育。

第一节 对西方文化的体认与民主潮流的推崇

1915 年兴起的新文化运动高举民主与科学大旗，他们不仅倡导西方的平等自由学说、民主共和制度，而且开始探寻其背后的伦理价值观念，对西方文化有了更深刻的体认。标榜民主主义的美国在第一次世界大战中取得了胜利，深受专制之苦的中国人民认为世界从此进入德谟克拉西时代，留学欧美的知识精英成为这一潮流的热烈推崇者。民主主义教育的倡导者杜威在 1919 年来到中国，他在中国遍布各地的演讲对中国民主教育的发展产生了很大影响。

一 对西方"个人本位"的认识

民国成立后，革命派所倡导的西方民主制度并没有变成现实。相反，将孔教定为国教的风声四起，帝制复辟者蠢蠢欲动，军阀官僚相互厮杀，人民备受专制之苦。辛亥革命所唤起的中国社会的希望，同现实的黑暗形成巨大落差。这种落差促使人们反思学习西方的道路，向西方寻求真理的人们开始由器物和制度层面进入到文化心理层面。知识精英从对中西之间的形而下的比较进入到形而上的比较。如新文化运动的旗手陈独秀发表了《东西民族根本思想之差异》，李大钊发表了《东西文明根本之异点》。他们对西方文化的本质进行了深刻体悟，对中国传统文化进行了总结性的理性批判。通过对比，他们指出东西方文化的一个重要差异是"西洋民族以个人为本位，东洋民族以家族为本位"。①

西洋的"个人为本位"以权利为基础，每个人都有"自主之权，绝无奴隶他人之权利，亦绝无以奴自处之义务"。这种权利的核心就是个人具有独立自主之人格，享有平等自由之人权。每个人都是自己的主人，所有的一切都"听命各自固有之智能"，"诉之自身意志"。② 个人不是他人之附属品，人与人之间没有尊卑贵贱。在西方，个人所以能够彰显，而没有被家庭、社会所埋没，就是凭着对权利的强调，无权利即无个人。西方的个人权利不是徒托空言，它明确规定在法律上，并有法律保护。如陈独秀所言："西洋民族以法治为本位，其国为法治国。""个人之自由权利，载诸宪章，国法不得而剥夺之。"③

西洋的"个人为本位"的另一层意义，就是对个性的强调。人人都持"乐天主义"，相信自身力量，以"满足自己为人生之本务"。④ 张扬个性是每个人的诉求，人人不为外界所压迫，充分发展个人固有之能力，

① 陈独秀：《东西民族根本思想之差异》，载《陈独秀教育论著选》，人民教育出版社 1995 年版，第 40 页。

② 陈独秀：《敬告青年》，载《陈独秀教育论著选》，人民教育出版社 1995 年版，第 20—21 页。

③ 陈独秀：《东西民族根本思想之差异》，载《陈独秀教育论著选》，人民教育出版社 1995 年版，第 40—41 页。

④ 李大钊：《东西文明根本之异点》，载《李大钊全集》（第三卷），河北教育出版社 1999 年版，第 41 页。

"养成一活泼强健灵敏之个人"。[①] 由于对个性的强调，人的能力得到最强健的发展，价值得以最大程度的实现。

东洋的"家族为本位"，个人没有独立的人格，为他人的附属品。在一个家族中，子于父为附属品，妻于夫为附属品。家族外延到国家，臣民于君为附属品。天下之男女，为臣，为子，为妻，而不见有一独立自主之人。[②] 忠、孝、节——这些金科玉律的道德名词，把人束缚于等级名分的关系网络中。人人天生就有尊卑贵贱，毫无平等可言。个人失去了独立人格与自由，更没有发展个性的可能。在东洋文化中，个性之生存不甚重要。人们"以牺牲自己为人生之本务"，"事事一听之天命"。[③] 人的潜力被忽略，人的要求被轻视，人们把希望寄托于虚无缥缈的天命和被放大的英雄身上。

陈独秀等新文化运动的领导者认识到，要学习西方的共和立宪制，必须以个人本位主义改变家族本位主义。因为共和立宪制，以独立平等自由为原则，而家族本位主义则别尊卑明贵贱，二者为绝对不可相容之物，存其一必废其一。他们指出，要建设西洋式之新国家，组织西洋式之新社会，不能仅仅停留于组织制度的建设，要首先输入民主共和所依赖的伦理观念。[④] 他们呼唤人权，要求发展个性，对扼杀个人独立人格的传统礼教和束缚个性的家族制度给予最彻底的批判。

新文化运动者不仅指出了中西文化的本质差异，而且对中西教育进行了比较。西方文化"以个人为本位"，近代西洋教育则"以学生为本位"。教育者处处体贴学生的心理，考察学生的特性。学什么课程、用什么教材都依学生个性而定。在教学中运用启发的方法，注重受教育者之反应，"由学生之反应供给先生教授法之知识"。[⑤] 教育的目的，在于用种种方法

---

① 蒋梦麟：《过渡时代之思想与教育》，载《蒋梦麟教育论著选》，人民教育出版社 1995 年版，第 36 页。

② 陈独秀：《一九一六年》，载《陈独秀教育论著选》，人民教育出版社 1995 年版，第 45 页。

③ 李大钊：《东西文明根本之异点》，载《李大钊全集》（第三卷），河北教育出版社 1999 年版，第 41 页。

④ 陈独秀：《旧思想与国体问题》，载《陈独秀教育论著选》，人民教育出版社 1995 年版，第 116 页。

⑤ 陈独秀：《新教育是什么》，载《陈独秀教育论著选》，人民教育出版社 1995 年版，第 287 页。

启发学生的性灵，养成他们的自动能力，使其固有的智能得以自由发展。[①] 到“五四”时期，中国的近代教育模仿西法创办学校已经数十年，而成效毫无。陈独秀认为其原因在于，中国只是学习西方建立了近代学校制度，更换了教学内容，并没有学习西方教育的真精神。教师对于“儿童心理，一概抹杀，无人理会”。教师在教学中使用灌输的方法，以自己为本位进行教授，不管学生能不能领受，一味照他意思灌输进去。[②] “古人的著书，先生的教训，都是神圣不可非议。”通过这种教育培养出来的学生，“好像人做的模型”，“自家决没有真实见地，自动能力”。[③]

二 “一战”后世界的“德谟克拉西”潮流

鸦片战争的炮火硝烟打开了中国禁闭的大门，处于风云旋涡中心的林则徐在时代浪潮的鼓荡下成为“开眼看世界的第一人”。从此，先进的中国人把目光投向了世界。但“一战”之前，中国人大多是以自己的眼光看世界，“一战”的爆发使他们开始以世界的眼光审视中国。“一战”虽然肇始于俄、奥、德、法、英等欧洲国家，但最后包括美、日等世界主要国家都卷入了战争。大战牵动了世界全局，无论何国，莫不受其影响。这使当时的知识精英认识到“世界潮流之趋势，无国能逆之”，[④] “世界之休戚，国家之休戚随之”。[⑤] 处于当时的世界，无论是谈政治、实业、学术，还是教育，都不得不察世界之大势。研究世界趋势、与世界趋势相与并进，成为“五四”时期知识精英的共识。其时的报纸与杂志均以巨大篇幅报道国际新闻和近代发展，把介绍世界趋势和新思潮作为办刊的宗旨。如1919年创刊的《新教育》在创刊号上明示了创刊用意：“欲使国民知

---

① 陈独秀：《近代西洋教育——在天津南开学校演讲》，载《陈独秀教育论著选》，人民教育出版社1995年版，第130页。

② 陈独秀：《教育缺点——在江苏省教育会上的演讲词》，载《陈独秀教育论著选》，人民教育出版社1995年版，第238页。

③ 陈独秀：《近代西洋教育——在天津南开学校演讲》，载《陈独秀教育论著选》，人民教育出版社1995年版，第130页。

④ 蒋梦麟：《世界大战后吾国教育之注重点》，载《蒋梦麟教育论著选》，人民教育出版社1995年版，第58页。

⑤ 蔡元培：《对北大学生全体参与庆祝协商战胜提灯会之说明》，载《蔡元培教育论著选》，人民教育出版社1991年版，第177页。

世界之大势，共同进行，一洗向日泄泄沓沓之习惯。”[①] 国外一些研究“一战”后世界趋势及教育趋势的书在这一时期也被翻译介绍。如1918年《教育杂志》连续登载了由英国人J. H. Badley所著、蒋梦麟翻译的《战后之教育》。

第一次世界大战，以美国为首的协约国取得了胜利，而以德国为首的同盟国则被击败。时任美国总统的威尔逊标榜为世界民主主义安全而战（To make the world safe for democracy），战争的结果，在人们看来，是民主主义（Democracy）的胜利。蒋梦麟在《欧战后世界之思想与教育》中指出：欧战固为国家主义之相冲突，然国家主义中，有帝权与民权之别。战争实为帝权与民权之争，最终英、法等民权之国战胜了德国等帝权之国。他预言：“民权主义之潮流，将横行全世界而不可遏。”[②] 早期马克思主义者李大钊，在《庶民的胜利》一文中指出：欧战的胜利者，“不是联合国的武力，是世界人类的新精神。不是那一国的军阀或资本家的政府，是全世界的庶民”。[③] 他认为战争是民主主义打败了军国主义，Democracy是“近世纪的趋势，现世界的潮流”。[④] “Democracy是现代唯一的权威，现代的时代就是Democracy的时代。”[⑤] Democracy一语成为当时学者之口头禅，报章杂志的流行语。它被翻译为民本、民主、民权、民众、民治、唯民、平民、庶民等名词。人们在努力寻找合适的语词，但发现任何一个词都不能准确概括Democracy的丰富含义，都不是很妥当。因而，直接用其音译“德谟克拉西”，德谟克拉西（democracy）一语成为新思潮的习用语。德谟克拉西的基本精神就是重视平民的力量、价值，尊重每一个人。每一个人都是独立自由、自动自治、充满个性的个体。

德谟克拉西被认为是当时世界上的最大潮流，具有所向无前的趋势，

---

① 《本月刊倡设之用意》，《新教育》1919年第1卷第1期。

② 蒋梦麟：《欧战后世界之思想与教育》，载《蒋梦麟教育论著选》，人民教育出版社1995年版，第53页。

③ 李大钊：《庶民的胜利》，载中国社会科学院近代史研究所编《五四运动文选》，生活·读书·新知三联书店1959年版，第175页。

④ 李大钊：《由平民政治到工人政治》，载《李大钊全集》（第三卷），河北教育出版社1999年版，第674页。

⑤ 李大钊：《劳动教育问题》，载《李大钊全集》（第三卷），河北教育出版社1999年版，第161页。

社会生活的种种方面都带着德谟克拉西的颜色，都沿着德谟克拉西的轨辙。作为人类生活重要方面的教育自然也受它支配。知识精英认为“一战”是德谟克拉西的胜利，他们因此认为，世界教育趋势也由绅士教育、军国民主义教育转向德谟克拉西的教育。绅士教育以养成一部分绅士为目的，自然不能普及于平民。军国民教育以培养服从命令、牺牲个人意志的军人或人民为目的，重在整齐划一，尤在服从。其训练为非理性的、器械的、抑压的，所培养之人缺乏独立自治之精神。这两种教育都有悖于德谟克拉西的精神。与这两种教育不同，德谟克拉西的教育人人都有均等机会，去学习社会对一般人知识的要求。它注重自动、自治，以发展个性，养成能思、能言、能行的健全活泼个人，增进个人之价值，发达人权为旨归。[①]

当时的教育者介绍了欧战后各国实行德谟克拉西教育的趋向。蔡元培于 1919 年在天津青年会上的演讲中提道：“德国永无军国民主义之教育，固可断言。……英国教育总长费休氏[②]于一九一七年一月十四日提出教育改革案，一九一八年八月已由上、下两院通过。其主义在一面使下级人民之国民教育力求完全，一面又使下级人民之子弟得进而受高等教育。是即改绅士教育为平民教育之主义也。”[③] 姜琦 1919 年在《新教育》上发表文章谈到 1918 年德意志社会党新内阁成立，文化部总长哈尼希氏对于德意志教育之方针大幅度改革，发表教育纲要计 32 项，其要旨在取消军国民主义教育，实行德谟克拉西之教育。[④] 程时煃于 1920 年发表的一篇文章中，介绍了德国“一战”后教育阶级制度大半废除，施行能力者升进主义，优秀的平民子弟能升入高一级学校。柏林还规定这种儿童入学不要学费，并免费给予教科书及学用品，遇必要时候，还给他们每年 300 马克补助金。经过十余年讨论悬而未决的统一学校制度在德国开始实行。[⑤] 欧美

---

① 蒋梦麟：《今后世界教育之趋势》，载《蒋梦麟教育论著选》，人民教育出版社 1995 年版，第 80 页。

② 英国教育部部长 H. A. L. Fisher，蔡元培译为费休氏，蒋梦麟译为非休，现译为费舍或费希尔。

③ 蔡元培：《欧战后之教育问题——在天津青年会演说词》，载《蔡元培教育论著选》，人民教育出版社 1991 年版，第 202 页。

④ 姜琦：《教育上“德谟克拉西”之研究》，《新教育》1919 年第 1 卷第 4 期。

⑤ 程时煃：《最近德国的平民教育与美国的军事教育》，《教育丛刊》（北京高师编）1920 年第 1 卷第 2 期。

国家所颁布的教育改革方案使当时的学者深信德谟克拉西教育将代替绅士教育、军国民教育。

“一战”前后，大量的知识精英留学欧美，了解到世界最新信息，而且他们对世界趋势的判断参考了国外学者的研究，因而其判断基本准确。[①] 从欧美各国的教育实际来看，各国出台了建立统一初等学校的方案，试图打破传统的双轨制教育。一些由于各种原因失去初等教育机会者，国家通过各种补习学校为其进行补偿教育。从初等学校毕业的学生，按成绩优劣进入某一种中等学校。以升学为主的中等学校开始向天才儿童开放，进入这类学校的条件不再是身份、阶级，而是儿童的兴趣、智力、才能。欧美国家正由初等教育机会平等向中等教育机会平等发展。

三 杜威的民主教育思想与中国

“一战”时期，美国总统威尔逊高扬民主主义（Democracy）精神，其对德宣战，亦以发挥民主主义扑灭军国主义为口实。由是一般学者也随其大力倡导，约翰·杜威（John Dewey）就是其中的急先锋。1916 年，杜威出版了《民主主义与教育》（*Democracy and Education*）一书，在社会上引起巨大反响。书甫出版，世人争购。杜威的声誉也因之一跃而起，成为威尔逊总统之外民主思想的重要领袖。如《申报》1920 年 7 月 7 日上所载《杜威输入思想于中国》一文所言：“大战期间，其能阐发美国参战之必要，与美国责任所在者，舍威尔逊总统外，端推杜威。”杜威在中国最得意的弟子胡适在介绍杜威的教育哲学时，称杜威的教育哲学全在他的《平民主义与教育》一部书里，杜威的教育学说是平民主义的教育。[②] 1919 年，杜威接受中国人的邀请，偕妻子（Alice C. Dewey）和女儿（Ev-Elyn Dewey）于这年 4 月 30 日下午到达上海，开始在中国宣传其平民教育思想。杜威原定在中国待夏季的几个月就返回美国，但到中国四天后爆发的闻名于世的“五四”学生运动以及随后高涨的民主浪潮，使他产生了浓厚的兴趣，让他流连忘返。他改变了计划，决定在中国停留一年，后

① 蒋梦麟《世界大战后吾国教育之注重点》就参考了欧美及日本学者大量关于“一战”后教育的研究成果。

② 当时杜威的 Democracy 被翻译成平民主义、平民，平民主义教育、平民教育实指民主主义教育、民主教育。它和中国知识精英所推行的平民教育含义有差别。

来又将行程延长一年。到1921年7月24日杜威由青岛离开中国时，他在中国共住了两年零两个月零二十四天。

杜威到中国意在宣传民主以及民主教育思想，中国的民主运动又进一步激发了他宣传演讲的热情。他在中国的十一个省做了二百余次演讲，仅北京的五大讲演就做了五十八讲，在南京关于教育哲学、哲学史、实验科学这三大讲演做了二十三讲。分析杜威在各地的演讲题目，可以看到一些出现频率非常高的术语：平民主义、平民教育、民治、自动、自治、德谟克拉西等。[①] 杜威演讲的主题始终围绕民主主义（Democracy），涉猎的领域包括社会、政治、教育、哲学等方面。其中关于教育的讲演占了一半以上，这既和杜威是个教育家把教育看作改良社会促进进步的根本方法有关，也和中国当时教育救国论的兴盛以及轰轰烈烈的教育改革运动相连。在关于教育的讲演中，平民教育则是最重要的内容。杜威到中国演讲的第一个主题就是在江苏省教育会所做的“平民主义的教育”，紧接着他又在浙江省教育会做了“平民教育之真谛”的演讲。此外，他在其他各地还演讲了“教育上的自动”、“学生自动之真义”、“学生自治之真义”等与德谟克拉西密切相关的内容。1920年11月20日《民国日报》上有一则杜威在湖北演讲的报道，写道：“杜威连日所讲，皆‘教育上之德谟克拉西’，叫学生自动自治，注重平民教育，实行社会服务。”[②]

杜威的民主教育思想包含两层含义：一是使每个人受教育；二是教育要培养有自动力量、有活动精神、各具特长、完全发达之个人。杜威认为共和国者，必须实行民主教育，这种教育不同于专制国家只为少数贵族子弟所享受的贵族主义教育。它要求全国国民，无论男女贵贱，必须受同等之教育。他提出小学要建立公共学校，使全国人民人人享有。对于中学教育，要破除阶级门阀的选择标准，使有天赋能力的任何人都可以获得平等的机会。对于未受教育的国民，要施以补习教育。

共和主义的宗旨在使人人有被教育之机会。但杜威认为仅注意教育的普及仍然不够，民主主义教育更需强调其精神、宗旨、方法。他以德国教

① 《杜威在华讲演目录》，载袁刚主编《民治主义与现代社会——杜威在华讲演集》，北京大学出版社2004年版，第783页。

② 《杜威讲演会中之趣闻》，《民国日报》1920年11月20日。

育为例说明了这一观点，他说："德之教育，可谓普及，然从彼教育精神上观之，与平民教育大相悖谬。"[①] 原因在于德国的教育宗旨，在求国家之强盛，故其教育在使国民有强健之体魄，丰富之知识，供一部分人之利用，以侵略他国。在教育方法上，不尚自动而重注入，生徒之心视为器具，强以知识技能注入之。[②] 这种教育并不是为全体人民着想，其主旨在养成多数人服从之习惯，服务少数人，实违反民主之精神。民主主义教育则不同，在教育宗旨上，以养成生徒自动之能力，把个人所有的特性发展出来。其教育方法，以儿童为教学之中心，启发诱导儿童。

对于如何普及教育，杜威认为仅依靠强迫法令是不行的，要改革学校课程，务求有用，使家长皆愿送子女入校。他提出要把平民日常经验的事情都搬来学校讲授，使学校的生活真正是社会的生活。学生不再是学习机械的知识，而是求生活的道理。如是，更有利于教育普及。杜威认为普及教育也不能专由政府办理，需要人民主动活动，特别是有道德、有学识之中坚分子，能在各地先行创办义务学校，然后始能逐渐普及。

杜威在中国的两年多时间里，到中国当时二十二省中的十一省——奉天、直隶、山西、山东、江苏、江西、湖北、湖南、浙江、福建、广东——进行了访问演讲。其足迹遍布中国大江南北，既有广东、浙江等沿海省份，又有山西、湖北等内陆省份；既有上海、北京、南京等核心城市，又有扬州、镇江、常州等中小城市。既在北京大学、北京高师、南京高师等高校面对大学师生做学术报告，又有面对中小学教职员的通俗演讲。杜威的民主教育思想影响了中国教育界的各阶层。杜威夫人和女儿在一些地方做了关于女子教育最新趋势、男女教育平等、男女同学问题等报告，对中国当时的女子教育有较大影响。蔡元培曾把杜威的影响与孔子并列，孔子是中国第一个平民教育家，杜威对平民教育的推崇更胜于孔子。蔡元培指出："孔子说尊王，博士说平民主义；孔子说女子难养，博士说男女平权；孔子说述而不作，博士说创造。"[③] 胡适对杜威的中国之行给

① 杜威：《平民主义之教育》，载袁刚主编《民治主义与现代社会——杜威在华讲演集》，北京大学出版社 2004 年版，第 367 页。

② 同上书，第 361 页。

③ 蔡元培：《杜威六十岁生日晚餐会演说词》，载《蔡元培教育论著选》，人民教育出版社 1991 年版，第 239 页。

予更高的评价，他说：“自从中国与西洋文化接触以来，没有一个外国学者在中国思想界的影响有杜威先生这样大的。在最近的将来几十年中，也未必有别个西洋学者在中国的影响可以比杜威先生还大的。”[①] 这虽然有誉美的成分，但从历史来看，也具有一定的客观性。

杜威的民主主义教育之所以能对中国产生这样大的影响，有以下几方面原因：一是中国当时的客观需要。新文化运动以民主和科学为旗帜，第一次世界大战后中国教育界意识到军国民教育的问题，推崇平民教育。杜威的平民教育思想正好满足了当时中国人的需要。如郭秉文所言：“教育上，则杜威来后，如久旱逢甘雨，精神焕发矣。”[②] 二是当时学术界、教育界头面人物和杜氏中国弟子的极力推崇。杜威的来华是由其弟子直接牵线和促成的，但蔡元培、梁启超等学界领袖也发挥了关键作用。梁启超是当时出面邀请杜威来华的五个团体中其中三个的主要负责人，他曾把杜威比作中国的颜元、李塨，对于杜威的思想与中国之行给予很高的评价。蔡元培则以北大校长身份直接出面发电报给哥伦比亚大学校长邀请杜威来华讲学，还专门主持授予杜威北大名誉哲学博士学位。他吸收了杜威的一些教育思想，在多次演说中都提到杜威，并征引杜威的话。在中国教育界占有重要地位的蔡元培和梁启超等人对杜威思想的推崇，助推了杜威民主教育思想在中国的影响。杜威的中国学生胡适、蒋梦麟、陶行知、郭秉文等，在当时中国教育界也具有较高地位和一定的号召力。他们在杜威来华之前，就通过演讲及文章宣传杜威思想，为杜威来中国的演讲作了前期准备，为杜威民主教育思想的传播作了很好的铺垫。如陶行知在 1919 年 3 月 31 日的《时报·教育周刊》上发表《介绍杜威先生的教育学说》一文，其中提道：“杜威先生所主张的，是要拿平民主义做教育目的，试验主义做教学方法。”三是翻译传播的顺畅。杜威在中国演讲的翻译大都由他的学生担任，如在北京、山东和山西的讲演就是由胡适担当翻译的任务。这些学生都有较好的英文功底，对老师的思想也有较深刻的理解，又能和老师很好地沟通，使得杜威的思想能真实地展现给听众。杜威本人对

① 胡适：《杜威先生与中国》，载《胡适教育论著选》，人民教育出版社 1994 年版，第 128 页。

② 袁刚：《民治主义与现代社会——杜威在华讲演集》，北京大学出版社 2004 年版，第 776 页。

每次演讲都十分认真，总是预先用他自带的打印机把演讲提纲打出来，交一份给翻译，让他能够事先想好适当的中国词句，以便到时翻译。每次讲完后，讲演大纲还会交给作记录的人，让他们校对一番后再去发表。这些记录者都是经过特别挑选的记录能手。杜威的演讲记录刊载于“五四”时期一些著名的报纸杂志上，同一篇演讲经常被数家甚至十数家报刊登载。与此同时，杜威的演说稿也结集出版。1920 年，晨报社将杜威在北京举行的五大系列讲座辑为《杜威五大演讲》向全国发行。到杜威离华时，该书已印行 13 版，每版都在 1 万册以上。这一时期还出版了《杜威三大演讲》、《杜威在华演讲集》、《杜威罗素演讲记录合刊》等多种杜威著作。杜威的思想经由大众媒介被广泛地传播。杜威之前撰写的一些著作在这一时期也被翻译登载于报纸杂志上，如 1919 年《教育杂志》第 5、6 号上连载了杜威《民主主义与教育》的中文翻译稿《教育上之民主主义》，这为人们更深入了解杜威思想提供了参考和依据。

新文化运动使人们认识到西方民主共和背后的文化根基——个人本位。个人本位包含两层含义：每一个人具有独立的人格、具有自主之权；任何人都有发扬个性的自由。第一次世界大战后，国人追寻世界思潮，推崇德谟克拉西精神，使初期新文化运动发起的民主宣传逐渐形成了波及社会的热潮。学者们认为世界教育将由绅士教育、军国民教育转向德谟克拉西教育，这种教育强调人人有平等受教育的权利，并以培养自动而充满个性的人为宗旨。杜威在中国两年多的演讲，使中国人直接聆听到西方学者所讲的民主教育思想，对民主教育有了更深刻的认识，民主教育在中国形成一种热潮。

第二节　平民教育平等观的出现

知识精英认为第一次世界大战是庶民的胜利，战后的世界是劳工的世界。[①] 世界从此进入德谟克拉西的时代、人权的时代。[②] 处于被压迫地位

① 蔡元培：《劳工神圣——在北京天安门举行庆祝协约国胜利大会上演说词》，载《蔡元培教育论著选》，人民教育出版社 1991 年版，第 176 页。

② 陈正绳：《人权时代之教育》，《教育杂志》1919 年第 11 卷第 10 号。该文认为人类经过了神权时代、君权时代、法权时代，进入了人权时代。

的平民开始受到知识精英的关注。平民教育成为这一时期共同而响亮的口号。无论是早期共产主义者，还是资产阶级自由知识分子，各类知识群体都反对封建的等级教育，反对千百年来封建社会的教育特权。他们从人格、权利的角度思考平民教育问题，提出通过教育使普通平民获得文化知识，启迪广大平民的民主意识。

一　平民与贵族禀赋相同、人格平等

孔子曾说：“惟上智与下愚不移”，[①] 人与人之间存在着天然的禀赋差异而且不可改变。由于这种认识的存在，中国古代只有“士”具有读书机会，“农、工、商”则被排除在读书的门槛之外。在人们的意识里，把天赋高的读书人看作上流人物，把天赋低的不读书人称作下流人物。到“五四”时期，这种观念开始被打破。最早开始平民教育实践的晏阳初曾讲到自己的意识转变：自忆前赴英美求学之时，脑海中并没有“平民”二字，及至法国，躬亲在工营中，每日同那些社会所谓“下流”的人过生活，相往来，相友爱，那此前大学生对平民的观念和态度，就根本推翻了。社会所谓“下流”者，并非禀赋与那些自命“上流”的有什么不同。所不同的，不过机会耳。那社会所谓“下流”失学的人，如早受同等的机会，他们又怎会不“上流”呢？[②]

促使晏阳初的认识发生上述转变的，是当时在法国支持第一次世界大战的几十万华工。这些华工靠自己的勇敢和智识，有几千人获得各种奖章，有一些人得到连外国将军也不易得到的“铁十字”勋章。在他们的身上，晏阳初看到平民的潜力，发现苦力不仅“体力固在吾人之上，而智力亦不在吾人之下”。[③] 所谓的“上流”和“下流”者，禀赋本没有什么不同，所不同者，仅在教育机会。假如使所谓的“下流”人物获得基本教育的机会，他们同样有机会成为出类拔萃的人物。他以美国几个世界闻名的人物爱迪生、林肯、福特为例，这几个人都没有受过高等教育，但

---

① 见《论语·阳货》。

② 晏阳初：《平民教育新运动》，载《晏阳初全集》（第一卷），湖南教育出版社 1989 年版，第 32 页。

③ 晏阳初：《关于平民教育精神的讲话》，载《晏阳初全集》（第一卷），湖南教育出版社 1989 年版，第 83 页。

由于受过最低限度的基本教育，他们就获得了最大的发展。晏阳初相信，凡是一个“人”，对于社会国家都有贡献的可能。欲使这可能成为事实，无论如何，最低限度的基本教育是决不可少的。[①] 因而，他主张要为每一个民众提供最基本的教育，使他们天赋的才能有发展的机会。他认为改变中国当时的处境，唯有通过教育开发“脑矿”，发掘民众伟大的潜势力。中国人民之多，甲于天下。倘“脑矿”一开，民智发达，豪杰、智士等各种人才不致埋没。中国不仅会解除自身的危机，还可称雄于世界。

“上流”与“下流”不仅禀赋相同，人格本来平等，原无上下高低之分。之所以出现所谓的“上流”与“下流”，原因在于一部分人有受教育的机会，一部分人没有受教育的机会，于是各人的学问、德行显出不同，而人格的上下高低亦即由是而判别。[②] 欲消除这种人为的人格不平等，唯有努力于教育机会的平等。

基于对平民和贵族禀赋相同、人格平等的认识，当时的学者提出教育应普及于全体国民，不应为少数人所独占。贵族和平民儿童不仅人人应享有国民教育，而且不应有区别。如 1919 年《教育杂志》上一文所言：“贵族之儿童与平民之儿童，其间无丝毫之差别，不论富家之子与贫窭之子，贵族之儿与平民之儿，皆诣同一之小学校而受优良之教育。”[③] 知识精英对人与人之间禀赋相同的认识，打破了只有贵族才能受教育的教育观念，为平民享受平等的教育提供了理论依据，平民受教育具有了理论上的合法性。

在当时一些知识分子看来，教育机会平等不仅是实现人格平等的途径，也是解决劳工问题、改善工人境遇、实现人类平等之唯一基础。他们认为依靠教育的力量可以使平民做一个平等的公民。[④] 针对这种观点，早期马克思主义者陈独秀给予了批判。陈独秀认为：“人类生活的欲望是由

---

① 晏阳初：《平民教育的真义》，载《晏阳初教育论著选》，人民教育出版社 1993 年版，第 27 页。

② 晏阳初：《平民教育概论》，载《晏阳初教育论著选》，人民教育出版社 1993 年版，第 31 页。

③ 木心：《教育与德谟克拉西》，《教育杂志》1919 年第 11 卷第 9 号。

④ 晏阳初：《“平民”的公民教育之我见》，载《晏阳初全集》（第一卷），湖南教育出版社 1989 年版，第 63 页。

物质的进到精神的，断没有丢开物质的便进到精神的。”① 以劳工问题为例，如果工人工作时间非常多，所得报酬又非常少，他们没有时间、也没有经费去读书。工人享受平等教育机会本身需要以增加工资、减少工作时间为前提。没有一定的物质为基础，教育本身就不可能平等，又怎能促进社会平等。如果把教育平等作为社会平等的基础，那社会平等就变为空中楼阁了。他说：“在工业未发达的社会里希望教育发达，自然是妄想；在社会主义未实现的社会里希望教育是平民的，自然也是妄想。”② 教育平等的解决需要经济的发达和制度的改善。如果不改善制度、发展经济，尽管有知识分子去尽义务提高平民的知识，扩大平民教育的范围，但终归无济于事。因为尽义务不是常事，而且不能普及。靠尽义务只能解决一部分人或少数人的教育，并不能使平民真正享有平等的教育机会。中华平民教育促进会的重要成员、留美乡村教育博士傅葆琛在回忆平教工作时谈道：“中国人民在政治黑暗、经济凋敝重重压迫之下，生活艰难，吃不饱，穿不暖，哪有心思读书受教育！平教会的口号‘除文盲，作新民’喊了几十年，中国人民的教育和生活问题，还是在经过了中国共产党领导的革命斗争，掀掉了压在人民头上的三座大山，才得到彻底解决的。”③

二　平民的生活需要知识

在中国古代社会，不仅把农、工、商阶层看作是“下流”的、禀赋低的，而且认为他们也不必读什么书、研究什么学问。读书受教育被看作是一种行业，只有士才应该读书。即使是农、工、商中一些有才艺者，一旦读书成为文人，加入士阶层后，就不再做工。士自己可以不生产，由社会承担供养的责任。农、工、商则专门生产，不去读书。所谓的“知识”把人分为两个阶级——劳心与劳力、治人与被治、贵族与平民、上流与下流。古代的教育工具文言文仅通行于少数之特殊阶级，它维护了贵族阶级

① 陈独秀：《三答知耻》，载《陈独秀教育论著选》，人民教育出版社 1995 年版，第 259 页。

② 陈独秀：《平民教育》，载《陈独秀教育论著选》，人民教育出版社 1995 年版，第 308 页。

③ 傅葆琛：《我与平教会》，载《傅葆琛教育论著选》，人民教育出版社 1994 年版，第 422 页。

的教育特权，造成知识阶级和平民阶层的“两橛”隔阂。对于上述现象，维新派开始有所认识，提出广设学塾、民皆入学。但他们的认识还限于表层，只是看到西方“四民之众，无不识字知书之人类”，因而发出应该让农、工、商读书的呼声。对这种现象有更深刻理解的是“五四”时期的知识阶层。

“五四”时期，知识阶层开始接触平民，了解到平民生活之苦。他们记录了当时平民之苦：平民不识字，自己不会写信看信，只能求人，把家里的私事都让人家知道了。由于不识字，报纸也不会看，不了解世情国事，把别人的话当作新闻，是非真假全弄不清楚。目不识丁的他们，处处吃亏上当，处处受人欺骗。某处乡下妇人把她丈夫的当票拿来糊窗子，某处农人的地契被人家改了，还不知道，后来打官司，把田地都断给别人。农民一年比一年穷，打的粮食不够养家；遇见水灾、旱灾、虫害、病害，他们都束手无策，听天由命；有很肥的地不知道开垦，有很好的山坡不会栽树，有很近的水源不知道用来灌溉；耕种不得法，种子不会挑选，没有合作的组织，没有运输的方法。一年四季，就靠两只手去做活，一辈子辛辛苦苦，吃得不饱，穿得不暖。[①] 平民的所有这些生活痛苦皆源于不识字、无知识。这使知识阶层认识到读书不应成为士的特权、成为专门的事业，平民同样要识字读书。应铲除士这一特权阶级，使所有的人都受教育，以达到士农、士工、士商、士兵的目的，实行“均学”主义。知识精英已经看到知识与人们生活的密切关系，从人的生存角度提出各个阶层都应受教育。这一发现正是出于其对平民个体以及生活的关注，这也是其超越于维新派之处。知识分子对各阶层都应读书受教育的认识，也使人们对知识有了重新理解。知识不再是与生产无关的内容，不仅仅是书本上的内容，它与人们的生活息息相关。1917 年开始的文学革命、白话文运动为平民接受知识提供了便利，知识开始平民化。

知识阶层为平民饥寒交迫的生活而难过，更为他们缺知少识而痛心。他们身上的责任感和同情心，使他们把对平民的教育看作是自己义不容辞的职责。于是各种平民学校、平民读书处、平民问字处等平民教育机关如

① 参见傅葆琛《为什么要办乡村平民教育》、《直隶京兆信用合作社社员如何能协助推行乡村平民教育》两篇文章，载于《傅葆琛教育论著选》，第 1、8 页。

雨后春笋般绽放于这一时期。蔡元培在北大平民夜校开学日的演说中，指出了大学生为什么要办平民夜校：“大学生自己已经有了学问，看见旁的兄弟还没有学问，自己心中很难过，好像看见一家的弟兄都饿着，许多的兄弟姊妹都还饿着没有饭吃，自己心中就很难过一样，觉得他们很苦，所以就立刻办这个平民夜校。……大学生从小学住到中学，现在又住大学，仿佛已经吃得很多。要是看见旁人没有学问，没有知识，常常受‘脑饿’的痛苦，他们自己一定很难过，很不爽快，因为不平，所以愿为大家尽力，开办这个平民夜校。”[①] 可以看出，知识分子对平民教育事业的投入，很大程度上出于对平民的怜悯同情之心。

由于对平民同胞兄弟的同情，对邦本之民境况的忧虑，知识分子承担起了“先觉觉后觉”的责任。平民从知识分子的同情中获得了好处，认识了字、掌握了一些知识。但建立在同情之上的教育终归是不稳固的。中国最早的马克思主义教育家杨贤江在当时就指出其不足，他说：“我们终不应该用低一等的眼光或廉价的办法去对付。我们不要误会了以为平民教育乃是上流阶级对于下流阶级所施的一种恩典；如果不幸存了这种见解，把平民教育当作一种慈善事业看待，大家漫不经心的去做，那便成为一种新式的愚民政策，那是十二万分的要不得的。”[②] 在他看来，知识分子对平民教育的热心，能使平民识字、学文化，应当感激他们的作用。但是，平民教育更重要的是要承认“平民”是“人”，平民要和“大人先生”们享受平等的教育。

三 教育权是平民的基本权利

西方的权利思想在鸦片战争后传入中国，在改良派那里已经开始明确地表达。如梁启超说：“国民不能得权利于政府也，则争之，政府见国民之争权利也，则让之；欲使吾国之国权与他国之国权平等，必先使吾中国人人固有之权皆平等；必先使我国国民在我国所享之权利，与他国国民在

① 蔡元培：《北大平民夜校开学日演说词》，载《蔡元培教育论著选》，人民教育出版社1991年版，第257—258页。

② 杨贤江：《告青年学生之从事于平民教育运动者》，载《杨贤江教育文集》，教育科学出版社1982年版，第147页。

彼国所享之权利相平等，若是者国庶有廖。”[1] 梁启超在这里虽然看到个人权利的重要性以及个人权利在整个“权利”意义上的地位，但由于救亡图存的现实任务，他所讲的权利更侧重在“国权”之争。资产阶级革命派主张彻底推翻君权，他们所言的民权具有了更完整的意义。但他们和改良派一样，同样首先强调国权、集体权。改良派和革命派都运用西方的天赋人权理论去审视现实中的教育不平等，提出只要是人就应该受教育的主张。他们的主张虽然暗含有教育权的意思，但并没有直接提出教育权。首次明确提出教育权的是李大钊、陈独秀等马克思主义者。

“五四”时期，随着人们对西方文化的深刻体悟，个人权利开始得到重视。民主成为一种核心观念或基本价值为中国人所追求、崇尚，人们认识到教育权是一项基本权利。陈独秀在 1915 年的《青年杂志》上发表《今日之教育方针》一文，提出教育方针之一的“惟民主义”。他引用了欧美政治学者对国家作出的诠释“国家者，乃人民集合之团体，辑内御外，以拥护全体人民之福利，非执政之私产也”。由此义出发，他对国家又作出了进一步的说明：“真国家者，牺牲个人一部分之权利，以保全体国民之权利也。伪国家者，牺牲全体国民之权利，以奉一人也。”[2] 从中可以看出，陈独秀对个人权利的推崇，他认为国家最主要的任务是保障国民的个人权利。在他看来，教育要坚持唯民主义的方针，也就是要把教育权作为个人的一项基本权利，国家予以保证。李大钊于 1919 年发表《劳动教育问题》一文，提出劳工不仅在政治上、经济上应享有平等的权利，在教育上同样要有平等的权利。他说：“因为 Democracy 的精神，不但在政治上要求普通选举，在经济上要求分配平均，在教育上、文学上也要求一个人人均等机会，去应一般人知识的要求。”[3] 他在同年发表的另一篇文章《战后之妇人问题》中，进一步阐发了教育权利问题，强调教育权利应为人人平等享有。他说：“现代民主主义的精神，就是令凡在一个共

① 梁启超：《新民说》，辽宁人民出版社 1994 年版，第 55 页。

② 陈独秀：《今日之教育方针》，载《陈独秀教育论著选》，人民教育出版社 1995 年版，第 34 页。

③ 李大钊：《劳动教育问题》，载《李大钊全集》（第三卷），河北教育出版社 1999 年版，第 162 页。

同生活组织的人，无论他是什么种族、什么属性、什么阶级、什么地域，都能在政治上、社会上、经济上、教育上得一个均等的机会，去发展他们的个性，享有他们的权利。”① 陈独秀、李大钊已从权利的角度提出平民应当受教育，知识精英逐渐认识到读书识字是人类共有的权利，无论什么人都应享有。当时的一些学者还提出教育权是基本权利中最重要、最可宝贵者，应列入宪法。因为宪法作为根本法规，必对于人民之根本权利，作深切确实之保障。通过把教育列入宪法，可以保障人们的教育权。而且，把教育作为权利列入宪法，更有利于义务教育的实施。原因在于“号为权利，则群就之，视为义务，则群避之，此又人之恒情也”。②

教育权是一项基本权利，但从当时的现实来看，劳工并没有真正享受到教育权。对于这一问题，早期马克思主义者认为最根本的原因在于剥削制度的存在。李大钊就指出，资本家不仅掠夺劳工所生产的物质财富，他们同样剥夺劳工社会精神修养的工夫。一般人往往只看到前者，而没有发现后者。实际上资本家对劳工精神的掠夺是更大的暴虐和罪恶，比物质的掠夺更可怕、更可恶。因为人不同于动物，都有陶冶性灵的需求。但在组织不良的社会制度下，劳工为衣食所迫，终岁勤动，只能眼看人家一天天安宁清静去求知识，自己却没有工夫。久而久之他们的人性完全消失，就如同机械一样、牛马一般。既然劳工的教育权被资本家所剥夺，所以必须起来与其斗争。每一个平民都要有一个重大的觉悟，“读书是人的权力，谁也不得来侵犯”。③ 平民本该可以入完备的学校，专心读书，但由于学校不够、资格不配、经济不足等原因，应有的权利不能享受。因而，一些马克思主义者提出，所有的教育机关都应向平民开放。自大学以至幼稚园，凡属图书馆、试验场、博物院，都应该公开，使社会上人人都能够享用。同时，要多设补助教育机关，使一般劳作的人，有了休息的工夫，也能就近得个适当的机会，去满足他们知识的要求。

---

① 李大钊：《战后之妇人问题》，《新青年》1919 年第 6 卷第 2 号。

② 郑晓沧：《制宪与教育》，载《郑晓沧教育论著选》，人民教育出版社 1993 年版，第 14、21 页。

③ 杨贤江：《学生们底一个重大的觉悟》，载《杨贤江教育文集》，教育科学出版社 1982 年版，第 58 页。

四 平民的民主意识需要教育启迪

民国成立了，共和的招牌挂起了，但并没有民主之实。袁世凯称帝复辟，人民深受专制之苦。之所以出现这种情况，在知识精英看来，所谓的共和立宪制，只是少数人的主张，并不是多数民众的意愿。实行的虽然是共和制，但民众脑子里装满了帝制时代的旧思想。就连创造共和的人对共和的真义也缺乏了解，一些人脑子里仍然充斥着旧思想。民众民主意识的淡薄是帝制复辟的根源。陈独秀指出："所谓立宪政体，所谓国民政治，果能实现与否，纯然以多数国民能否对于政治，自觉其居于主人的主动的地位为唯一根本之条件。自居于主人的主动的地位，则应自进而建设政府，自立法度而自服从之，自定权利而自尊重之。"[①] 共和立宪制的真正建立需要民众意识到自己的主人地位，自觉自动地去争取，而不是听从于少数人的安排或寄希望于伟人。要想赋予民主制度以真实的生命力，必须有民众的民主觉悟，这就需要通过教育对平民进行民主启迪。教育本身要由专制转向自主自治，要由培养服从顺受、忠君爱国的臣民转向培养自主自治的国民。要让民众明白民国时代与皇帝时代不同，皇帝时代的主人翁是皇帝，民国时代主人翁就是民众自己。民国教育的任务就是要让民众明白自己的地位，知道自己的责任。[②]

对民众进行民主启蒙的思想萌生于戊戌运动时，维新派提出了"开民智"、"新民德"。但由于他们主张君主立宪，并不敢提出彻底推翻专制的口号，民主启蒙打了折扣。革命派也提出了"播国民之种"，养成共和国民健全人格的思想，但由于忙于武装斗争，民主启蒙并没有得到应有的重视。经过袁世凯、张勋的复辟，"五四"时期的知识精英认识到必须将民众脑子里帝制时代的旧思想洗刷得干干净净。唤醒民众，通过教育提高民众的民主意识成为当时知识分子的共识。虽然知识分子都认为教育是民众民主觉悟的途径，但在不同的知识群体之间主张并不一样。以晏阳初为代表的自由知识分子，认为公民教育必须从识字教育着手。因为识字是求

---

① 陈独秀：《吾人最后之觉悟》，载《陈独秀教育论著选》，人民教育出版社 1995 年版，第 50 页。

② 恽代英：《民治的教育》，载华东师范大学教育系编《中国现代教育文选》（修订版），人民教育出版社 1998 年版，第 474 页。

知识的工具、受教育的基础。人若不先识字，连名字都不会写，那么关于种种公民活动，如怎样选举，怎样参与政治，是万不可能的。[①] 以李大钊为代表的马克思主义者，认为已经觉悟的知识分子要利用一切机会接近平民、深入民间，和平民一起生活工作，利用演讲、传单等宣传民主政治。他们认为："只要农村里有了现代青年的足迹，作现代文明的导线，那些农民们自然不会放弃他们的选举权，不会滥用他们的选举权。"[②] 自由知识分子认为，单靠几天演讲的鼓动，几种图画的刺激，几张传单的宣传，并不能对平民进行有成效的民主教育。马克思主义者认为，识字和救国并不一定有直接的关系，仅仅识了字不见得就能做个有用的国民。可以看出，自由知识分子强调的是培养民众行使民主权利的能力，马克思主义者强调的是启迪民众的民主意识。当时的中国专制笼罩，人民生活在极度黑暗中，开启民众的民主意识，激发他们为平等自由而斗争的精神更加重要。

从对民众进行民主启蒙出发，一些学者提出利用学校教育对中小学生进行国民性教育。他们认为："学校为传达思想之地，欲使国民思想，趋于同一之轨道上，宜先于学校教育植其基。"况且"中小学生思想尚未十分发达，设其时鼓吹某种主义，则印象之深、效力之大，不言而喻"。[③] 学校是一个人获得文化知识的主要地方，为一个人一生的成长奠定文化思想基础。用民主精神去教育思想未开的中小学生，一定会收到可观的效果。

以上四方面是"五四"时期提出扩大教育对象，使平民平等受教育的理由。第一方面指出平民和贵族人格平等、禀赋无差异，所以应有平等的教育机会。第二方面指出知识和每个人的生活密切相关，欲求个人的快乐幸福，就得受教育、学知识。知识并不是属于特殊阶级，在知识面前人人平等。第三方面则提出受教育是每个人的基本人权，凡属人类皆应受教育，任何人不可剥夺其受教育的权利。这从根本上解决了平民受教育的问

① 晏阳初：《"平民"的公民教育之我见》，载《晏阳初全集》（第一卷），湖南教育出版社 1989 年版，第 64 页。

② 李大钊：《青年与农村》，载《李大钊全集》（第三卷），河北教育出版社 1999 年版，第 182 页。

③ 木心：《教育与德谟克拉西》，《教育杂志》1919 年第 11 卷第 9 号。

题。第四方面指出要想使平民成为国家主人，就得通过教育使其认识到自己的地位和应享有的权利。对平民进行民主教育，是平民个人享受光明生活和国家建立民主政治的基础。由上可见，当时的知识分子对平民为什么要受教育已有深刻的认识，他们主张教育要打破阶级限制，无论贵贱、贫富都应平等受教育。

知识分子不仅认识到平民教育的必要性，他们也尽自己最大努力投身于平民教育事业。晏阳初等留学国外的硕士、博士在20世纪20年代初回国为平民教育事业服务。1923年8月中华平民教育促进总会成立，通过各地分会在全国20多个省市开办了大量平民学校，设立了众多平民读书处、平民问字处，还设立了广播电台，平民教育运动举世瞩目。1919年3月由北大中文系二年级学生邓康（邓中夏）发起成立的北京大学平民教育讲演团，是“五四”时期一个进步的学生组织。他们以露天演讲为方法，以教育普及与平等为目的，服务于北京市民及周边地区的工人、农民。受杜威访华影响，北京高等师范学校部分教职员和学生于1919年组成了平民教育社，创办了《平民教育》杂志和平民学校。他们认为教育的改良是一切改良的根本，平民教育就是“教国民人人都有独立人格与平等思想的教育”。[①] 各个社团在平民教育运动中，对平民有了更多的了解。平民教育由城市逐渐扩展到农村，平民教育对象也由城市平民逐渐延伸到工人和农民。

在知识分子对平民教育的倡导下，义务教育也受到重视。1917年10月，第三届全国教育会联合会通过《请促进义务教育案》，次年10月又提出《推行义务教育案》，要求政府切实实施义务教育。1920年1月北京政府教育部采纳1919年全国教育会联合会及国语统一筹备会的建议，训令各省区国民学校，从1920年秋季起，先将一、二年级的国文改为语体文。文言的废弃与国语的采用客观上推动了义务教育的普及。胡适认为：“这一道命令，把中国教育的革新，至少提早了二十年。”1922年的《学校系统改革案》（即壬戌学制）将“发挥平民教育精神”，“使教育易于普及”，列为学制的标准。1923年由当时北洋政府颁布的《中华民国宪

① 中央教育科学研究所编：《中国现代教育大事记（1919—1949）》，教育科学出版社1988年版，第9页。

法》第4章，规定了中华民国国民所享受的权利及所承担的义务，明确了“中华民国人民依法律有受初等教育之义务”。[①] 义务教育首次被列入宪法，成为其重要组成部分。

“五四”时期，已经认识到平民有受教育的权利，平民与贵族一样要平等地受教育。但这些认识并不是来自于平民自身的觉醒，而是知识分子的一种觉悟。他们从发挥平民的价值，增进其利益幸福出发，提出平民享有平等的教育权。这种教育平等观在中国教育史上具有划时代的意义，是一种博爱的、人道主义的平等观。但对平民而言，教育权仍是身外之物，他们自身没有任何诉求。平民自身教育权意识的缺乏，直接制约了教育平等实践的推进。

第三节 男女教育平等观念的深化与成熟

“五四”时期，伴随着民主化浪潮的席卷，妇女解放的呼声日渐高涨。知识分子把教育作为妇女解放的突破口和关键点。一些经过新文化启迪觉醒的知识女性，充当了这一主张的先锋和主力。她们借助妇女团体及妇女报刊，呼喊男女教育平等，以自己的亲身经历说明教育对于妇女解放的重要意义。

一 妇女解放始于教育

新文化运动高举科学和民主大旗，对儒家“三纲五常”及与之相联系的道德礼教给予深刻批判。作为三纲之一的“夫为妻纲”自然成了批判的对象，妇女问题受到极大的关注，解放妇女的声浪不绝于耳。新文化运动的领袖们认为：“有了妇女解放，真正的 Democracy 才能实现。没有妇女解放的 Democracy，断不是真正的 Democracy。”[②] 在他们看来，民主应该使全体人获得平等自由，使人人达到共同幸福。因而，解放全国二分之一的黑暗女子，把女子从男子的压迫中解救出来，成为这一时

① 田正平等主编：《世纪之理想——中国近代义务教育研究》，浙江教育出版社 2000 年版，第 78 页。

② 李大钊：《妇女解放与 Democracy》，载《李大钊全集》（第三卷），河北教育出版社 1999 年版，第 348 页。

代的最强音。

究竟怎样才能解放妇女？当时普遍的社会舆论都认为，教育是妇女解放的关键。由少年中国学会主办的月刊《少年中国》在 1919 年第 1 卷第 4 期上开设了“妇女号”专栏，专门讨论妇女解放的问题，研究解放妇女的方法从哪里着手。几乎每篇文章都归结于教育，都主张应该从教育下手。“五四”运动的学生领袖、少年中国学会的中坚康白情指出：“不先解决男女教育平等问题，一切的妇女问题都是无从解决起的。”① 明确请求大学开放女禁的邓春兰女士认为，解放女子“要先解放学校，然后再解放职业，然后再解放政权”。② 中国共产党第一位女中央委员、第一任妇女部长向警予认为，女子的解放全然是学识能力的关系，“所以归根结底的希望，仍离不脱教育”。③ 孙中山的主要助手、国民党的重要成员胡汉民也撰文指出，女子解放“第一就是教育”。④ 可见，无论男界还是女界，无论其所持的政治主张如何，都认为教育是解决女子问题，达到妇女解放的根本办法。

当时的人们之所以将女子平等受教育看作是男女平等运动的第一步，有多方面原因：一是认为女子受教育可以获得知识，有了知识可以谋经济独立，经济独立了就可以脱离各种束缚。二是认为女子受教育，可以抬高女子在社会上的地位，使男子渐渐地破除成见，表达相当的同情。三是认为女子受教育，可以使妇女知道男子并不是了不得的，妇女不见得低于男子。有了这个觉悟以后，教育平等以外，自然会去争取别的平等。四是女子受教育可使其从旧道德、旧习俗里解放出来，在思想上有彻底的觉悟。受教育的女子成为女子解放运动的主力军，担负起对没有受教育女同胞的指导启发责任。全国的妇女团结起来，对于一切不好的旧制度进行总攻击，那时完全解放一定能够成功。总之，在当时的人

① 康白情：《绝对的男女同校》，《少年中国》1919 年第 1 卷第 4 期。

② 邓春兰：《我的妇女解放之计划同我个人进行之方法》，《少年中国》1919 年第 1 卷第 4 期。

③ 向警予：《女子发展计划（给陶毅的信）》，载中华全国妇女联合会妇女运动历史研究室编《五四时期妇女问题文选》，生活·读书·新知三联书店 1981 年版，第 284 页。

④ 胡汉民：《女子解放从那里做起》，载梅生编《中国妇女问题讨论集》（上），新文化社 1923 年版，第 93 页。

们看来，教育对于女子就像兵工厂，有了教育，才能供给她们武器和工具，有了武器和工具，她们才能够向威迫她们的方面宣战，才能够不陷于失败的悲境。[①]

由于把男女教育平等作为妇女解放的重要条件，“五四”时期的男女教育平等观念达到了前所未有的高度，男女教育平等观念走向成熟。

二　女子是“人”，应受“人”的教育

辛亥革命以前，很多知识分子虽然批判专制主义，但内心还是觉得中国旧有的伦理道德是好的，无须破坏。他们认为只要打倒清朝，把西方民主共和国的一套搬到中国就行。新文化运动的领袖则认识到，传统的纲常名教与君主专制有密切的联系，由此他们将批判的矛头指向了中国旧有的伦理道德。他们认为几千年来中国妇女之所以一直处于社会底层，就因为“节孝”等所谓的名教以及家族主义的奴隶式道德使女子失去独立的地位与人格。他们提出：“女子者，国民之一，国家所有，非家族所私有，非男子私人所有，具完全人格者也。”[②] 女子与男子同属于人类，女子并不从属于男子，她们同样有独立的人格，与男子人格平等。在他们看来，教育是人的教育，女子既然与男子同样是人，具有平等的人格，因而应享有平等的教育。

女子与男子应享受平等的教育，体现在教育目标上，就是女子教育要打破贤妻良母的范畴，而换以一种“人”的教育。女子作为一个独立的人、国家中的人，有自己的自由、自己的事业，与男子一样对国家社会负有同样的责任。与此相应，女子教育要着眼于女子人格的独立，即个性解放、个性自由，培养女子独立生活，替社会做事的能力，树立与男子一样的“做人”目标。李光业在《今后女子教育》一文中宣称：今后的女子教育要“以造就一个独立的人为标准”，“以人格的陶冶、理智的陶冶为主眼点”。[③] 胡适在《美国的妇人》一文中，批评中国贤妻良母主义的狭

① 黄日葵：《何故不许女子平等》，载中华全国妇女联合会妇女运动历史研究室编《五四时期妇女问题文选》，生活·读书·新知三联书店1981年版，第31页。

② 高素素：《女子问题之大解决》，载张宝明等主编《回眸〈新青年〉·社会思想卷》，河南文艺出版社1998年版，第228页。

③ 李光业：《今后女子教育》，《妇女杂志》1922年第8卷第2期。

小，主张中国的女子教育应趋重于“自立的人”的养成，也就是一种超越贤母良妻式的教育。[①] 贤母良妻式教育在“五四”时期受到了有力的批判。叶绍钧在《女子人格问题》一文中指出，良母贤妻就是说“女子只应做某某的妻、某某的母，除了以外，没有别的可做了。母为什么要良？因为要抚养成男子的儿女。妻为什么要贤？因为要帮助着男子立家业”。女子活在世间单单为了男子，对自己、对国家社会没有价值。“女子被人把‘母’、‘妻’两字笼罩住，就轻轻把人格取消了。”[②] “妻”和“母”仅仅代表女子在家庭中的地位，一个女子固然是“母”、是“妻”，但更重要的是一个“人”，有“人”的需要与“人”的义务。女子是一个“国民”，有“国民”之责任与“国民”之权利。

辛亥革命前，革命派已经提出女子要与男子享受同样的教育，但他们把女子受教育看作是实现男女平权的条件。为了使女子同样享受各项政治权利，因而要实现男女平等教育。“五四”知识分子则认为教育本身就是女子一项重要权利，强调女性的存在是人的存在，从男女人格平等的角度提出男女应受平等的教育。革命派也反对贤母良妻式教育，提出要把女子培养成女国民，同男子一样成为英雄豪杰。但其出发点主要在推翻专制政府，通过强女子而强中国。“五四”知识分子对贤母良妻的反对则从女性作为一个独立的人出发，明确提出女子教育的目的首先在于使女性认识到自己作为人的存在，即恢复独立自主的人格。这一思想是与“五四”时期妇女解放思潮的主旋律——人的解放相一致的。

三　大学开女禁与中学男女同校

戊戌维新时期，维新派提出“兴女学”的思想，当时争论的焦点是要不要“兴女学”。“五四”时期，知识分子认为男女人格平等，同为独立的人，应受平等的教育。女子教育也由要不要“兴女学”转向女子能不能在更高的层次上享受和男子同等的教育，男女同校的问题受到关注。李达在《女子解放论》一文中提出，女子与男子“权利义务，既然主张

---

① 胡适：《美国的妇人》，载张宝明等主编《回眸〈新青年〉·社会思想卷》，河南文艺出版社1998年版，第264页。

② 叶绍钧：《女子人格问题》，载中华全国妇女联合会妇女运动历史研究室编《五四时期妇女问题文选》，生活·读书·新知三联书店1981年版，第126—127页。

平等，所受的训练，不可不平等，所以我主张男女同校，自幼稚院而小学，而中学，而高等，而大学，都是可以同校的”。[①] 由于1912年中华民国教育部颁布的《普通教育暂行办法》仅规定“初等小学，可以男女同校”，于是“五四”时期男女同校问题讨论的焦点集中在大学开女禁和中学男女同校问题上。

当时的先进知识分子认为，要培养女子健全独立的人格，就必须使女子可以和男子一样接受高等教育，实现男女平等的教育。平等的真义是上升同高的平等，并不是把高的拉下来同我平等。[②] 男子已经受到高等教育，女子也应该受高等教育。在他们看来，高等教育能够使女性获得经济独立所赖以需要的知识，使她们彻底觉悟，选择正确道路解放自己。女子只有受了高等教育，才能真正认识到自我价值，提高自身地位，打破世上男子轻视妇女的陋习。民国成立后，女子中学开始兴办，但直到1919年中国才有了第一个女子高等教育机构——北京女子高等师范学校。女子欲求高等教育，在当时来说，就必须要求高等专门学校及大学废除性别限制，使女子同男子一同接受高等教育。大学开女禁既是女子获得高等教育机会的途径，又是教育平等的体现。

1918年年初，一些进步志士就提出大学男女同校的问题，各种报刊就大学是否开放女禁展开热烈的讨论。“五四”运动后，要求大学男女同校的呼声更加高涨，许多妇女界人士在其影响下行动了起来。其中，最先公开要求大学开放女禁的是邓春兰女士，她于1919年5月上书北京大学校长蔡元培先生，请求招收女学生。随后，她写了《告全国女子中小学毕业生同志书》，呼吁妇女要通过自身的奋斗争取大学教育机会。1919年8月3日北京《晨报》第六版以《邓春兰女士来书请大学解除女禁》为题发表了她的文章，北京、上海的许多报纸都转载了该文。1920年1月，蔡元培在接受《中华新报》记者提问时，公开表示：“大学之开女禁问题，则予以为不必有所表示。因教育部所定规程，对于大学学生，本无限于男子之规定，……予以为，无开女禁与否之问题。即如北京大学明年

① 李达：《女子解放论》，载中华全国妇女联合会妇女运动历史研究室编《五四时期妇女问题文选》，生活·读书·新知三联书店1981年版，第42页。

② 周炳琳：《开放大学与妇女解放》，载中华全国妇女联合会妇女运动历史研究室编《五四时期妇女问题文选》，生活·读书·新知三联书店1981年版，第257页。

（指 1920 年）招生时，倘有程度相合之女学生，尽可投考。如程度及格，亦可录取也。”[①] 有了蔡校长的表态，很快就有女学生要求进北大学习。1920 年 2 月底，北京大学在寒假过后开学时就录取了包括邓春兰在内的 9 名学生，作为北大的旁听生。1920 年秋，南京高等师范大学开始正式招收女生。此后，全国高等学校纷纷效仿，陆续解除女禁。

大学女禁开放之后，中学男女同学问题成为讨论的重点。从教育平等的角度看，时人提倡男女同校原因有二。

一是为了扩充女子教育机会，包括中等和高等教育机会。民国以来，小学女毕业生逐渐增多，要求升学的也相应增多。民初虽然开始创办女子中学，但到 1919 年，全国公立女子中学仅仅有 9 所。有限的女子中学难以满足更多的女子升学。在当时的经济状况下，又不可能创立更多的女子中学。因而，一些学者提出要实行男女同校，以使女子获得中等教育机会。如陶行知所言：“若不许男女同桌吃饭，就须另外为女子开一桌饭。既不为女子另外开饭，又不许男女同桌吃饭，是不是要看他们饿死呢？”[②] 他认为在女子中学没有充分成立之前，中学男女同学是扩充女子教育机会的途径。提倡男女同学一方面是为了使女子能享有中等教育机会；另一方面也是为了女子能真正享有高等教育机会。大学开放女禁后，女子被允许进入大学。但当时女子中学的程度较低，女子中学的课程与大学预科的课程不相衔接。“专门大学招考女生及格者自居少数”，[③] 符合大学入学资格的女生非常少。早在大学开女禁前，胡适就提出大学开女禁的三步战略。其中第三步就是加大女子学制改革，提高女子中学课程程度。他认为：“依现在的情形看来，即使大学开女禁，收女学生，简直没有合格的女学生能享受这种权利！”[④] 女子在中学所得教育的程度决定着她的大学教育机会。中学男女同校的实现，使女子有可能达到大学入学所要求的程度，

① 徐彦之：《北京大学男女共校记》，载中华全国妇女联合会妇女运动历史研究室编《五四时期妇女问题文选》，生活·读书·新知三联书店 1981 年版，第 262 页。

② 陶行知：《为反对中学男女同学的进言》，载《陶行知教育论著选》，人民教育出版社 1991 年版，第 121 页。

③ 《第六次全国教育会联合会关于促进男女同学以推广女子教育案》，载中国第二历史档案馆编《中华民国史档案资料汇编》（第三辑教育），江苏古籍出版社 1991 年版，第 719 页。

④ 胡适：《大学开女禁的问题》，载《胡适学术文集·教育》，中华书局 1998 年版，第 218 页。

真正享有高等教育的机会。

二是为了使女子真正受到同男子一样的“人”的教育，摆脱贤妻良母的枷锁。民初单独设立女子中学，是因为女子中等教育开风气之先，为了避免其夭折，将女子中学与男子中学分立。袁世凯篡夺政权后，伴随其称帝复辟的进行，掀起了一股恢复封建文化教育的浪潮。女子教育重提贤妻良母，当时的教育总长汤化龙就说：“余对于女子教育方针，则务在使其将来足为良妻贤母，可以维持家庭而已。”① 1915 年袁世凯颁定的《教育宗旨》中也宣称：“女子则勉为贤妻良母，以竞争于家政。……至女子，更舍家政而谈国政，徒事纷扰，无补治安。”② 在这种思想指导下，女子中学在课程设置、培养目标上都有一些特殊规定。出于对贤妻良母教育方针的反抗，当时一些进步人士提出中学男女同校。在他们看来，中学男女同校可以使男女取得均等的地位，男女受同样的课程、同样的训练，有益于女子独立人格的形成，真正摆脱贤妻良母的枷锁。

与大学男女同校的顺利进展相比，中学男女同校遇到的阻碍非常大。如陶行知在 1923 年所言：“中学男女同学还是我们社会吞不下去的一根鱼刺。”③ 反对者提出的理由仍然是“男女有别”、“男外女内”。他们认为，女子智力柔弱，不能和男子受同等的学科。男女的性质不同、嗜好不同，使受共同教育，是蔑视女子的个性。男女各有应尽的天职，若男女共同教育，是使女子背弃天职，社会内部的事业也将无人去做。对于这些观点，赞成男女同校的人进行了认真全面的反击。他们引用美国心理学家桑代克等西方最新研究成果，以科学的眼光审视女子教育，说明男女平均智能上的差别是很小的，在实际上无甚关系。男子或女子中的差别，比男女间的差别要大得多。他们还举证了美国各级学校男女同校，“女子之成绩，反优于男子”。美国女子并没有被固定在家中，“立法、司法、行政，女子

---

① 汤化龙：《教育意见两条》，《教育杂志》1914 年第 6 卷第 4 号。

② 袁世凯：《颁定教育要旨》，载璩鑫圭等主编《中国近代教育史资料汇编·学制演变》，上海教育出版社 1991 年版，第 765 页。

③ 陶行知：《为反对中学男女同学的进言》，载《陶行知教育论著选》，人民教育出版社 1991 年版，第 121 页。

皆得为之”。[①] 男子所能者女子殆无不能之。在支持男女同校者看来，男女生理、心理的差异，正是由于女子没有受平等的教育所致。而且教育的本质，正在于保持人类的特长，改正人类的所短。[②] 反对男女同校者还担心男女同校，男女间的道德难以维持，干出有伤风化的事情。对此，主张男女同校的人给予针锋相对的反击。他们认为：“道德是精神表现，不是形式可以范围的。有些道学先生，讲些三纲五常，规矩形式达到极点；但是实在的情形未必与形式符合，不过戴一副假面具，说出几句形式的话来，就算尽了道德的责任。”[③] 男女同校，抛弃了形式道德，男女之间有公开交际，反而可以减少相互间的好奇心，减少男女间不道德的行为。道德更重要的是精神，而不是形式。

经过热烈地讨论，人们大多认为中学男女同学利大于弊。尽管还有一些反对意见，但实行男女同校的中学日益增加。通过讨论，人们对男女生理、心理特征有了较深刻的研究和认识，对男女教育平等认识也更加深入。人们认识到男女在生理、心理上尽管无大的差异，但男女之间还是有一些细微的差别。男女教育平等更强调人格上的平等，在教育上要注意男女个体之间的差异，注意发扬男女不同的个性。[④]

综上所述，在“五四”妇女解放的呼声下，男女教育平等观念达到了深化和成熟。人们认识到男女间人格平等，女子是一个独立的人，而不是男子的附属品，男女皆有受平等教育之权利。女子受教育不仅是为了做贤妻良母，女子同样有自己的事业与人生理想，女子教育应以培养具有独立人格的女性为目标。男子受大学教育，女子同样应受大学教育，受了高等教育的女性能与男子一样创造社会财富，实现人生价值。中学男女同校既是女子获得中、高等教育机会的途径，更是男女教育平等的体现。至此，女子与男子享有平等的教育权得到人们的认可，教育只问“人”不问“性”，男女教育平等观念趋于成熟。女子教育目标从

---

① 吴曾兰：《女权平议》，载张宝明等主编《回眸〈新青年〉·社会思想卷》，河南文艺出版社1998年版，第232页。（该文是吴虞以其妻子吴曾兰的名义发表的）

② 张若名：《“急先锋”的女子》，载中华全国妇女联合会妇女运动历史研究室编《五四时期妇女问题文选》，生活·读书·新知三联书店1981年版，第50—51页。

③ 同上书，第50页。

④ 姜琦：《女子教育问题之研究》，《教育杂志》1921年第13卷第5号。

强国保种到养成健全人格，从女人自然存在的强化到人的存在的认同，逐渐走向深化。

在上述教育平等观念的推动下，“五四”时期女子教育取得了较大的进展。大学开放了女禁，成立了专门高等女子学校。小学、中学、大学里，女子都可以得到教育，而且实现了男女同学。进入各级学校的女子也比民初有了较大发展。1922—1923年，国民小学总共有5814375人，其中女生368560人，占6.33%；高等小学总共有582479人，其中女生35182人，占6.04%；中学校总共有103385人，其中女生3249人，占3.14%；大学及专门学校总共有34880人，其中女生847人，占2.42%。[①] 男女教育平等的观念也直接推动了教育制度的改革。1922年公布的《学校系统改革案》（即壬戌学制），确立了男女同校的单轨制教育，从根本上废除了男女分校的双轨制教育。这是我国第一个不分性别的单轨学制，第一次在学制上规定男女有接受同等教育的权利。它标志着男女平等在教育制度上得以初步确立，否定了长期占据统治地位的贤妻良母教育思想和男女有别的封建观念，为妇女教育的快速发展和妇女彻底解放创造了重要条件。它意味着男女教育机会均等的时代已正式开始，任何想阻挡这一潮流的行为都必将失败。

第四节 以儿童为本教育平等观的萌芽

“五四”时期，随着对儿童具有独立人格、个性的认识，不仅强调教育权的平等，而且还提出教师和学生在人格上是平等的，教师要平等地对待学生。在管理上，学校和教师要避免专断，实行学生自治；在教学上，教师要遵循儿童的心理发展程序，采用自然、自动的教学方法。教学的根本目的在于发展儿童的个性，使其本能得到最大的挖掘。

一 儿童具有独立的人格和个性

在漫长的中国传统农业—宗法社会中，儿童与女性同处于宗法等级制

① 中国第二历史档案馆编：《中华民国史档案资料汇编》（第三辑教育），江苏古籍出版社1991年版，第927页。

度的最底层，其人格与个性受到严重的漠视和摧残。封建父权主义、宗法主义的儿童观把儿童视为父母的所有品，儿童的独立人格被泯灭。甚至不把儿童当人看，把儿童当作牛马一般的养育，以便“养大以后可以随便吃他骑他”。[①] 这种儿童观认为儿童什么都不懂，是一些无知的对象，儿童的个性被无视、价值被抹杀。

新文化运动兴起后，在“人的发现”与“个性的发现”的历史氛围中，“父为子纲”的伦常礼教、“长者本位”的旧式儿童观受到系统的清理和批判。新文化倡导者提出“儿童本位”的新型个性主义儿童观。他们认为：“儿童在生理心理上，虽然和大人有点不同，但他仍是完全的个人，有他自己内外两面的生活。儿童期的二十年的生活，一面固然是成人生活的预备，但一面也自有独立的意义与价值。”[②] 在他们看来，儿童与父母已经分立，便是人类中的人。他们不是家长的私有财产，具有独立的人格。新文化运动者认为，文明先进的社会应该是由个人结合的社会，而不是家族结合的社会。社会是由你、我、他各个人而成群，而不是由君、臣、父、子、兄、弟、夫、妇、朋友为群。[③]

儿童不仅具有独立的人格，以一个独立的个体组成人类社会，他们也是一个充满个性的个体。儿童不是缩小的成人，他们有独特的心理特征，有自己的特点，儿童的世界不同于成人的世界。这些特征、特点正是儿童的个性所在。他们的生活也因这些个性而具有独立的意义和价值，他们的价值正孕育在个性之中。不同的儿童由于秉性与环境之不同，具有不同的个性。有人善舞，有人善弈，有人善射，有人善御，不同的人各成其材。尽管个体之间因个性的不同而具有多样的价值，但任何人的价值都不能被漠视。如蒋梦麟所言：“我一特殊之个人也，尔一特殊之个人也，他一特殊之个人也。因尊重个人之价值，我尊重尔，尔尊重我，我与尔均尊重他，他亦还以尊重尔与我，我、尔、他，均各尊重自己。”[④] 人人都秉承天性，各以其所能赢得别人的尊重。一个民主的社会正是基于对个人价值

① 周作人：《人的文学》，《新青年》1918 年第 5 卷第 6 期。

② 周作人：《儿童的文学》，《新青年》1920 年第 8 卷第 4 期。

③ 蒋梦麟：《个人之价值与教育之关系》，载《蒋梦麟教育论著选》，人民教育出版社 1995 年版，第 37 页。

④ 同上书，第 39 页。

的尊重，每个人得以享受平等的权利。尊重个人之价值是民主主义的要素，“所谓自由平等者，非尊重个人之价值而何！”①

由上可知，“五四”时期伴随着人的发现，人们逐渐认识到“儿童是人”、“儿童是儿童”。儿童具有独立的人格和个性，是各具价值的平等个体。儿童成为教学中的主体，发展儿童的个性成为教育的宗旨，平等地对待每个孩子是教学的基本要求。

二　以儿童个性达到至极为宗旨

在封建旧制度下，儿童的个性不仅被忽视，教育本身也在消灭个性。统治者通过教育使臣民养成服从心、信仰心，唯帝命是从。通过划一的教育制度、教育方式陶铸受教育者于一定模型之中，为一种物质的机械。各个人之特性荡然消灭，成为划一单调之人。普通大众也幻想着教育能够绝对平等，希冀通过教育获得同等之能力。“五四”时期，随着人们对儿童个性的认识，人们对教育的本质有了新的阐释，对教育平等的真谛也有了新的理解。

在“五四”知识精英看来，儿童秉承了“至大至刚”的天性，教育当顺此天性而行。教育的宗旨就在于养成儿童天生之个性，并因个人之特性而发展之，且进而至其极。“我能思，则极我之能而发展我之思力至其极。我身体能发育，则极我之能而发展我之体力至其极。我能好美术，则极我之能而培养我之美感至其极。我能爱人，则极我之能而发展我之爱情至其极。”② 通过教育的力量，使每个人的身心达到最充分的发展，本能得到最大的挖掘。他们认为：“所谓真正之教育，自以尊重个性为第一要义。教育而不尊重个性，必不得谓之真教育。”③ 个性是个人价值所在，因而是最宝贵的。个性也是社会进化的种子，人类的一切发明，都是由个人一点一点改良而成功的。社会之发展，国家之进步都建立在个人特性发挥之基础上。

---

① 蒋梦麟：《个性主义与个人主义》，载《蒋梦麟教育论著选》，人民教育出版社 1995 年版，第 76 页。

② 蒋梦麟：《个人之价值与教育之关系》，载《蒋梦麟教育论著选》，人民教育出版社 1995 年版，第 38 页。

③ 朱元善：《尊重个性》，《教育杂志》1915 年第 7 卷第 1 号。

真正的教育要尊重儿童个性，以使每个人的个性达到至极发展为宗旨。因而，平等的教育要破除阶级界限，使人人受教育，但绝非消灭个性。要解除对儿童的一切束缚，一任其自由发展。“有特长者不可强屈之以普通”，“有天才者尤当利用之以为先导”。[①] 教育的结果并不是使每个儿童都具同等之能力，达到绝对的平等。儿童的天性存在差别，绝对的平等是不可能达到的。如非要追求绝对的平等，只能采用划一的教育，以划一的模式规范儿童。这是违背教育本质的。新文化运动者认为，平等的教育要“因材施教，使各自发挥其个性，以完成其善良之人格”。通过这样的教育，“愚者所获得之智识技艺，虽不及智者，苟其肯努力向上，以增进世界文化进步之速率，则亦不失为其自之所谓智。不肖者所修得之道德品性虽不及贤者。苟其能改过自新，以减少世界文化进步之障害，则亦不失为其自之所谓贤”。[②] 在他们看来，教育平等并不是追求结果的一致，而是使每一个人在教育可能的范围内，相对于自己都能有较大发展。如蒋梦麟所言：“各个人禀赋之分量有不同，而欲因其分量之多少而至其极则同。”[③]

基于以上对教育宗旨、教育平等的认识，“五四”时期的教育家提出要改革教育的划一制度，改年级制为选科制、舍学年制度而采学科制度（包含分科制及选科制）。他们认为年级制不管学生个性如何、程度如何，而将年龄相若但性质各异的儿童编制为一学级，纳于一教室，施以同一之训练，这是形式的铸型的教育。在学年制度下，“学生每有一学科或数学科试验不及格辄留级一年，并其所及格者亦须重习。徒消耗光阴精力于无用之地，而令学生气沮也”。学科制度则“视被教育者资质之聪鲁，以定学习期限之短长”。[④] 这种制度有利于学生发展个性，是“学生本位、个性本位之教育”。

在上述观念的推动下，1922 年公布的《学校系统改革案》（即壬戌学

---

① 蔡元培：《欧战后之教育问题——在天津青年会演说词》，载《蔡元培教育论著选》，人民教育出版社 1991 年版，第 203 页。

② 姜琦：《教育上“德谟克拉西”之研究》，《新教育》1919 年第 1 卷第 4 期。

③ 蒋梦麟：《个人之价值与教育之关系》，载《蒋梦麟教育论著选》，人民教育出版社 1995 年版，第 38 页。

④ 隐青：《德谟克拉西教育之实施法》，《教育杂志》1919 年第 11 卷第 9 号。

制），提出高等及中等教育采用选科制。其附则中规定要注重天才教育，得变通年限及教程，使优异之智能尽量发展。对于精神上或身体上有缺陷者，应施以相当之特种教育。[①]

三 师生平等与学生自治

战国时期的荀子首次将君、亲、师与天、地并列，认为“上事天，下事地，尊先祖而隆君师，是礼之三本”。他把君师看作是“治之本”，认为“无君师恶治”。[②] 到了清朝，雍正皇帝以帝王和国家的名义，确定“天地君亲师”的次序，并对其意义进行了诠释。他认为，“天地君亲之义，又赖师教以明”，[③] 特别突出“师”的地位和作用。“天地君亲师”一方面使我国形成尊师重教的优良传统和价值取向；另一方面又过分强调“师道尊严”，将教师放在“尊者”、“治者”的位置上。“教师自以其地位之威严，而强生徒以尊敬”，学生则得不到教师应有的尊重。教师“用其威严以压迫学生，学生之言动，稍有违反教师意旨者，教师即不问其情由如何，加以严厉之手段”。[④] “学生并没有错误，教师有时也要加以责骂。”[⑤] 教师以其身份所赋予的地位以及严厉的手段，保持自己的尊贵与庄严，进而使学生产生敬畏之心。师生地位极度不平等。

“五四”时期，随着人们对儿童具有独立人格的认识，“天地君亲师”和传统不平等的师生关系受到批判。文化精英们认识到师生本来人格平等，“教师与生徒，立于平等之地位”，学生同样要得到尊重。不管任何学生，即使学问上有欠缺，人格上有不足，教师也不应以无礼相加，而应平等对待。学生是教学的主体，但这种主人翁意识建立在学生自尊、自信的基础上。而“儿童的自尊习惯，完全在被尊的环境里养成的，倘然他所处的境遇，完全是被轻视的，一遇谬误，责骂随之”，儿童就不可能成

① 《大总统颁布施行之学校系统改革案》，载璩鑫圭等主编《中国近代教育史资料汇编·学制演变》，上海教育出版社 1991 年版，第 993 页。

② 王先谦：《荀子集解》，中华书局 1996 年版，第 1167 页。

③ 文庆等编：《钦定国子监志》（卷一），北京古籍出版社 2000 年版，第 10 页。

④ 木心：《教育与德谟克拉西》，《教育杂志》1919 年第 11 卷第 9 号。

⑤ 恽代英：《民治的教育》，载华东师范大学教育系编《中国现代教育文选》（修订版），人民教育出版社 1998 年版，第 476 页。

为自尊自信的人。他们“看自己，并不是个主人翁，是奴隶；看见了教师，好像老鼠看见猫一般”。[①] 这样造就出来的人都是奴性的，不具有共和国家公民所具有的基本素质。

学生是人，教师对学生不能有任何轻蔑，从培养学生成为主人翁的角度而言，教师更应尊重学生。同时，教师不能因为自己的身份而无条件地要求学生尊敬，一个人能否被别人尊敬取决于其人格和德望。“故虽居教师之威严地位，若己之人格德望，不足以服人，则学生亦决不尊敬之。”[②]

当时的文化精英，不仅主张师生平等、教师要平等对待学生，而且还进一步提出教师要关心学生的生活，与学生同生活、共甘苦，建立相亲相爱、精神沟通、感情融洽的师生关系。开办学校的目的是为了招收学生，“若无学生，焉有学校？既无学校，焉有教师”[③]？学生是学校的生命，是教师赖以存在的基础。因而教师要处处为学生着想，与学生休戚与共。教育活动从根本上说是一个人教人，人格互相感化、习惯互相锻炼的过程。教育活动不能通过教师的说教去完成，而要通过师生共同生活来展开。如陶行知所言：“要学生做的事，教职员躬亲共做；要学生学的知识，教职员躬亲共学；要学生守的规矩，教职员躬亲共守。”[④] 在这种共学、共事、共修养中，师生之间打破相互隔阂，建立了融洽的关系。良好师生关系的建立有利于教育活动取得较好的效果。学生从这种共甘苦的生活中得到真正的教育，教师也会受到学生的感化锻炼。

“五四”时期的师生平等，一方面要求打破教师独尊地位，实现师生之间的双向尊重；另一方面要求打破教师的治者角色，实行学生自治。在知识精英看来，学生具有独立的人格和个性，具有一定的思想和能力，并不是完全无知的个体。因而学校要实行学生自我管理，抛弃那种专断、严

① 恽代英：《民治的教育》，载华东师范大学教育系编《中国现代教育文选》（修订版），人民教育出版社 1998 年版，第 476 页。

② 木心：《教育与德谟克拉西》，《教育杂志》1919 年第 11 卷第 9 号。

③ 陶行知：《师范生应有之观念》，载《陶行知教育论著选》，人民教育出版社 1991 年版，第 19 页。

④ 陶行知：《南京安徽公学创学旨趣》，载《陶行知教育论著选》，人民教育出版社 1991 年版，第 156 页。

厉、保姆式的管理方式。学校中的一切事情，只要是学生自能的，教师就不应横加干涉。学生自治中的学生指全校的同学，有团体的意思；自治指自己管理自己，有自己立法、执法、司法的意思。合起来看，学生自治就是学生结成团体，通过民主选举，在学校内建立自治组织，实行并学习自己管理自己。从学校方面来说，要为学生预备种种机会，使学生能够组织起来，养成他们自己管理自己的能力。“学生自治，不是自由行动，乃是共同治理；不是打消规则，乃是大家立法守法；不是放任，不是和学校宣布独立，乃是练习自治的道理。”① 学生通过参与团体生活，认识到团体的意义和自己在团体中的地位，完成作为团体一分子的任务，养成各种办事能力，将来到社会上才能够尽主人翁的责任。

在知识精英的提倡下，“五四”以后在一些学校开始实行学生自治。学生自治是对旧教育的根本反抗，但在当时并没有取得很好的效果。过惯了威严生活的教师，在理智上虽然承认学生自治是正当的，但要更改用惯了的老方式不是突然可以做到的。在实际中教师总是难免失当，“不是依然在保持威严的企图下面横加干涉，就是在听其自然的态度中实行放纵；甚而为了或种的关系，对于学生迁就复迁就”。对于学生而言，“从那旧的唯命是从的惯性中突然打破一切拘束，虽是一身轻快，但对于他们所应负而能负的责任，毕竟不完全了解，运用起来，也就不免百病丛生”。② 学生自治虽然是一种发挥学生自动性、体现师生平等的好形式，但由于教师和学生长时期受传统教育的束缚，实行起来比较困难。在教师和学生之间，“教师固不宜有专横的干涉态度，然亦不可一味放任。学生固宜取自动态度，然亦不宜离教师而独立”。③ 这是当时学者对师生平等关系的概述，但在实际中总是很难操作。

四 立于儿童地位以定教育方法

传统教育中，教师处于绝对中心地位，这不仅表现在对学生的管理上，而且也表现在教学方法的使用上。早在民国之初，蔡元培就指出君主

① 陶行知：《学生自治问题之研究》，《新教育》1919年第2卷第2期。

② 刘薰宇：《“五四”以来的教育》，《教育杂志》1926年第18卷第5号。

③ 隐青：《德谟克拉西教育实施法》，《教育杂志》1919年第11卷第9号。

时代教育的弊端，“不从受教育者本体上着想，用一个人主义或用一部分人主义，利用一种方法，驱使受教育者迁就他之主义”。[①] 1918 年，蔡元培在天津直隶全省小学会议欢迎会上，进一步指出传统教育方法存在的问题。他认为旧教育中，“教者预定一目的，而强受教者以就之；故不问其性质之动静，资禀之锐钝，而教之止有一法，能者奖之，不能者罚之，如吾人之处置无机物然”。[②] 这种教育方法，简单粗暴，教师完全以己为主，置学生身心发展于不顾。

“五四”时期，随着对儿童独立人格的认识，在人格上强调教师要尊重学生，在教学中要求教师“受教于儿童”，即“立于儿童之地位而体验之，以定教育之方法”。儿童身心发达之程序，是制定教育方法的基础和依据。教师对方法的选择“如农学家之于植物焉，干则灌溉之，弱则支持之，畏寒则置之温室，需食则资以肥料，好光则复以有色之玻璃”。[③] 方法是否适当取决于对儿童心理的研究以及适应程度。教师不应拘泥于自己的成见，要设身处地地从儿童出发。

当时的知识精英认为儿童具有独特的个性，教育的宗旨在于发展儿童的个性。因而在教育方法上，他们主张“尚自然”、“展个性”，使儿童受“一种春风时雨的化育”，“渐渐儿顺自然发长起来”。[④] 他们认为儿童不是一张白纸，儿童具有一种天然之本能，有特殊的能力。因此教师在教学中要摒弃注入式、替代式的教学方法，充分发挥儿童“自动的、独立的、活泼的、创造的之精神”。[⑤] 教学目的之完成并非“藉教师之力负生徒而趋之”，而是教师“先暗示生徒以达此目的之途程，然后使生徒循此途程自行运足而前进，以探求其所欲达之目的。若有力不足而中途辍息者，则教师从而辅导之。其结局皆使生徒藉自己之力，以发见其所欲达之目的”。[⑥] 教学要充分发挥儿童的自动性，使他们自思之、自为之，教师的

---

① 蔡元培：《全国临时教育会议开会词》，载《蔡元培教育论著选》，人民教育出版社 1991 年版，第 15 页。

② 蔡元培：《新教育与旧教育之歧点》，载《蔡元培教育论著选》，人民教育出版社 1991 年版，第 154 页。

③ 同上书，第 155 页。

④ 蒋梦麟：《教育究竟做什么》，《新教育》1919 年第 1 卷第 1 期。

⑤ 隐青：《德谟克拉西教育实施法》，《教育杂志》1919 年第 11 卷第 9 号。

⑥ 姜琦：《教育上“德谟克拉西”之研究》，《新教育》1919 年第 1 卷第 4 期。

作用在于指示儿童，从旁启发、引导。这种“自动主义”的方法，从表面上看，“所经过之途程纡曲多艰”，不如灌输式方法迅捷。但“其既达之目的，全由艰难辛苦中得来”，因而学生会“自知珍重，唯恐有失”。这样获得的知识比通过教师灌输所得牢固得多，而且会激起儿童的兴趣，使儿童形成自动探求的习惯与能力。

在上述观念的影响下，“五四”时期西方国家正在流行的一些以儿童活动为中心，着眼于儿童个性发展的各种教学法相继传入中国，并在全国的一些地方开展了课堂实验。如设计教学法、道尔顿制、文纳特卡制、葛雷制、德可乐利教学法等，其中尤以设计教学法和道尔顿制对我国中小学教育实践的影响最大。设计教学法于1918年由美国教育家克伯屈首次提出并作了理论上的阐述。它主张废除班级授课制，打破学科界限、摒弃教科书，由学生根据自己的兴趣和需要自发地决定学习目的和内容，在学生自己设计、自己负责实行的单元活动中获得有关的知识和解决实际问题的能力。1919年设计教学法由俞子夷主持的南京高师附小首先正式开始研究和试验，引起强烈的反响。此后不断有学校起而效之。1921年10月，第七届全国教育会联合会议决《推行小学设计教学法案》。于是，设计教学法便在全国教育界，尤其是小教界兴盛起来。1922—1923年设计教学法试验便在全国进入高潮，有关设计教学法的出版物也大量涌现。道尔顿制是美国教育家柏克赫司特在马萨诸塞州道尔顿中学创行的一种个别教学制度，诞生于1920年。它着眼于儿童身心发展的个别性差异，主张废除年级、班级教学，允许学生在教师指导下，根据拟定的学习公约，使用程度不同的教材，按照不同的学习进度完成相关学习任务。1922年道尔顿制被介绍到中国。同年10月舒新城率先在上海吴淞中国公学中学部试行。1923年第九届全国教育会联合会通过《新制中学及师范学校宜研究试行道尔顿制案》，要求在研究基础上逐渐推广。1925年，柏克赫司特访问中国，将道尔顿制的宣传和试行推向高潮。至当年7月，全国约有100余所中小学试行。

综上所述，“五四”时期，随着对西方个人本位思想认识的深入以及对“一战”后世界民主潮流的推崇，知识分子对西方教育平等观念有了更接近的认识，教育平等观念得到极大张扬。知识精英以人人具有独立的人格、每个人都是具有个性的个体等思想为武器，对封建专制的根基三纲五常给予最猛烈的批判，指出阻碍每个人平等受教育的最深层原因。平民教育、女子教育在这一时期受到最大的关注，其立论的角度主要从权利、人格、个性等出发，超越了清末民初时期的教育平等观念。教育权是每个人的根本权利被明确提出。这一时期不仅对人人平等受教有了更本质的理解，同时提出以儿童为本的教育平等观，教育平等将触角伸入教学内部。传统的师生关系、教学方法受到抨击，教学以发展儿童个性为宗旨、师生人格平等、从儿童出发选择教学方法等被提倡。

第四章　20 世纪 30—40 年代:重点讨论教育机会平等

经过“五四”新文化运动的洗礼，教育权利思想扎根于知识精英的意识深处，他们的目光也由教育权利的讨论转向现实中教育机会的实现，贫富阶层的教育机会不平等受到关注。20 世纪 30 年代中国国势危殆，一些知识分子把教育视为救国的重要途径，寄希望通过对民众进行教育以拯救国家，农民、成人这些与国家命运直接关联者的教育机会被予以特别的重视。如何促进教育机会平等是这一时期的重要命题，知识分子既吸收西方教育中的一些理念，又从中国古代教育中吸取合理成分，结合中国国情提出了推进教育机会平等的针对性措施。第二次世界大战后，在世界教育民主化浪潮中，知识精英回望近代以来推进教育机会平等之路，对教育机会平等的实现条件有了进一步的认识。

第一节　教育从权利平等到机会平等

“五四”后，知识分子深信教育权是一项基本人权，人类中的任何一员都有受教育的权利。基于对教育权利的确认，他们提出人人享有平等的受教育机会，教育机会均等成为 20 世纪 30—40 年代知识精英的基本观念。如果说这种观念是他们对世界各国教育考察之后对现代教育基本特征的判断，那么中国当时的民族危机，则是他们确立教育机会均等观念的内在根据。

一　教育权的确认与面向全民

维新运动前，西方教育平等观念首先带给中国人的是普及教育、人人受教，20 世纪初期在日本的改良派和革命派开始以西方天赋人权的理论审视现实中的教育不平等，强调每一个人都应受教育，但这时还没有明确提出教育权的概念。“五四”以前，接受教育一直被作为人民对国家的一项义务，虽然蕴含着权利的概念，但毕竟没有把教育权作为一项基本的人权。“五四”时期，随着对个人权利的强调，李大钊、陈独秀等马克思主义者明确提出教育权的概念。他们从被压迫者的角度出发，认为劳工不仅在政治上、经济上享有平等的权利，在教育上同样享有平等的权利。“五四”以后，教育作为权利的思想逐渐被知识精英所确认，成为人们的一种基本观念。这一点从当时学者们的文章就能看出，如有学者指出，教育是“人民之特权，而非义务”。[①] “人类生有教育权利之平等，无异政治权利之平等。”[②] 受教育不再被作为必须应尽的义务，而为人生之应有权利。

“五四”时期所提倡的个人权利建立在每个人具有独立人格、每个人的价值都应得到尊重的基础上。因而其所强调的教育权具有全民性，反对任何在教育方面的歧视性对待。“五四”后随着人们对教育权的确认，教育的全民性也得到了更深刻的理解。人们认识到“教育是全社会全人类的。凡是社会的一分子，人类的一员，都有享受教育的权利。决不是有些人生来得受教育，有些人生来只配做愚民”。[③] “教育是人权，”它“不问贫富，不问贵贱，不问男女老幼，亦不问他信什么教，进什么党，在什么会，干什么职业”，人人都有就学的权利。“即使是盗贼，土匪，娼妓要来求学，教育者是不能拒绝的。”[④]

随着对教育权的确认，从 20 世纪 20 年代末开始，人们将注意力逐渐转向教育机会。教育权利主要关注的是有没有受教育资格的问题，该不该受教育的问题。究竟能不能受教育则是教育机会问题，机会是权利的具体落实。当人们深信教育是每个人不可剥夺的人权后，自然将目光投向了现实中的教育机会。如俞庆棠在 1934 年谈到国民政府三年来的女子教育时说道：“既承认男女有同等受教育之权利，男女之教育机会，亦需

① 邰爽秋：《教育机会均等》，《中华教育界》1926 年第 15 卷第 12 期。

② 谅一：《民众教育之使命》，《教育与民众》1929 年第 1 卷第 1 期。

③ 郑婴：《我国急需的义务教育》，《中华教育界》1930 年第 18 卷第 6 期。

④ 杨效春：《我们的教育》，《中华教育界》1933 年第 20 卷第 7 期。

均等”。[①] 在“五四”及之前，主要讨论的是女子应不应当到学校受教育以及应受何种程度的教育，30—40 年代女子教育关注的重点已经转向现实中女子是否真正享有均等的教育机会。讨论的主题从男女教育权利平等转到男女教育机会的平等。20 世纪 20 年代始，教育机会平等逐渐成为学者们的主要话题，关于这方面的论著、论文很多。比如论著有张崇玖《平等教育计画》（1922）、张武《教育机会贫富均等问题》（1923），论文有王克仁《教育上的机会》（《中华教育界》1922 年第 11 卷第 5 期）、邰爽秋《教育机会均等》（《中华教育界》1926 年第 15 卷第 12 期）、袁漱瀛《如何增加乡村儿童受教育的机会》（《中华教育界》1928 年第 17 卷第 5 期）。

教育权具有全民性，因而教育机会也应为全民所有。晏阳初在 1927 年《平民教育的真义》一文中就指出，平民教育并不是一种阶级教育，它是说“同是园颅方趾，同是平等的人，都应当享同等的权利，受人所应受的教育。故‘平民教育’可以说是‘全民教育’或‘民众教育’”。[②] 尽管晏阳初对平民教育作出了上述解释，但从字面来看，平民是对贵族而言，平民教育似乎把贵族抛除在外。因而，20 世纪 20 年代末开始用民众教育代替平民教育。时任江苏省政府主席的钮永建对民众教育作了界定：“社会中各个分子，都是民众；所以民众教育，就是全民教育。”[③] 民众教育就是全民教育，为当时的学者所认同。

全民教育的核心意义是教育大众化，以全体国民为对象，人人受教育机会均等。在当时的学者看来，教育要像春风夏雨吹拂浸润每一个人，而不能像电扇、喷壶只是惠及少数人。教育机会要普施于贫民、农民的子弟，但也不能将富者、城市人的子弟排除在外。对于失学者要提供补偿性的教育机会，对于已受过学校教育的人，同样要继续增加他们受教育的机会。儿童青年是教育的对象，成人也是教育的对象。总而言之，不分贫富

① 俞庆棠：《三年来之中国女子教育》，载《俞庆棠教育论著选》，人民教育出版社 1992 年版，第 89 页。

② 晏阳初：《平民教育的真义》，载《晏阳初教育论著选》，人民教育出版社 1993 年版，第 27 页。

③ 钮永建：《中国全民教育的必要与民众教育学院学生的责任》，《教育与民众》1929 年第 1 卷第 3 期。

贵贱、男女老幼，有知识、无知识，一切的人都有受教育的可能。只要是具有国民资格的民众，都应在受民众教育之列。[①]

基于上述对全民教育的理解以及当时教育现状，学者们提出要以“教育机会均等”作为改造教育的方针和目标。[②] 1931年6月1日国民政府公布的《中华民国训政时期约法》第5章国民教育专章第48条规定：“男女教育之机会一律平等。”第50条规定：“已达学龄之儿童应一律受义务教育，其详以法律规定之。”第51条规定：“未受义务教育之人民，应一律受成年补习教育，其详以法律定之。”1936年5月5日国民政府公布《中华民国宪法草案》，其中第132条规定：“中华民国人民受教育之机会，一律平等。”保障全民教育机会均等第一次被明确写入宪法。1947年1月1日国民政府公布《中华民国宪法》，第159条再次重申：“国民受教育之机会一律平等。”[③]

二 教育民众化是现代教育的主潮流

学者们对教育机会均等的推崇既是基于对教育权利的认识，又是源于对现代教育基本特征的判断。在他们看来，“教育民众化是现代教育的主潮流”。[④]

第一次世界大战后，“公理战胜强权”一度高唱入云。美国总统威尔逊高扬民主主义，民主主义的信徒杜威则大力宣传民治主义的教育，其足迹遍及东西方。中国的知识精英也曾以为世界从此将走向和平，德谟克拉西将成为世界的主流。但世界并没有想象的那样美好，主要资本主义国家为争夺原料和市场、争取对世界的控制，在军备上投入巨大军费。战争的阴霾使中国的知识分子认识到民族主义仍是各国行动上的主导原则，国际主义与和平主义不过是纸上画饼。杜威所倡导的自动、个性的教育并没有真正实现，但其所主张的人人受教育的理念则成为各国努力奋斗的目标。

---

① 傅葆琛：《民众教育的真义与其他教育的关系》，载《傅葆琛教育论著选》，人民教育出版社1994年版，第93页。

② 参见周谷城《教育新论》，《教育杂志》1928年第20卷第1号；朱智贤：《中国学校教育的新生命》，《中华教育界》1930年第18卷第5号。

③ 宋恩荣等编：《中华民国教育法规选编》，江苏教育出版社1990年版，第47、64、69页。

④ 瞿菊农：《现代教育上的几种新倾向》，《教育与民众》1932年第4卷第3期。

各国为了民族独立、国家强大，积极致力于民众教育。

一向标榜民主主义的美国在教育上高唱教育机会均等，“一战”后加强了对移民的教育。美国民族复杂，外来的移民很多。“一战”时期，美国检查所动员的军人，竟有 1/4（约 40 万人）不能读写美国文字，舆论大受刺激。战后，全国厉行美国化运动，制定法律，一方面使移民子女接受美国国家的学校教育；另一方面普遍设立成人识字公民训练班，使 20 至 30 岁间的移民和黑人一律就学。通过教育对移民实行积极的同化，形成一个民族大熔炉，加强整个国家的力量。

工业化最早的英国，不断加强工人的教育。这不仅是政治家、智识阶级的意愿，更是工人自身的觉悟。工人为了适应工业化发展对自身知识技能的要求，为了改变自己的地位，主动寻求教育。工业的进步和工人地位的提高也使工人有时间、有机会去受教育。“一战”后推动英国工人教育最大的机关是工人教育协会，该协会联络大学在全国广设大学辅导班，教育部对此予以承认并发给补助金。这是工人与知识分子携手，而加以政府资助的教育事业。除此之外，劳动学院联合会则是另一个重要的工人学校。与前者相比，它们主张工人教育的绝对独立。它们既不满于工人教育协会与大学携手，也不愿意得到政府的补助，而是自办学校、自编课本。这是工人为了改变自己阶级现状而独立进行的教育。英国政府也非常重视民众教育事业。战后经济虽拮据万分、国力虽异常疲敝，但政府对民众教育实行津贴制度，并通过法律来保障，民教事业也因之取得了很大发展。1929 年英国成人学校共有 1400 所，成人学校联会有会员 50000 人。[①]

美、英等世界强国通过对民众教育提高自己国家的实力。一些弱小民族或被征服民族，为了求得民族独立、维护民族利益，更把民众教育作为一个重要手段。丹麦就是非常有代表性的一个国家。丹麦的民众教育在 20 世纪 20—30 年代曾为世界所瞩目，中国的学者更是对其作了极大宣传。雷沛鸿于 1927 年、俞庆棠于 1933 年对欧洲教育进行考察时，都实地参观了丹麦的民众学校。他们回国后，连续发表有关丹麦教育的文章。这一时期对丹麦教育的译著也特别多，如上海新学会社于 1929 年出版了由

① 以上美、英两国教育情况的介绍见俞庆棠《外国成人教育概要》，《俞庆棠教育论著选》，第 171 页；徐锡龄：《各国民众教育发展的经过》，《教育与民众》1932 年第 4 卷第 1 期。

赵仰夫翻译的《丹麦的农村教育》，1930年上海新世纪书局出版了由陈友生翻译的《丹麦的农村教育与合作》，1931年上海商务印书馆出版了孟宪承翻译的《丹麦民众学校与农村》，1934年商务印书馆出版了吴克刚翻译的《丹麦的教育》。雷沛鸿和俞庆棠把丹麦的教育视为"最好的榜样"、"全球表率"。从事于乡村建设的梁漱溟也对丹麦的民众教育"不胜景仰"。丹麦的教育之所以受到这样的称赞，是因为它唤起了民众的民族意识，赋予了民众力量，恢复了民族的自信力，实现了民族自救。丹麦本是一个弱小民族，在19世纪的前半期国势岌岌不可终日，1864年被普鲁士和奥地利所败，部分领土被占领。丹麦人自知力薄，诚不能以武力与敌人争胜，但仍然不甘屈服、不愿投降。被称为"北欧先觉者"的格龙维主张创立庶民学校，在他的主张下，其弟子和信徒在全国各地创立了民众高等学校，从事于农人教育，以此提高人民文化，努力于民族自救运动。第一次世界大战后，被占领的土地人民投票愿归还丹麦，丹麦遂不伤一兵、不耗一弹收回了失地。丹麦在政治上对外失掉了自主自由的权力，但它通过教育把自由的种子埋在全国人民的心里，自由的种子不断滋长发育，最终迎来了国家的自由胜利。通过对农人的教育，作为农业国的丹麦在农业上得到了复兴，整个国家经济蒸蒸日上，国民精神生机勃勃。①

"一战"后德国的教育同样受到国人关注。德国拥有悠久的义务教育历史，一直把打造民族伟大地位作为教育目的，德国也从教育中得到回报。1870年的普法战争普鲁士战胜法国，其后促成德意志民族的统一。"一战"后德国虽然物力凋残至极，国债、赔款累累不可胜数，犹奋臂悉力，为人民教育谋普及与平等。德国的国民学校实行免费制度，学生在学校的用具皆由国家免费供给。对于国民学校中成绩优异、禀赋特殊但贫穷者，国家仍使其免费受中等教育及高等教育。②

苏联的教育是当时中国学者关注的另一个焦点。《教育与民众》、《教育杂志》等当时具有影响力的教育期刊发表了大量介绍苏联开展扫盲教育、为工农扩充教育机会的文章。在帝俄时代，农民乃至于工人几无教育

① 关于丹麦教育情况见：雷宾南（雷沛鸿）：《民族自救运动下之民众教育析义（二）》，《教育与民众》1932年第3卷第7期；俞庆棠：《外国成人教育概要》，载《俞庆棠教育论著选》，第171页；梁漱溟：《丹麦的教育与我们的教育》，载《梁漱溟教育论著选》，第57页。

② 赵笃明：《中国教育应如何改革》，《教育杂志》1925年第17卷第12号。

可言。十月革命后，苏联努力使全体民众都能接受某种相当的教育。“所有学童均须入统一劳动学校受一般的及技术的义务教育，多方陶冶，以养成其为共产社会之一员，以迄于十七岁然后已。所有食粮、衣服、履物、学用品等，均以国家费用供给之。毕业后，天分高超、成绩合格者，依其性能所近，再受专门教育，仍以国家之力供给一切。不合格者，虽自愿纳费，不得与焉，不能自持其有贝之财以得高等教育之机会。”[①] “对于成人有关于改良农业，使用机器，预防疾病，了解政治的训练。村子里有图书馆乃至医院的设备等等。”[②] 革命后苏联农工地位切实提高，工作时间大大减少，民众教育得以顺利推行。1917 年苏联文盲占全人口的 64%，1933 年都市中 10 岁至 40 岁的文盲已只占人口的 3%；乡村中 10 岁至 40 岁的文盲也减到全人口的 12%。[③]

纵观世界各国教育，其共同点是教育范围在扩大，学者们认为这是“现代教育最显著的表现”。[④] 教育范围的扩大表现在两方面：一是就受教育人的机会而言，从前受教育的人事实上是全人口的一部分，现在是注重全体民众，无论是都市还是农村，人人都要受教育。教育不仅是为了培养领袖人才，而且要使大众都能接受相当的教育。二是就受教育者的年龄而言，从前教育注重儿童，现在成人教育为各国所重视。成人教育不仅是一种临时的、补救性的事业，而且已经成为一种固定的、建设性的事业。成人教育已成为一种自觉的新教育运动。教育民众化成为现代教育的主潮流，各国都以全社会的力量使全社会的分子得到相当的教育，提升全社会的福利。如其民众还不能取得受教育的机会，必用种种方法使他取得最低限度的教育，从各方面予以便利。

鉴于对现代教育基本特征的认识，学者们对“五四”以来各种教育运动进行了反思。“五四”以后的教育运动主要有新教育运动、职业教育运动、平民教育运动。这些运动都受杜威实用主义、民主主义教育思想影响，是杜威思想某方面的反映。新教育运动突出强调养成健全之个人，职

---

① 赵笃明：《中国教育应如何改革》，《教育杂志》1925 年第 17 卷第 12 号。

② 瞿菊农：《现代教育上的几种新倾向》《教育与民众》1932 年第 4 卷第 3 期。

③ 俞庆棠：《外国成人教育概要》，载《俞庆棠教育论著选》，人民教育出版社 1992 年版，第 175 页。

④ 瞿菊农：《现代教育上的几种新倾向》，《教育与民众》1932 年第 4 卷第 3 期。

业教育运动着眼于实际生活方面。它们的目的在于打破传统教育压抑个性、重文轻实之弊，从实际来看，对改变传统教育内容与方法确实起到了一定的作用。但是这两种运动都没有“注意教育势力所及的范围之扩充”。“新教育运动之效力仍只及于少数富而能受教育者，大多数贫而不能受教育者未沾丝毫之利。”“职业学校之费用，仍不亚于其他学校”，“家境极寒者仍无力入此等学校”。平民教育运动与上述两种运动不同，它“注全力于扩充教育范围，注全力于谋教育效力之普及”。但平民教育运动“完全凭几个热心教育者之善意的赞助而为之”，“为一种慈善事业”。由于其缺乏经济基础、政治支持，教育普及的范围也就打了折扣。[①]“五四”时期所确立的“养成健全人格，发展共和精神”的教育宗旨也遭到当时学者的批评，他们认为以培植个人为主的教育宗旨有碍于民众获得教育之机会。[②]

三　中国民族自救需要大众化的教育

教育民众化是现代教育的主潮流，中国自身的民族危机更需要实行大众化的教育。从“五四”开始，中国的知识精英开始研究世界趋势、追随世界趋势。“五四”后，他们对以往的追随进行了反省，认为既要“顺应世界潮流”，同时也要“顾到本国国情的特殊需要”。[③] 实行大众化的教育即是针对自身民族危机的应对。

“一战”后，国人在短暂的欢呼之后，发现所期盼的和平并没有真正降临，帝国主义反而进逼更甚。尤其是东邻的日本帝国主义不断进犯中国。1925 年 5 月 15 日日本资本家枪杀中国工人，1931 年“九·一八”事变日本侵吞中国东北，1932 年“一·二八”事变日本侵犯上海。政治侵略之外，各资本主义国家的经济侵略从未间断。中国国势危殆，民族地位几陷于绝境，国家到了生死存亡的紧要关头。知识分子意识到，要挽救中国必须唤起民众的民族意识，依靠大众的力量。这些都需要通过教育进行，因而他们倡导教育机会均等，普及义务教育和民众教育。

① 周谷城：《教育新论》，《教育杂志》1928 年第 20 卷第 1 号。

② 谅一：《民众教育之使命》，《教育与民众》1929 年第 1 卷第 1 期。

③ 舒新城：《教育上的国家主义问题》，载《舒新城教育论著选》（上册），人民教育出版社 2004 年版，第 400 页。

较早表达上述观念的是国家主义派。国家主义派提出以教育促进国家的统一和独立，实行“国家主义的教育”。他们认为中国外受列强压迫，内有军阀专横，国势一天坏似一天，其原因在于民众没有国家观念。故民虽然有很多，但不能卫国。他们明确主张把“养成以国家为前提之爱国国民”作为教育宗旨，“所谓国民系指全体，不仅指一部分”。在他们看来，要想使全体国民都变成爱国国民，必须“力谋教育机会均等，使个个国民都有受教育的机会”。[①] 国民获得教育机会之后，他们才能各尽其才，国家才能得以强盛。如果以“无教之民以与人国争，无论争于商，抑争于兵，未有不失败者也”。因之，“教育机会均等是教育上一个重要政策”，“教育之普及，吾人当引为良心上的一种使命而努力为之”。[②]

“九·一八”事变之后，随着日本吞并中国进程的加快，普及教育、为民众提供教育机会的呼声越来越强烈。知识分子意识到，要挽救中华民族不可一味依赖国联，托命于所谓的国际正义；也不能把抗敌御侮之责诿卸给局部的人民——东北居民或华侨；进行民族自救必须实行全体动员，集合全国人民，运用整个民族的力量以图自卫。[③] 1936 年在日本全面侵华一触即发之时，陶行知指出：中国遇着的国难是空前的，“小众已经解决不了，大众必得起来担负救国的责任而中国才可以救”。但是中国的大众长期受小众的压迫剥削，“从来没有时间、金钱、机会去把自己和民族的问题彻底地想通”。受几千年麻醉作用的民众遇到灾难，总认为命该如此。因而，要想使大众参与到民族自救运动中，必须使他们觉悟起来。通过“正确的教育来引导大众去冲破命定的迷信，揭开麻醉的面具，找出灾难的线索，感觉本身力量的伟大”。[④] 消除国难，维护民族的独立与自由，“自非积极谋国力的充实不可”。“就国力论，军力、经济力等等当然极属重要，但同时一般民众的各种能力的提高也有极端重视的必要，所以

① 陈启天：《中国教育政策》，《中华教育界》1927 年第 16 卷第 4 期。

② 余家菊：《国家主义下之教育行政》，《中华教育界》1926 年第 15 卷第 1 期。

③ 雷宾南（雷沛鸿）：《民众自救运动下之民众教育析义（四）》，《教育与民众》1932 年第 4 卷第 4 期。

④ 陶行知：《中国大众教育问题》，载《陶行知教育论著选》，人民教育出版社 1991 年版，第 469 页。

就教育的设施讲，普及教育的彻底实施实为目下我国最重要的急务之一。”[①] 垂危的祖国需要大众行动起来，而大众的行动又有赖于普及教育赋予民众以教育机会。民众的觉醒与力量的提高对于国家的前途大有裨益。

通过对民众进行教育以挽救国家，实质上是一种教育救国论。教育救国论由早期资产阶级改良派提出，经戊戌维新派较全面系统地表达，成为近现代中国救亡图存下有较大影响的一种时代主潮。维新派认为，西方的富强在于教育、在于人才充足，因而他们主张模仿西方兴办学堂以造就人才。维新派所强调的教育是一种人才教育，如梁启超所言“兴学校，养人才，以强中国”。[②] 教育救国论经过三十多年的倡导，人们逐渐认识到要救国仅靠少数人才是不行的，必须使一般民众觉悟而且进步。到 20 世纪 30 年代，“教育救国”所强调的教育已经不是人才教育，而是一种大众教育。从清末为培养人才而普及教育到国民政府时期为唤醒大众而普及教育，普及教育的宗旨发生了根本性的变化。

总而言之，20 世纪 30—40 年代教育机会均等已经成为知识分子的一种基本观念。这种观念的确立既源于“五四”时期对教育权利的认识以及对现代教育基本特征的判断，更是由当时中国民族危机的现实要求所决定。在某种意义上，后者更起决定作用。如陶行知所言：教育为少数人所独占，“与需要大众为民族生存而斗争的现局相矛盾”。“教育的大众化，不仅站在大众的立场，是我们应有的权利，即从民族的立场观察，亦是我们应有的责任。”[③] 在当时学者看来，要解决民族生存问题，教育必须打破为少数人所垄断的局面。然而出于民族和国家的角度赋予民众以教育机会，这种教育机会往往不牢靠。时任江苏省立教育学院院长的高践四对清末以来的民众教育进行总结时，指出中国的民众教育缘起于救国运动，当列强入侵，每失败一次，就掀起一次民教热潮。但国人健忘，事过境迁，民教就进入低潮。[④] 由此可知，不是从保障民众个人教育权利出发，而是

---

① 范寿康：《普及教育亟有彻底实施的必要》，《教育杂志》1937 年第 27 卷第 1 号。

② 梁启超：《论科举》，载《变法通议》，华夏出版社 2002 年版，第 60 页。

③ 陶行知：《我们的态度》，载《陶行知教育论著选》，人民教育出版社 1991 年版，第 465 页。

④ 《高践四先生民众教育思想简介》，《高践四民众教育论著选》。

从民族和国家角度为大众提供教育机会，人人教育机会均等较难实现。

由于学者们对教育机会均等的强调以及不断恶化的国家处境，国民政府在这一时期也把普及教育作为教育的重点。1930 年国民政府教育部召开第二次全国教育会议，由陈布雷等五人起草的会议宣言指出：“在训政六年期内，对于义务教育和成年补习教育，主尽量推进；而对中等教育和高等效育，主整理充实，先求质量的提高，不遽作数量的增进。”1931 年 5 月 17 日，蒋介石在国民会议闭幕会上致辞指出：教育为立国之基础。训政时期之教育，应同时兼顾量的增进与质的改善。教育普及，中央及地方均当视为首要之急务。[①] 可见，政府在教育发展方向上，已经把义务教育和成年补习教育作为重点，注重普及教育。

第二节　对贫者、农民和成人教育机会的关注

知识分子认为人人都有享受教育权利之机会，倡导教育机会均等。基于这种观念，他们批判了现实中贫富之间、城乡之间、儿童与成人之间的教育机会不平等。由于当时农村的衰败和国家的危机，知识精英认为最紧要的是为农民和成人提供教育机会。

一　对贫者教育机会的关注

自从中国建立现代学校制度以来，贫富阶级教育机会不均等问题非常突出。从 20 世纪 20 年代学者对教育机会关注起，贫富教育机会不均等就成为重点关注的内容。如 1922 年张崇玖的《平等教育计画》、1923 年张武的《教育机会贫富均等问题》，主要讨论的都是贫富教育机会不均等问题。到了 20 世纪 30—40 年代，学者们对贫富教育机会不均等的现状、原因等进行了深入的探究。

在中国现代学校制度建立前，教育不平等主要存在于“士”与其他阶层之间，这是由封建“养士教育”所决定的。新制度建立之后，贫富阶层教育不平等则成为一个突出问题。中国的现代学校制度是模仿西方工

① 中央教育科学研究所编：《中国现代教育大事记（1919—1949）》，教育科学出版社 1988 年版，第 205、223 页。

业国家所建立，它与传统中国私塾不一样，从校舍、教师、设施设备都走向正规化、制度化，同时也需要更多的经费支持。学校的商品化以及收费制度是现代学校教育的重要特点。中国当时战事频仍、凶荒迭见，社会经济困窘不堪。学校教育设施稀少，供不应求。仅有的学校收费昂贵，非有钱者难以得求学的机会。据当时学者记载，“中等学校每年用费，自一百圆至四百圆不等，平均二百圆一年则为最普通之数。至于大学校，每年用费，自三百圆至六百圆不等，平均每年四百圆又为最普通之数”。[①] 如此高昂的费用，“非有资产者不能受中等教育，非极有资产者不能受高等教育”。[②] 中等教育、高等教育为富人所独占，贫者无人问津。小学教育对于那些贫者来说，也很难取得。中国的义务教育制度虽然学习西方而来，但一直实行收费制度。当时的小学每年需要费用十圆以上，对于赤贫之家来说，“三两圆亦为巨款，十圆之数，岂忍由子弟于学校中用去，且送子弟入学校，一方面既无收益，另一方面则家中减少工作人员”。[③] 尽管其时学者不断倡导教育机会均等，但由于政府对教育的参与和资助十分有限，教育制度基本上处于缺乏公共保障状态。因而，贫富教育机会不平等一直困扰着国民政府时期的教育。直到 1937 年，梁漱溟仍然认为，教育机会不平等是中国教育两个最大的问题之一。他说：“现在的教育，快要成了少数人的高等享受，多数人都没有了受教育的机会。上小学已经不易，而要上高级小学、初级中学，更没有办法。”[④] 不仅中小学、大学存在贫富教育机会不等的问题，就连民众学校也为富人所享有。俞庆棠曾对当时的民众学校进行实地调查，结果发现：“能进民众学校的多半是属于富农家庭的子弟，而大多数贫苦农家的子弟，依旧没有时间能享受教育。”[⑤]

面对当时教育机会不平等的现状，一些学者甚至发出今不如昔的感

① 周谷城：《教育新论》，《教育杂志》1928 年第 20 卷第 1 号。

② 赵笃明：《中国教育应如何改革》，《教育杂志》1925 年第 17 卷第 12 号。

③ 周谷城：《教育新论》，《教育杂志》1928 年第 20 卷第 1 号。

④ 梁漱溟：《泛论中国教育问题》，载《梁漱溟教育论著选》，人民教育出版社 1994 年版，第 297 页。

⑤ 俞庆棠：《如何使学校社会化——在教育部作教育播音讲演》，载《俞庆棠教育论著选》，人民教育出版社 1992 年版，第 348 页。

叹。如杨效春指出：今日的学校“只是给有钱有闲人家的子女上学的。今日各级学校入校都需一定的费用，上课都有一定的时间。没钱的人不能入学，没闲的人亦是不便上学。从前科举时代，牧羊的人、拾柴火的人、种庄稼的人以及一切贫寒的人、忙活的人一样可以上学；如有能力，机会凑巧，一样可以中秀才、举人，点状元、做宰相。今日的博士硕士，不是有钱有闲的人几乎不能问津”。[①] 中国古代的初等教育，主要由私塾、义学来完成。这两种机构尽管以其灵活、便捷给一些无钱的人提供了就学机会，但其毕竟是松散的，普及程度也很有限。以义学为例，它是政府为穷人孩子办的公共初级学校，但其主要经费不是来源于政府，而是依靠地方官员、富裕的家庭、商人等的赞助。有人曾对 19 世纪中叶 7—14 岁年龄组在义学学习的比率进行了统计，在有材料的 18 个省中，最好的两个省云南和陕西分别为 3.3% 和 1%，其余 16 个省的比率都不到 1%。[②] 这些教育组织以让儿童能够读写几百个汉字和给他们灌输儒家基本价值观为宗旨，这决定了这类教育组织既是大部分儿童受教育的开始，又是一种终结。穷人子弟尽管可以通过自修与富者同时应考，但他们中通过科举者凤毛麟角。以选拔统治者为主的科举考试不可能将太多的机会给予下层人民，通常只有那些“士之子”才能“恒为士”。近代的学校教育虽然由于其收费制度导致了贫者无法就学，但其普及程度还是超过了古代。以 1929 年为例，接受义务教育儿童的百分比为 20.1%，[③] 远远超过教育最普及的清代。学者们对古代教育的推崇主要表达的是对现实教育的不满。

当时的学者主要从两方面批判了贫富教育机会不平等，一方面他们认为教育机会的分配不能由贫富所决定，而要根据其智愚而定。他们认为，对于那些“生而上智者，虽属贫人之子，亦当使之能求学于高等学府”。而对于那些“生而庸碌者，虽家财百贯，亦无使之与高材生受同等教育”，因为这些人本非读书种子，无法掖之前进，让他们受教育有碍于教

---

① 杨效春：《中国农村复兴与教育改造》，《教育杂志》1934 年第 24 卷第 1 号。

② 罗斯基：《中国清代的教育和民间识字状况》，见《剑桥中华人民共和国史（1949—1965）》，第 197 页。

③ 中国第二历史档案馆编：《中华民国史档案资料汇编》（第五辑第一编教育一），江苏古籍出版社 1994 年版，第 675 页。

育的效率。[①] 学者们主张，只要人有“那样智力那样学力，就给他那样相当的机会”[②]，不能因为贫穷而失去教育的机会。另一方面学者们从权利义务角度批判贫富教育机会不平等。他们认为无论贫富，每个人都尽了纳税的义务，而教育机会则为富者所垄断。“贫人富人所尽之教育义务，与其所得之教育权利成反比；教育之程度愈高，贫人之负担愈重，而其所得之教育机会则愈少，富人则反是。”[③] 办教育的经费不仅来源于富人，许多都来源于穷人的赋税。但穷人因为无法负担学校的费用，因之无法享有教育的权利。而且学校程度越高，收费越高，穷人上学的机会也就越少，因而贫富阶层权利义务严重不对等。在当时学者看来，这是天下最大的不平。他们提出贫寒者自身必须觉悟起来，认识到自己同样是“国民之一分子，有受教育之特权”。权利的争取不能依靠富绅贵胄、社会领袖，贫寒者要联合起来一致奋斗。如果只是望洋兴叹，自甘辍学，那权利永远不能获得。

对于导致贫富教育机会不平等的原因，一些较早接触唯物主义思想的学者进行了深层次的揭示。周谷城在1928年就指出：“人民之经济地位不能平等，则受教育之机会亦不能平等，此殆为绝对不能否认之事实。”在他看来，自从贫富分化以来，富者拥有特权，政治如此、教育亦是。这“为古今中外所同然者也”。他以美国为例进行了说明。美国的民治主义精神最为发达，学者通人都盛倡教育机会均等，美国的中小学也基本上达到了教育机会均等，但美国大学教育始终只是少数豪富子弟所独享之特权，美国工人不可能享有。其原因在于美国的“贫富之差未能泯除，无论如何盛倡教育机会均等，而受教育之机会决不能均等，决不能达于美国人全体”。“中国受教育之机会，不能普及于国人全体，而为少数人所独享，亦经济背景使然，亦国人经济地位不平等使然。”[④] 辩证唯物主义教育理论先驱许崇清指出：“青年进学校受教育与否的程度是由阶级的位置或家族财产的状况而决定。这些事实稍微留意世界教育的实状便可以看得

① 余家菊：《国家主义下之教育行政》，《中华教育界》1926年第15卷第1期。

② 王克仁：《教育上的机会》，《中华教育界》1922年第11卷第5期。

③ 郃爽秋：《教育机会均等》，《中华教育界》1926年第15卷第12期。

④ 周谷城：《教育新论》，《教育杂志》1928年第20卷第1号。

清清楚楚。”[①] 马克思主义教育理论家杨贤江则更直接地指出：“教育权跟着所有权走，你有所有权，你便有教育权”，因而“有产阶级成为有知识阶级，无产阶级成为无知识阶级”。[②] 这些学者指出了导致贫富教育机会不平等的根本原因是贫富阶级的存在。

二　对农民教育机会的关注

在近代的中国，农民是最贫穷的人，随着20世纪20年代对贫富教育机会不平等的讨论，农民的教育机会也受到学者的关注。这种关注既源于城乡教育机会的不平等，又因为民族的危机和乡村的衰落。为了挽救乡村以及民族的命运，当时的学者主张普及面向农民的乡村教育。

如上文所言，中国的现代学校制度模仿西方而建，是一种舶来品。这种制度一方面需要一定的经费为基础；另一方面则是都市化，与西方产业革命后人口集中于都市相适应。中国在学习西方学校制度中完全照搬，中等以上之学校均集中于都市，乡村最多不过有一个小学，而且经费不足，校舍设备简陋，教师的资格待遇比起城市来相差甚远。当时的学者对于这种教育都市化、城乡教育失衡的现象给予了批评。较早关注乡村教育的余家菊在1920年就指出：教育集中都市的状况是“社会的一种病象”，是一种“偏枯的”教育。[③] 1921年陶行知从中国的实际出发，指出这种模仿西方的都市化教育存在的问题。他说，“城乡不平均的现象各国都不能免”，但对于中国的乡村未免太吃亏。因为中国的人口“乡村占百分之八十五，城市占百分之十五”，但“乡村的学校只有百分之十”。[④] 城乡人口的分布与学校的设置严重的不成比例。进入30年代，乡村教育运动进入高潮，城乡教育不平衡的状况也受到更多的批评。如雷沛鸿在1930年指出：“中国民众的大多数虽散处于各处乡村，徒未尝集中于都市，然而国

---

① 许崇清：《〈广东教育公报〉卷头言》，载《许崇清文集》，中山大学出版社2004年版，第104页。

② 杨贤江：《新教育大纲》，载《杨贤江教育文集》，教育科学出版社1982年版，第428—429页。

③ 余家菊：《乡村教育的危机》，《中华教育界》1920年第10卷第1期。

④ 陶行知：《师范教育之新趋势》，载《陶行知教育论著选》，人民教育出版社1991年版，第89页。

内学校集中于城市所在地；至于城市以外之乡村，则甚少有任何学校。惟其如是，学校在中国只成为政治上之一种装饰品，而未能有多大裨益于大多数民众。”①

城乡学校的严重不均衡直接导致农民与都市人子弟之间受教育机会的不平等。由于中等以上学校均集中于都市，农村子弟上学必须离开乡村到都市去学习。当时的中国交通不发达，城市与乡村生活差别较大。农村的孩子要到城里读书又增加了好多费用。除了学费外，还要“负担乡间一文不要之宿费、茶水费、旅费等等，即衣服与饮食亦因生活程度之悬殊而增加数倍”。② 其时的中国农村经济濒临崩溃，农民极度贫苦。对于仅依靠农业为生的农民来说，养家糊口已经不易，子弟升学非常困难。因而农民子弟很少能享有中等以上学校之教育机会。既然无升入中等学校及更高一级学校的机会，对于深受几千年科举影响，把学校看作进身阶梯的中国农民来说，也无意将自己的子弟送入小学。况且当时农村小学也不普及而且要收费。由于乡村学校条件非常差，农村中一些家事小康的人家都不愿让孩子在乡村读书，一些家庭从孩子上小学一年级起就将孩子送入城市学校。这更使乡村小学走向衰败。

对于上述城乡教育机会不平等，当时的学者进行了深入批判。傅葆琛指出：“此等畸形之教育与民治主义大相违背，于共和国家前途大有妨害。”③ 俞庆棠亦指出：“农民对国家所尽义务最多，而所享的国家权利最少，他们连受国民应受的教育机会也没有，天下之不平事，莫过于此。”④ 城乡教育机会不平等，既违背了权利义务对等原则，又会造成阶级分化。长此以往，“势必使乡村人民的智识能力比都市人民智识能力相差日远”，“社会上将有分裂成为都市阶级和乡村阶级的危险”，“社会的安宁必定从

① 雷沛鸿：《中国教育的新要求》，载《雷沛鸿教育论著选》，人民教育出版社 1992 年版，第 17 页。

② 舒新城：《各级学校一律免费案》，载《舒新城教育论著选》（下册），人民教育出版社 2004 年版，第 703 页。

③ 傅葆琛：《乡村平民教育大意》，载《傅葆琛教育论著选》，人民教育出版社 1994 年版，第 74 页。

④ 俞庆棠：《中国农村衰落的原因和救济方法》，载《俞庆棠教育论著选》，人民教育出版社 1992 年版，第 49 页。

此破坏，社会的前途亦必从此黯淡”。[①] 城乡教育机会不平等不仅是一个教育问题，更是一个社会问题。具有忧患意识的中国知识分子由此呼吁发展乡村教育，让乡村人民享有平等的教育机会。他们提出普及教育必须“攻破城乡关”、“攻破偏枯关”。热心普及教育的人们在思想意识上，必须改变“先从城里做起，渐渐地推广到乡下去”的认识。中国的教育不能“专落在大都会的游泳池里给少爷小姐游水玩”，而要“落到边远的地带去滋长时代落伍的人民”。[②]

学者们提出要给农民以平等受教育机会的另一个重要原因是希冀通过教育使农村人民自身有力量，进而挽救已衰落的农村，实现农村的复兴。中国是一个大的农业社会，农民和农村是社会的基本组织成分。自从鸦片战争后，在外力的逼迫下中国开始向工商业社会转换，但这种转换并没有改变农村面貌。中国农民仍是过着中古时代的生活，有些地方简直是过着半开化时代的生活，农村的生产方式极其落后。“一战”后，各帝国主义国家生产逐渐恢复，大量的洋货输入中国，充斥整个市场。洋货的不断涌进使中国农产品遭到排挤，农民不得不廉价出卖自己的农产品。再加上连年内战水旱灾荒不断，农民受到层层盘剥。受内外困扰的农民最好的状况也就是维持个人与家庭的生存而已，即使这最低限度的生存要求都很难，大量农民逃往他乡流为难民。据当时的调查，1928 年由内地各省迁徙到东三省去的人口约有三百万到四百万之多。[③] 1931—1936 年间，全国因灾荒而死亡人数近七百万人，离乡背井者不计其数，广大农民在赤贫和死亡线上痛苦地挣扎着。[④] 农村的这种状况引起了当时国内各界人士的关注，“救济农村”、“复兴农村”、“建设农村”成为 20 世纪 30 年代响亮的口号。学者们认为农村问题尽管需要政府、银行家、慈善家等的辅助、指导及扶植，但真正起主动作用的是农民自身。“农村问题必须农民自己解决，方能得到根本解决。”[⑤] 农村人民自身是有力量的，但这种力量太散

---

① 余家菊：《乡村教育运动的含义和方向》，《中华教育界》1921 年第 10 卷第 10 期。

② 陶行知：《攻破普及教育之难关》，载《陶行知教育论著选》，人民教育出版社 1991 年版，第 437 页。

③ 李蒸：《中国之农村社会与教育》，《中华教育界》1931 年第 19 卷第 3 期。

④ 苗春德：《中国近代乡村教育史》，人民教育出版社 2004 年版，第 22 页。

⑤ 李蒸：《中国之农村社会与教育》，《中华教育界》1931 年第 19 卷第 3 期。

太乱。要救济农村必须使农民的这种力量不散、不乱，能够归于一致、有正当的方向。在学者们看来，能够使农民力量发生这种转变的只有教育。“以教育引发农人自身原有之力量，使它一致地用诸正常方向，才能复兴农村。”① 为农民提供教育机会，增进农民的知识与能力，以农村教育问题的解决促进农村政治、经济、组织等问题的解决，进而实现农村的自救与复兴，是当时知识人的基本观点。

让农民受教育不仅可以解决农村问题，而且直接关系着国家的命运。上文曾提到，“九·一八”事变之后中国国难日益严重。人们认识到要解决国难必须通过教育唤起民众。而当时的农民占总人口的85%，农民可以说是国家的基础和民族生命的源泉，唤起民众的重心就在农村。普及农村教育是急应设法解决的严重问题。②

农民要与都市人一样享有教育的机会，普及教育要兼顾城乡。但在当时学者看来，城乡教育平等不是都实行一个模式的教育，都市教育不是乡村教育的模范，乡村教育要乡村化。之所以提出这样的主张，原因有三：一是其时普及乡村教育有个很重要的目的是希望通过教育挽救乡村，拯救中国整个社会。但从实际来看，乡村青年受了教育后，生活理想和生活习惯受了都市染化，羡慕都市生活的便利。一些乡村青年流向都市，一些即使留在乡村也不愿参加生产，变成了不文不武的无业游民。显然，这样的教育不仅不能改变乡村社会，反而减少了农村的生产力。如晏阳初所言，“幸而今日中国的教育不普及，否则真非亡国不可”。③ 二是“教育的出发点在利用儿童原有的经验与习惯”，“乡村儿童因环境的影响与限制，造成特有的经验与习惯”，因而都市教育的准则、内容不适合乡村。三是学校与社会要打成一片，学校才可以促进社会，社会才能维持学校。“学校所教授的课程，就是社会所日用的；社会所缺乏的智能，就是学校所陶冶的。”乡村生活和都市生活不一样，因而“乡村教育要归于乡村化”。④ 基于这三方面原因，学者们提出要“改进乡村教育，使乡村人民的生活理

① 杨效春：《中国农村复兴与教育改造》，《教育杂志》1934年第24卷第1号。

② 杨效春：《普及农村教育的困难和我们的作法》，《教育杂志》1937年第27卷第1号。

③ 晏阳初：《农村运动的使命及其实施的方法与步骤》，载《晏阳初教育论著选》，人民教育出版社1993年版，第65页。

④ 余家菊：《乡村教育运动的含义和方向》，《中华教育界》1921年第10卷第10期。

想都尊崇乡村生活，更使他有适应乡村的智识和技能，要使他有欣赏乡村生活的态度和习惯”。[①]“乡村教育对于乡村受教的儿童，也如都市教育对于都市受教的儿童，必须根据他们的环境和经验，予以相当而且实用的教育。”[②] 乡村教育必须摒弃抄袭都市教育的做法，自谋出路，创造一种适应乡村社会需要的教育。

三　对成人教育机会的关注

国民政府时期除了关注穷人和农民的教育机会外，另一个关注重心就是成人的受教育机会。成人的教育之所以受到关注，主要由于以下几方面原因。

第一，成人受教育既是普及教育的应有之义，又能促进义务教育的普及和成效的获得。“五四”后随着人们对教育权全民性的认识，提出教育机会也应为全民所享有。教育“既不当有性别、贫富之限制，亦不当有年龄之分别”。全国儿童都受了义务教育，还谈不上教育的普及。“必定等到这全体国民都受了教育后，才能算为教育普及。”从当时中国的现状来看，失学成人约为失学儿童的五倍，成人 90% 以上是文盲。如果“只注意到学龄儿童的义务教育，忘记了较儿童多五倍以上的成人教育，这自然只能算为一部分的教育而不是普及教育”。[③] 因而，只有为成人提供教育机会，才能真正实现教育的普及。

成人受教育不仅是成人应有的权利，而且有利于保障儿童教育权利的实现。学者们认为，“儿童失学的原因，多半由于家计艰难，须助其父母谋生，不但没有钱求学，而且也没有暇时去上学。但是儿童失学的造成，并不只是经济的问题。有许多家庭衣食甚为充裕，生活甚为闲逸，但是儿童仍然不去入学读书。这是因为儿童的父母，没有受过教育。他们不感觉教育的需要和兴趣”。[④] 一些学者指出，中国新教育的提倡已经有三十多

---

① 余家菊：《乡村教育运动的含义和方向》，《中华教育界》1921 年第 10 卷第 10 期。

② 傅葆琛：《对于中国乡村教育建设的一点意见》，载《傅葆琛教育论著选》，人民教育出版社 1994 年版，第 273 页。

③ 陈礼江：《儿童教育与成人教育》，《教育与民众》1932 年第 4 卷第 4 期。

④ 傅葆琛：《民众教育的真义与其他教育的关系》，载《傅葆琛教育论著选》，人民教育出版社 1994 年版，第 106 页。

年，国家尽管不断增筹教育经费，增添师资设备，但学校教育仍没有普及。“学龄儿童戏嬉于街衢、闲荡于家庭、工作于厂店、跳踯于田野者，数倍或数十倍于在校学生之数。”致使这种状况出现的一个重要原因是“成人不感教育之重要，不令其子女入学”。[①] 因此，要真正实施义务教育，仅依靠强迫法令是不行的。对父母的处罚本来就办不到，即使办到也不会取得成效。义务教育的普及要“先从成人教育入手，使做父母的有受到教育的机会”[②]，这是普及义务教育的一个先决问题。因为父母受了教育以后，他们会从教育中领受到益处，觉悟到无知识的吃亏和教育的重要。他们会推想到子女们不受教育的痛苦，不再反对他们受教育，而且肯踊跃地叫子女们去读书。“抑或没有义务教育可进”，父母们“也要自动地想法子”。[③] 可见，成人教育是义务教育的先锋。

成人受教育能够促进义务教育的普及，同时也能使义务教育收获成效。这是因为儿童受教育能否取得美满的效果，不但“要有良好的学校和教师，还要有良好的家庭和父母”。儿童在学校里的时间短，在家庭里的时间长。“儿童之是否能遵从教师的话，回家后继续实行学校内未竟的工作，全看儿童的家庭如何。若是他们的父母都是知书明理的人，自然能与教师合作，对于儿童的行为习惯负监督指导的责任，使家庭生活与学校生活打成一片。家庭就是学校实习工场。这样，教师的希望既能实现，学校的工作也可收美满的效果。”如果儿童的父母“都是目不识丁的愚夫愚妇”，他们对于教育毫无信仰，要么对教师的要求漠不关心，或者干脆“与教师立于反对的地位”。“教师示给儿童的全是正号，他们示给儿童的全是负号。”两两相消等于零，教师的工作根本不能收效。[④] 父母对于儿童具有潜移默化的影响，“家庭若是没有好习惯、好

---

① 俞庆棠：《〈中央大学区扩充教育概况〉序》，载《俞庆棠教育论著选》，人民教育出版社 1992 年版，第 14 页。

② 雷沛鸿：《广西普及国民基础教育法案导论》，载《雷沛鸿教育论著选》，人民教育出版社 1992 年版，第 45 页。

③ 晏阳初：《平民教育的真义》，载《晏阳初教育论著选》，人民教育出版社 1993 年版，第 21 页。

④ 傅葆琛：《民众教育的真义与其他教育的关系》，载《傅葆琛教育论著选》，人民教育出版社 1994 年版，第 107 页。

榜样，要专靠学校来教育儿童，没有多大的效力”。[①] 所以要想使儿童教育取得良好效果，使义务教育的功能完全实现，必须使父母都有知识，有好习惯不可。而父母知识的获得，习惯的转变需要使其受教育。

第二，成人是现在社会的主人翁，从救国的缓急来看，成人教育比儿童教育更为紧要。前文已经谈到，近代以来，一些知识精英把教育作为救国的手段，办教育的目标就是救国。最早提出普及义务教育的维新派就憧憬着通过义务教育的普及来实现强国之梦。到了国民政府时期，国难日益严重，知识分子意识到以人才为目标的教育是救不了国家的，只有对大众进行教育，唤起大众的力量，国家才可能得救。同时，他们也意识到单靠对儿童的义务教育也是救不了国家的，救国必须以成人教育为重点。因为儿童是将来社会的主人翁，对儿童的教育只能使将来的社会好，只能救将来的国家。就中国当时的现实来看，内外交棼、社会多故，如何挽救当时的国家更为迫切，使现在社会好十百倍于将来社会好。[②] 现在的社会是将来的基础，将来的社会是现在的继续。如果现在的社会不能挽救、不能变好，也不可能生出一个好的将来社会。当时的义务教育还没有普及，当时的学者指出，假使义务教育能“在十年以后，幸能普及，此代国民，犹须再隔十年，方为国家健全分子”。对于国势危殆的中国，把希望寄托在二十年以后的国民，犹如农民之守株待兔，救中国只能落空。[③] 正是鉴于这种现实，知识分子们提出不能只顾及小孩子的教育，要重视对成人的教育。如果“相信教育真能有助于今日的中国，则我们当先注意教育组织中国国家社会的现存分子（成人、民法上已享有公民权利与义务者），而后教育其未来的主人翁（儿童）”，这是毋庸置疑的。“若只注重教育儿童，培植将来的人才，而忽略教育成人，任现在的国民愚弱贫私，未免轻重倒置缓急不分了。”[④]

---

① 傅葆琛：《乡村平民教育实施方法的商榷》，载《傅葆琛教育论著选》，人民教育出版社1994年版，第25页。

② 陈礼江：《实施义务教育应与举办成年补习教育并行》，《教育与民众》1935年第6卷第10期。

③ 储劲：《如何普及民众教育》，《教育与民众》1932年第4卷第2期。

④ 陈礼江：《儿童教育与成人教育》，《教育与民众》1932年第4卷第4期。

第三，现代心理、教育科学的发展，证明成人教育是可能的和必要的。20 世纪 20—30 年代的教育界与世界教育息息相通，一些留学欧美的教育人士把西方教育的最新理论介绍到国内，世界成人教育的新理念在此时也被输入。① 在国外新理念的影响下，人们认识到教育并不是儿童的专利，成人同样是教育的主体。那种“只有儿童应该受教育，划出人之一生之一段为受教育时期的旧观念”逐渐被打破。② 支持这种观念转变的最重要理论就是桑戴克的成人学习理论。桑戴克（Thorndike，1874—1949）在对成人学习进行实验研究的基础上，于 1930 年和 1934 年分别出版了《成人的学习》（*Adult Learning*）和《成人的兴趣》（*Adult Interest*）两部书。他的研究揭示了人的学习能力从儿童早期即开始增进，一直到二十二岁达最高点，如是保持至二十五岁，以后虽逐渐减少，但为量甚微，每年只有百分之一。人的兴趣与学习能力相比，减少更加微弱，只限于运动的活动，凡成人教育所必须的兴趣均未见减低。成人的学习能力、学习兴趣不弱于儿童，而且成人由于已经参加了社会生活，由生活所引起的学习需要更强于儿童，需要是学习最好的动机。成人在生活实践中也积累了经验与知识，对于新事物的学习，他们比儿童效率更高。因而，“成人确实可以学习，且学习之成绩，必得良好之效果”。③

成人不仅具有学习的可能，而且具有学习的必要。学者们认识到

---

① 介绍国外成人教育理念的主要有陈礼江、瞿菊农、俞庆棠等。陈礼江 1922 年留学美国，先后在帝堡大学和芝加哥大学攻读心理学、教育学，1925 年获硕士学位回国；1932 年在江苏省立教育学院创设成人学习心理研究所。1935 年编译《成人学习心理撮要》，概述桑戴克《成人的学习》。1939 年翻译桑戴克《成人的兴趣》，由商务印书馆出版。瞿菊农 1926 年获美国哈佛大学哲学博士学位，回国后投身平民教育事业，曾任中华平民教育促进会研究部主任、代总干事长。俞庆棠 1919 年到美国哥伦比亚大学师范学院留学，1928 年在苏州创立中央大学区民众教育学校，1933 年赴欧洲考察成人教育。该时期出版的国外成人教育方面的书主要有：《各国成人教育概况》，江苏省立教育学院 1931 年出版，主要介绍英国、美国、苏联、德国、意大利、瑞典、丹麦、波兰、捷克等国家的成人教育；《成人的学习》（桑戴克著，朱君毅、杜佐周译，上海商务印书馆 1933 年版），主要论述 15 岁至 45 岁的成年人学习能力的分量与性质的变迁；《成人教育》（勃兰生著，陈尧昶译，世界书局 1938 年版），主要论述成人教育的职能、教学方法、组织与推进、实施机关以及成人学习的机制、成人为什么要继续学习等。

② 瞿菊农：《现代教育上的几种新倾向》，《教育与民众》1932 年第 4 卷第 3 期。

③ 俞庆棠：《〈中央大学区扩充教育概况〉序》，载《俞庆棠教育论著选》，人民教育出版社 1992 年版，第 16 页。

“教育的进展至少应该与社会的变动同行并进”。[①] “社会是日日变迁的，生活是日日前进的。儿童时所学的事物未必能适合将来的情境。科学与文艺的进步须要继续的教育，而不能如钱财之储蓄可以用之终身。” 现代生活越来越复杂，知识的总量在不断增加而且变化加速，一个人不可能在儿童期将一生所要用的知识都学会，即使能学会也不能适应变迁的生活。因而，“成人教育不是与儿童教育对立的一种人类事业”，它是“儿童教育的继续和正统教育的一部分”。[②]

可见，20 世纪 30—40 年代对成人教育机会的提倡，既是对教育权全民性认识的结果，也是中国当时处境的现实要求，亦为现代教育心理科学发展所证明。科学的发展对民主的推进有重要的作用，教育心理科学的发展证明成人学习是完全有能力和必要的，这为成人获得教育机会提供了有力支持。

第三节　促进教育机会平等的措施

教育机会平等的实现决定于两方面因素：一是国家能否提供充足的机会；二是民众是否愿意接受这样的机会。国家提供多少和怎样的教育机会，与该国的国情直接相关，它也是民众能否接受教育机会的基础。而民众是否愿意接受教育机会取决于经济是否能承担、时间是否允许、教育能否带来利益等条件。根据当时中国的国情和民众的处境，学者们提出下述促进教育机会平等的措施。

一　实行免费和补助教育

导致贫富、城乡之间教育机会不均等的最直接原因是穷人、农民的子弟无钱上学，当时的学者由此认为国家增加教育经费，补助以至减免上学费用是贫者、农民子弟获得教育机会的重要措施。

如上文所论，中国现代学校制度的建立带来了高收费，不仅中等、高等教育要收费，义务教育也没有实行免费制度。由于经济的原因，那些贫

① 瞿菊农：《现代教育上的几种新倾向》，《教育与民众》1932 年第 4 卷第 3 期。

② 陈礼江：《儿童教育与成人教育》，《教育与民众》1932 年第 4 卷第 4 期。

寒子弟即使有教育机会也无法利用，教育机会均等徒有虚名。针对此种情况，从20世纪20年代末到30年代初，学者们再一次提出免费教育。一些学者主张从小学至大学都当由国家负担教育的费用。即使大学不能立即实行免费，“小学为义务教育，绝不当收费”。[①] 一些学者提出，欲使贫家子弟真正能享受国民教育，小学不仅要免学费，还要免除他们的膳食费，供给书籍、纸笔等，这样教育机会才不致落空，才能成为真正的机会。有学者指出，小学教育免费为第一步，进一步便须延长到中学教育。对于大学教育，国家要“多设奖学金额使有天才的贫苦子弟有深造的机会”。[②] 学者们认为，免费应当成为一切学校的原则，即使由于“特别情形而需纳费，亦当打破‘平均纳费制’，量各个学生之家之有无以为纳费多寡的标准”。[③] 奖学金及“自由纳费制”的提出受中国古代私塾、书院制度启示。中国古代的私塾、书院实行自由纳费，学费以各个人之经济能力为准则。书院为那些勤学者提供膏火、津贴，以资助他们的学习。一些学者对当时学生无论贫富都纳同等的学费表示不满，认为同样的学费对于富者来说仍嫌其过微，却把寒畯之士拒之门外，教育尤其是高等教育只能为资产阶级所独占。[④]

免费教育和对贫困学生的资助是实现教育机会均等的重要条件，而这首先取决于国家对教育经费的供给。北洋政府时期战事不断，中央教育财政体制紊乱，教育经费经常难以保障。1919年后，自中央至各县无不积欠教育经费，学校因经费支绌而不能维持，学生的就学机会自然大受影响。为了保障教育经费的稳定供给，一些学者提出教育经费独立的主张。如张崇玖于1922年提出各级学校都应该建立相应的教育银行以谋教育经费之独立。他说：“国立学校，有国立之教育银行，省立学校，有省立之教育银行，县立学校，有县立之教育银行。”通过教育银行的建立，才能保证学校的经费不受政争影响而停顿，实现“义务小学、义务中学及中

① 舒新城：《免费问题》，《教育杂志》1928年第20卷第6号。

② 陈启天：《中国教育政策》，《中华教育界》1927年第16卷第4期。

③ 舒新城：《三十年来之中国教育》，载《舒新城教育论著选》（下册），人民教育出版社2004年版，第676页。

④ 舒新城：《创造中国新教育方法之途径》，载《舒新城教育论著选》（下册），人民教育出版社2004年版，第628页。

等实业义务学校”，使贫穷子弟能够接受中小学之普通教育与实业知识技能。①

免费教育的实施既需要政府保证教育经费的供给，也需要通过多种渠道筹措教育经费。有学者提出筹措教育经费的几种方法：一是核减军费。北洋政府时期内乱使军费逐渐扩充，从 1914 年到 1927 年军费平均占中央财政经费的 50.51%，而教育经费平均占中央财政经费的 1.47%。② 军费数目巨大，远远超出教育经费。因而只要将军费略一核减，教育经费便迎刃而解。二是施行递进加重之遗产税、重征奢侈税。遗产的效用除了对于不能自存的人（如儿童与残废者）有相当的意义而外，其他实无好处，因为它奖励奢侈、堕落人格，阻抑个人向上之心。如果能征收遗产税、奢侈税，不仅能使富者子弟去掉依赖心理与浮华之风，真正投入学习，而且大大有助于教育经费。三是改良赋制，重征富人之税以及营业等所得税。富人在教育上享有更多的权利，因而应该交纳更多的费用，而且富人所得往往得力于教育之力，以得力于教育的收入用之于教育之上，是最合理的事情。四是将荒田交由教育学术机关垦辟，这既有利于学校进行科学实验，又能增加学校的教育经费。中国古代的书院就有学田制度，保证了学校有恒定的经费来源，不完全依赖于学生的学费。这给了当时的教育家以启示。五是将庚子赔款充作教育经费。③

总而言之，在学者们看来，如果国家真的重视教育，筹定教育经费的途径有很多。只有不断增加和保证教育经费，免费教育、对贫困学生的资助才能落在实处。一些教育家还从地区之间教育均衡出发，提出了“中央要补助边疆及穷省，省要补助穷县，县要补助穷乡、穷村”，而且这种补助“不限于金钱，人才与材料计划要同时并进”。④

在学者们的倡导下，国民政府时期中央教育经费相对稳定，并呈现出

① 张崇玖：《平等教育计画》，源记书庄 1922 年版，第 1 页。

② 田正平等主编：《世纪之理想——中国近代义务教育研究》，浙江教育出版社 2000 年版，第 486 页。

③ 邰爽秋：《教育机会均等》，《中华教育界》1926 年第 15 卷第 12 期；舒新城：《教育经费独立》，载《舒新城教育论著选》（下），第 730—734 页。

④ 陶行知：《攻破普及教育之难关》，载《陶行知教育论著选》，人民教育出版社 1991 年版，第 420 页。

逐年增长趋势。表4—1是1928年到1937年中央教育经费及占中央财政支出的比例。

表4—1 1928—1937年中央教育经费及占中央财政支出比例①

年份	1928	1929	1930	1931	1932
教育经费（元）	9752013	14457343	14901872	21027268	21027268
所占比例（%）	2.25	2.60	2.10	2.36	2.39
年份	1933	1934	1935	1936	1937
教育经费（元）	23294556	45799486	49133599	55406050	48157512
所占比例（%）	2.81	4.68	4.80	4.48	4.29

从上表可看出，1934年后中央教育经费占中央财政支出的比例保持在4.50%左右，但由于国民政府时期税收的不完善，中央财政收入有限，所以实际的教育经费对于普及教育仍显得捉襟见肘。

对于免费与补助教育，国民政府时期的小学教育法令也作了一些规定。如1931年教育部颁布的《乡村小学充实儿童学额办法》第7条规定："乡村小学为减轻人民负担使其子女易于入学起见，得多设免费学额，并得由主管教育行政机关酌给书籍用品，以供贫苦儿童借用。"1932年国民政府公布的《小学法》第16条规定："小学不收学费，但得视地方情形酌量征收。在公立小学，每人每学期初级至多不得逾一元，高级至多不得逾二元；在私立小学，每人每学期至多不得逾三元，高级至多不得逾六元。学生无力缴纳学费者，小学校长应酌量情形免除其学费之一部分或全部。"1936年国民政府教育部公布《修正小学规程》，其中第54条重申了《小学法》第16条的规定，又增加了"前项征收学费之小学，应设置百分之四十以上之贫寒儿童免费学额"。②

从上述国民政府时期关于小学教育经费的规定可以看出，国民政府开始关注贫苦儿童的入学问题，规定了针对贫寒儿童的免费学额，对小学学费的最高收费做了限定，这些都极有利于促进教育机会的均等。但我们也

① 数据见田正平等主编《世纪之理想——中国近代义务教育研究》，第486页。

② 中国第二历史档案馆编：《中华民国史档案资料汇编》（第五辑第一编教育一），江苏古籍出版社1994年版，第537、539、546页。

要看到这些法令虽然提倡小学不收费，但迫于现实状况并没有实现免费教育，学费仍然是学校的主要经济来源。对于那些极其贫苦的农家子弟来说，上学仍是可望而不可即的。

二　提供适合民众生活的教育

实行免费教育、给贫困生以资助有利于更多的人享有教育机会。但在一些学者看来，解决中国的教育机会均等问题，不单是学校免费所能解决的。他们认为免费只是“教育上救急的一个枝节，并不可视为最后的解决”。要使贫者、农民以及他们的子弟真正享有教育机会，必须为其提供适宜于生活的教育。[1] 这包括两层含义：一是受教育不能影响他们的生产、生活；二是教育与他们的生活相接近，为他们的生活所需，有利于他们生活的改进。

学者们之所以提出上述观点，是由当时中国农民的处境所决定的。如前文所言，近代以来中国的农村日趋衰落，到 20 世纪 20—30 年代，帝国主义经济侵略加剧，农民所受的剥削更加深重，再加上旱灾水灾的暴发，农村经济急速崩溃，农民辗转流离仍免不了饥饿与死亡。在这种生活情况之下，对于劳苦群众来说，求生比求知更紧急。成年农民在为生计而奔波，根本没有时间去学习。他们的子弟年龄稍大可以做事，就成为家中的重要生产力。即使国家为其提供免费教育的机会，父母都不愿让自己的孩子上学，因为这样不啻减少农民谋生能力。正是从这种现实出发，当时的教育家提出不能强迫人们丢掉饭碗去读书，虽然要实行强迫教育，但减少经济力的强迫不可施行。[2] 他们认为学校教育要以不妨害农务为前提，在时间形式上要灵活多样。比如可以设立“半日学校”、“冬季学校”，“半日学校”使儿童可同时耕读，“冬季学校”则利用了农隙时节。这些形式都兼顾了农民的生产生活，农民才可能接受这样的教育机会，因为教育权的享有是以生存权得以保障为条件的。

民生问题是中国当时最重要的问题，让民众受教育不能影响他们的生

---

① 舒新城：《免费问题》，《教育杂志》1928 年第 20 卷第 6 号。

② 陶行知：《攻破普及教育之难关》，载《陶行知教育论著选》，人民教育出版社 1991 年版，第 425、433 页。

产、生活，这只是对教育的最低限度要求。仅仅如此，还不能有助于民生的解决以及教育机会的普及。欲促使教育的普及必须使教育与生活打成一片，通过教育的力量解决民众的生活问题。为此，当时的教育者提出打破不切实际、不事生产，培养书呆子、教人离开乡村向城里跑的教育。他们认为教育所学应当是民众所需要的某种常识、某种技能，所学当为所用。要摒弃“君子劳心，小人劳力”的观念，对民众进行生产劳作的训练，劳动教育直接关系着民众能否“养生”。“小学的课程、设备、教授法等不必盲目地抄袭外国，而应根据国内情形。”“课程只能效法外国编制的方法与原则，至于问题与教材则应完全采用中国的东西。”① 课程与训练目标必须与中国的社会实际相结合，切实有助于生活需要。比如城市的教学可以以家庭工业及小本商业知识为内容，农村则可以教农业常识、农村家庭工业、公民常识等内容。

在学者们看来，中国当时义务教育之所以不普及的原因固由于贫人无力支付学费，但更深层次的原因在于教育与生活脱离，教育不仅无助于生活，甚至“把好好的农民子女，继续不断的变化为不事生产的废人”②，对生产造成破坏。对于处于生死危机中的中国农民，教育仅仅免费还不行，必须让他们通过教育收获实际利益。这样他们才可能自愿接受教育并让自己的子弟去受教育。教育是否有用与教育机会能否普及有直接的关系。如梁漱溟所言：“不能普遍也许就因为没有用处，没有用处大概就不能普遍。”③

从国民政府时期的教育来看，由于其整个建立在学习西方的基础上，又受中国古代以诵读经书为主的教育影响，教育内容与实际脱节。1931年国联教育考察团来华考察中国的教育，在其考察报告《中国教育之改进》中指出：“学校内，复缺乏社会观念，所通行者，唯有一种空泛之教育，其与华人周围之生活及其国家复兴之需要，皆不发生直接关系。此种

---

① 邱椿：《中国小学教育之过去的错误与今后的出路》，《中华教育界》1931年第19卷第3期。

② 陶行知：《在第一次全国教育会议上的提案》，载《陶行知教育论著选》，人民教育出版社1991年版，第256页。

③ 梁漱溟：《泛论中国教育问题》，载《梁漱溟教育论著选》，人民教育出版社1994年版，第298页。

事态，造成一广大之鸿沟，一方为中国之平民，沦为文盲阶级，不能了解国家之需要，他方则为知识阶级，受教育于奢侈之学校，对于平民之需要，漠不关心。”[①] 这段话揭示了中国当时学校教育存在的问题——教学内容与生活脱节，教育与平民无关，只为贵族阶级所独占。

在学者们“必须为民众提供教育，必须为民众提供适合民众生活的教育”的倡导下，国民政府的教育法令开始要求教育要考虑生活实际。如 1935 年《教育部实施义务教育暂行办法大纲》第 2 条规定：“义务教育之实施，应注重实际生活之教育。”在同年教育部公布的《修正中学规程》第 27 条规定：“中学为适应地方需要及实验教育起见，得设置职业科目。”第 30 条规定：“各科教学应活用教本，采用地方性及临时补充之教材，并须注重实验及实习。”[②]

三　以经济灵活的方式普及教育

上述两种促进教育机会平等的措施，免费与补助教育着力解决制约贫困者无法就学的经济原因，提供适合民众生活的教育则是从阻碍民众受教育的深层原因立足。这两条措施为贫苦大众受教育提供了可能，但民众最终能不能受教育还取决于国家提供的教育机会多寡。

中国的现代教育从制度、模式到具体的教学内容设施都是从西方移植而来，伴随着移植的深入，知识精英对其合理性不断提出质疑。到 20 世纪 20—30 年代，随着普及教育的推行，教育界人士开始认识到西方模式的教育在中国不可能普及。教育需要经济支撑，欧美是工业社会的国家，中国是农业社会的国家，欧美国家有钱，中国则财穷民困。欧美式的教育不适合中国的经济情形。如果要普及西方那种较长年限的义务教育，要么把中国弄到倾家荡产，要么只限于少数人享有教育，普及教育只能成为空谈。有些教育者因此提出，普及教育必须从“中国的现实的生活环境中，去觅取可能的有效的解决”。[③] 依据中国国情，以最经济、灵活的方式让

---

① 国联教育考察团：《中国教育之改进》，国立编译馆 1932 年版，第 12 页。

② 中国第二历史档案馆编：《中华民国史档案资料汇编》（第五辑第一编教育一），江苏古籍出版社 1994 年版，第 609、426 页。

③ 俞庆棠：《普及教育与民众教育》，《俞庆棠教育论著选》，人民教育出版社 1992 年版，第 250 页。

最大多数人受教育成为普及教育的基本原则，也是促进教育机会平等的重要措施。

针对中国国情，学者们提出一系列经济而灵活的普及教育方式。在校舍与设施设备上，认为校舍和设施不是装饰品和点缀品，应该力求简朴。可充分利用或借用寺庙、善堂、公所、宗祠等的余屋。在修学年限与入学年龄上，认为义务教育年限可以不像他国定为六年至八年，即使当时确立的四年义务教育，中国也无能力实现，义务教育年限应从四年改为两年。两年的义务教育会减少一半的经费。入学年龄则可从六岁改为十岁。依据美国桑戴克的研究，六岁儿童的学习力远不如十岁儿童的学习力，十岁以后两年所学习的东西必多于从六岁到十岁四年所学的东西。这样便可使两年义务教育的效率等于或胜于四年的义务教育。苏联入学年龄为八岁，说明六岁入学不是必然规定，相比较中国的经济情况不如苏联，入学年龄不妨改为十岁。在课程与教材上，认为课程应简单化，小学学科太多，姑不论教育原则上的错误，专就经济方面说亦太不合算，因为学科多，担任的教员亦不得不增多，薪金自然会多起来。在教材的使用上，可以循环利用。学校把书借给学生，学生用完还给学校。只要教学生爱护公物，一部教科书可用四五年，可供四五班人使用。[①] 在师资建设上，不必限定只有师范学生才能做教师，凡在小学或中学毕业者，予以一定训练均可做教师。在办学模式上，学者们提出要将义务教育与民众教育合在一起来办，最大限度地发挥学校资源的作用，避免分别办理带来的资源浪费。

上述这些措施均围绕着如何以最经济的方式办学、为更多的人提供就学机会。但在一些学者看来，若不跳出学校的圈套，仅就学校谈教育，则普及现代教育在中国是不可能的。他们因而建议“在学校之外，创造一种下层文化的组织，适合大多数人的生活，便利大多数人继续不断的长进”。这种文化组织，是大众以一定集体为单位结成的相互教育组织，学校的教师和学生要经常到这种组织尽教育的义务。这种组织不会影响大众生活，有利于教育的普及，而且不像学校教育只是一种短命教育，它会使

---

① 邱椿：《中国小学教育之过去的错误与今后的出路》，《中华教育界》1931 年第 19 卷第 3 期。

民众有久远的长进。[①]

总之，学者们认为当时的中国不具备普及西方正规化义务教育制度的政治、经济条件。在中国这样一个穷国，欲求教育的普及，不能拘泥于固定的形式，必须采用更简易、灵活的方式。这些思想的提出既是中国当时社会经济条件的现实要求，又受中国古代自由灵活办学传统的启迪。这种对西方义务教育制度的变通有利于让更大多数人受教育。但这样的伸缩变通与政府投入相比是第二位的，要实现教育普及，第一位和首要的事情必须增加国家的投入与责任。如胡适当时所言：政府必须“坚决的信仰五千万失学儿童的救济，比五千架飞机的功效，至少要大五万倍”，这样义务教育的普及才可能实现。[②]

在上述观念的影响下，国民政府在普及义务教育方面作了适应中国国情的调整。1935年行政院修正通过《实施义务教育暂行办法大纲》（以下简称《大纲》），《大纲》计划拟于10年期内使全国学龄儿童逐渐由受一、二年制义务教育而达于四年制之义务教育。这一计划分三期进行：第一期为1935年8月至1940年7月。其间一切年长失学儿童及未入学之学龄儿童至少应受一年义务教育。第二期为1940年8月至1944年7月，其间一切学龄儿童至少应受两年义务教育。第三期从1944年8月起推行四年制义务教育。义务教育修学年限不再如以前规定为四年，而是作了更现实的调整，具有更大的可行性。《大纲》还规定了施行义务教育的一些具体方式，除办理短期小学外，还要求推广初级小学、充实原有学级之学额、厉行二部制、改良私塾，试行巡回教育。[③] 二部制主要针对人口较为密集之地域，以解决学校不能容纳就学儿童的问题。二部制的主要形式有全日二教室一教员往复施教二部制、全日一教室同时二部制、半日二部制、全日半日混合二部制、间日二部制五种形式。巡回教育则是针对区域辽阔、村落星散、交通不便、儿童不易集中、地方贫瘠，无力设置学校的地方，通

① 陶行知：《文化细胞》，载《陶行知教育论著选》，人民教育出版社1991年版，第442页。

② 转引于俞庆棠《普及教育与民众教育》，载《俞庆棠教育论著选》，人民教育出版社1992年版，第252页。

③ 中国第二历史档案馆编：《中华民国史档案资料汇编》（第五辑第一编教育一），江苏古籍出版社1994年版，第609—610页。

过在这些地方设立巡回教学班，以解决这些区域民众受教育的问题。教学班分长期集合班、临时集合班两种。1940年国民政府教育部公布《国民教育实施纲要》，其中规定：国民教育分义务教育及失学民众补习教育两部分，应在保国民学校及乡镇中心学校同时实施，并应尽先充实义务教育部分。[①] 这一纲要将义务教育与失学民众补习教育合并实施，采取儿童班与成人班合校制，目的在于避免因分设导致的各自为政、资源浪费。

上述三项措施固然有助于促进教育机会均等，但在一些学者看来，这些还不是根本措施。他们认为要使教育机会"达于真正公平之境地，非大变更社会组织，且国富增厚不可"。[②] 显然，这一时期的学者已经认识到教育平等有赖于政治经济的改进。"经济不平等，教育决不能平等"，教育平等的真正实现"其先决条件先求国人经济地位之平等"。[③] 一些学者还提出："要把教育从少数人的手中夺回来，使它变成全民众的应享物，主要的是改革教育制度，像苏俄最近的教育制度，就是最好的民主化制度。"[④]

第四节　对教育机会平等的省思

第二次世界大战后，世界各国致力于教育民主化建设，联合国教科文组织的成立进一步推动了教育民主化在全球范围的开展。在这个大背景下，中国教育界反思中国教育机会平等之路。认识到在政治、经济未实现民主化之前，教育机会平等绝难实现。同时，教育机会平等的实现与全体民众对教育功能、教育价值的认识有密切关系。

一　"二战"后世界与中国的教育民主化浪潮

第二次世界大战既是世界反法西斯的斗争，又是各国反对专制、争取民主的运动。人们不仅争取政治民主与经济民主，同时也为教育民主而战

① 中国第二历史档案馆编：《中华民国史档案资料汇编》（第五辑第二编教育一），江苏古籍出版社1997年版，第421页。

② 邰爽秋：《教育机会均等》，《中华教育界》1926年第15卷第12期。

③ 周谷城：《教育新论》，《教育杂志》1928年第20卷第1号。

④ 朱智贤：《中国学校教育的新生命》，《中华教育界》1930年第18卷第5期。

斗。民主化的教育运动与民主革命运动同样悠久，但其得到普遍而广泛的重视、积极而又较彻底地实施，却是“二战”以后的事。一方面战争激起了民众对专制的反抗、对未来民主的期望；另一方面战争也迫切要求扩大教育范围、实施教育民主。

以英、法两国为例，在第一次世界大战后，两国都曾有在初等教育阶段设置“统一学校”的各种计划或方案，以改变历来教育上的双轨制度，但事实上并未付诸实施。在学制系统上，中等学校与初等学校仍然几乎没有什么联系或衔接，以升学为目标的中等学校的学生并非取之于初等学校，而是从中等学校内部所设的初级部或者私立学校选拔而来。对于大多数下层民众来说，他们几乎没有机会进入以升学为目标的中等学校。“二战”开始后，两个国家的人民呼吁打破这种隔离的学制系统，建立一种面向所有年轻人的中等学校体制。

法国人民在反侵略斗争最紧张的时候，通过了一个《全国反侵略议会宪章》（1944年3月15日生效）。宪章载明：全国各政党一致同意确定教育改革方案，保证给所有法国儿童以有效的学习机会，并能接受高度的文化，不管他的家长收入多少，使所有人民都有能力担当国家大事，蔚为社会中坚。社会中坚永久地从人民大众中不断地革新与选拔，取舍不论出身，而以各人的特长为标准。法国解放后不久立即成立了一个部级委员会，由物理学家郎之万（Langevin，P.）和瓦隆（Wallon，H.）先后主持完成著名的“郎之万—瓦隆计划”。该计划把强迫教育年龄从原来（1937年）6—14岁改为6—18岁，开放中等教育，使之成为人人所享受的教育，并且规定强迫教育全部免费。

英国首相丘吉尔于1943年提出“社会改革的四年计划”（Four - Year Plan of Social Reform），其中一条为“扩大并加重自由教育，务使全国人民机会均等”。《1944年教育法》（*Education Act of* 1944）则是落实这一教育建议的具体方案。该法案通过以后，英国第一次将教育过程的各个阶段统一视为继续不断的一个过程，所有儿童可以连续接受各阶段的教育。基于不同的儿童具有不同的能力和性向，应根据儿童的心理特征，提供适合其能力和性向的教育的认识。法案将中等教育划分为三种不同的学校：文法中学（一种具有相当正式学术性课程的学术性中学）、技术中学（训练经过挑选的年轻人为在企业界工作作准备）以及现代中学（提供人人所需的普通教育）。

从英、法两国的教育改革计划看，它们都把教育机会均等作为改革的原则，努力实现教育制度的民主化。与英、法两国一样，“二战”结束后，世界上许多国家致力于教育民主化改革。其共同趋势是扩张各种教育设施，为更大多数人服务。义务教育在需要“更多的教育”（More Education）的口号下，不断延展其年限；中等教育向一般有志上进的青年开放，一切含有阶级色彩的不合理的障碍开始铲除；公费教育制度得到尽量地推广，使所有人民不因经济环境的影响而埋没其天才；成人教育事业也要求更广泛地开展，使各种参与社会实际工作的成人，都有机会不断地增长其智能。

在人类经历最残酷的战争硝烟之后，如何维护和平成为各国人民的共同心声。人们逐渐认识到仅以政府间政治与经济协商为基础的和平是不可靠的。战争既发动于人心，故和平的堡垒亦须在人心中建立。只有基于人类知识上及道德上之团结，才能维持世界和平于不坠。于是一个旨在促进和平、帮助战后各国重建教育文化的世界文化教育机构——联合国教育科学文化组织于1945年11月在英国伦敦成立。1946年教科文组织在巴黎召集第一次大会，提出两类教育工作：一类为治标工作；一类为治本工作。所谓治本工作就是在世界各国推进基本教育（Fundamental Education），即“不仅教人读、写和算，并且授给他们若干基本的东西，使他们可以谋生，改良他们的经济状况，使他们可以艺术地、有教养地表达自己的思想，使他们可以改进健康生活的环境，参加国内及国际的政治活动，藉以引导他们走向比较充实而完善的生活”。[①] 基本教育包括儿童教育和成人教育两部分，致力于人人应有完全而平等之教育机会。教科文组织之所以把基本教育作为一项世界性的运动在各国推进：一是通过基本教育，可使各国人民获得生存于现代文明中的生活基本技能，使他们既可利用其自然环境，维持并充实其生存；又能认识自身对社会的责任进而贡献其力量，以促进整个人类生活的改善和充实。这样就可设法避免一切因生活的不安而引起的纷争。二是通过基本教育可以使大众具有健全的身心、辨别的能力，使人类的文明依照着大众的意志而进行，而不被少数人所操

① 姚绍华：《基本教育的时代使命》，《中华教育界》1947年第26卷（复刊第1卷）第8期。

纵与利用。三是通过基本教育，有利于了解认识其他民族的文化、知识，在人类文化的交换与沟通中，偏见和猜疑无从产生，进而可避免受少数野心家煽惑而引发的战争。教科文组织主张各国从学校课程中剔除灌输仇视别国的内容，增添可以使各国人民互相接近的内容。由这三点可以看出，基本教育对于世界的和平具有重要作用。

联合国教科文组织的成立特别是基本教育的推进，进一步推动了世界民主化教育浪潮，使民主化教育不仅在少数国家开展，而且在全世界范围内得以展开。这种世界教育民主化浪潮也直接推动了中国的教育民主化运动。

第一次世界大战后，中国人就开始研究世界趋势，追随世界趋势。第二次世界大战所引起的世界教育重大变化自然引起中国学者的关注。如“二战”期间在美国斯坦福大学教育学院攻读西方教育史及比较教育专业的沈灌群，在《中华教育界》相继发表了《法国教育问题及战后的教育改革》、《二次世界大战以来的英国教育》两篇文章介绍西方国家在战后的教育改革。[①] 诸如此类介绍世界教育趋势的文章，散见于这一时期的主要教育刊物，如 1948 年《教育杂志》第 33 卷第 10 号上载有李邦权的《战后世界教育的趋势》。国外关于民主教育研究的文献也于这时被翻译过来，如李季开、赵廷为、袁昂三人合译了《美国民主教育政策》（*Policies for Education in American Democracy*）一书。这些关于世界教育民主化的介绍是导致中国教育民主化运动的外因之一。联合国教育科学文化组织则是中国教育民主化运动另一重要外部诱因。中国是联合国教科文组织的发起国之一，中国代表参加了联合国筹建与建立后的各次会议。[②] 1947 年 9 月教科文组织的第一次基本教育会议在中国的南京市召开，更是直接推动了中国的教育民主化运动。

---

① 这两篇文章分别见《中华教育界》1949 年第 28 卷（复刊第 3 卷）第 2 期、第 3 期。

② 1942 年盟国教育部长会议在伦敦召开，它是后来教科文组织产生的起点，我国派观察员列席。1944 年 4 月第 9 次部长会议拟就《联合国教育文化建设组织宪章初稿》，分寄联合国会员国征求同意，1945 年 11 月教科文组织正式成立，通过《联合国教育科学文化组织约章》，我国派胡适等 5 人出席。1946 年 11 月在巴黎举行成立后的第一次会议，我国派出以教育部长朱家骅为团长、赵元任等 5 人为成员的代表团参加。1947 年 8 月 28 日联合国教育科学文化组织中国委员会举行成立大会。

近代以来深受战争磨难、以“天下一家，世界大同”为理想的中国知识分子一直致力于推动中国教育民主化运动。世界范围内教育民主化运动的风起云涌为他们在中国进一步推进教育机会均等提供了新的契机。他们深信只要“民众可以获得基本教育，庶天下一家、世界大同之理想，可以实现于全球”。[①] 在此信念下，他们大倡教育民主化。从当时一些著名教育家的著作及主要教育期刊所载文章就能看出。[②] 教育民主化是这一时期教育学界的重要议题。1947 年 10 月在南京举行的中国教育学术团体联合会（16 个教育学术团体的代表 130 人出席）就以“民主与教育”作为讨论的主题，与会人士就教育学术界如何合力加速中国教育的民主化，以适应世界教育潮流进行了热烈的讨论。

教育民主化的首要特征就是人人享有教育的机会，尽管联合国教科文组织认为中国在推进人人受教育方面成绩显著，把第一次基本教育会议安排到中国举办。但中国的知识分子清醒地认识到，中国当时离这个目标还很远，大量的成人、儿童根本享受不到教育的机会，文盲充斥于整个国家。在世界性教育民主化以及基本教育运动的大潮中，知识分子们对中国近代以来推进教育机会的努力进行了自我反省。这种反思主要涉及两方面：一是从教育外部着眼，探讨教育机会平等与政治、经济的关系；一是从教育内部切入，研究民众关于教育的一些基本认识对教育机会实现的影响。

二 教育机会平等的推进与政治、经济的关系

关于教育平等与政治经济的关系，从“五四”时期开始就有论述。如陈独秀在 1920 年就指出劳工只有物质问题解决了，才有可能去受教育。许崇清、杨贤江等早期唯物主义教育家在 20 世纪 20 年代末都曾指出：只

---

① 庄泽宣：《联合国文教组织与基本教育》，《教育杂志》1947 年第 32 卷第 3 号。

② 如陶行知在 1945 年发表了《实施民主教育的提纲》、《民主教育》、《民主教育之普及》等文章。《中华教育界》1947 年发表了《如何使教育民主化》（第 26 卷〈复刊第 1 卷〉第 11 期），1948 年刊登了《民主与教育》（第 27 卷〈复刊第 2 卷〉第 11 期）、《教育民主化的基础》（第 27 卷〈复刊第 2 卷〉第 12 期）。《教育杂志》在 1948 年发表了《中国教育民主化之条件》、《民主化的教学实施》（第 33 卷第 6 号）、《中国学制民主化与中学教育》（第 33 卷第 8 号）、《如何使学校教育民主化》（第 33 卷第 9 号）、《教育民主化的根本考虑》（第 33 卷第 12 号）等。董渭川于 1949 出版了专著《中国教育民主化之路》（上海中华书局 1949 年版）。

要经济不平等，教育就不可能平等。“教育权跟着所有权走。”但这些声音在当时还是空谷足音，大多数的人对此还缺乏认识。陶行知、晏阳初等教育家以宗教般的热诚投入民众教育，以实现人人受教育的理想。但经过几十年个人英雄式的战斗后，他们发现普及教育的理想仍然很遥远，文盲占全国人口 80% 以上的数字好像永无变动。

在世界教育民主化浪潮中，在现实面前碰壁的知识分子逐渐意识到为教育而教育的道路不通，平等的教育机会产生于民主的政治、民主的经济和民主的社会。“如果政治、经济、社会各方面不走向民主，平等的教育机会是不会从天上掉下来的。”① 他们认识到：“教育不是一种孤立的东西，与政治、经济、社会等息息相关。虽然教育负有领导社会、推动政治、协助经济繁荣的重任，但在不正常的状态下，教育往往为政治、经济、社会等所决定、所控制，所以教育不能单独完成其自身的民主的革命任务。要教育民主，非政治、经济、社会一齐走向民主不可。唯有在政治、经济、社会全盘民主的途程中，才能完成教育民主的任务。”② 教育的民主需要多方面的配合，需要以多方面的民主为基础。

以政治和教育而论，如果一个国家政治没有民主化，统治者不以人民为主，把人民作为驾驭、颐指的对象，那他们一定抱着“民可使由之，不可使知之”的态度。在这种状况下，统治者绝不肯认真地去普及教育，更不会重视边区及乡村文化水准的提高。因为他们怕教育普及之后，民智提高了，人民有知识、有力量不听从其命令，不受其统治，甚至将反抗其压迫蹂躏。可见，在一个没有民主化政治的国家中，要想教育单独走向民主化，是不可能的。只有民主化的政治，才需要民主化的教育的。

经济的民主更攸关于教育民主。如果经济上不民主，还存在着剥削和压榨的不平等的经济制度，那么一般挟有压榨剥削特权的富人阶层，有钱有闲享受教育。而被压迫剥削的穷苦人们，终岁辛勤还得不到温饱，谋生不遑，根本没有余闲余资去受教育。对于农民而言，如果土地问题不解决，没有属于自己的田地，单靠教育去教他们增加生产，路是走不通的。因此，在一个经济不平等的社会里，受教育的性质与时限完全决定于财

---

① 董渭川：《中国教育民主化之路》，中华书局 1949 年版，第 27 页。

② 刘百川、朱佐廷：《教育民主化的根本考虑》，《教育杂志》1948 年第 33 卷第 12 号。

力，教育绝没有民主可言。没有民主化的经济，是产生不出民主化的教育的。

教育既受着政治、经济、社会等条件牵扯，要教育民主，必须所有这些方面共同走向民主。由此，学者们认识到，教育民主化并非一桩易事，其实现需要一个过程。以美国为例，美国并未经过悠久的封建阶段，素以自由平等思想发达而自豪，且以工商立国，可是为了争取大众的教育权，尚且经过长期的斗争，才成就了并不彻底的民主教育。为谋经济平等而革命的苏联，在流过若干年血之后，动员全国知识分子的力量，近乎二十年的功夫，才解放了全国的文盲大众。由这两个国家可知，教育民主化的实现并非一帆风顺、一蹴而就。对于受长期封建制度影响、经济极度衰弱的中国而言，推进以教育机会平等为核心的民主化绝不是朝夕可以完成的。

教育的民主化不能孤立进行，有赖于政治、经济、社会、文化各方面的民主化为其条件。同时，政治、经济等所有方面的民主化又有赖于教育的民主化，彼此相辅相成。教育应该树起民主化的大旗，努力于反封建的目标，配合、推进、辅助政治经济社会的新建设。以教育与政治而论，人民由于受长期的封建专制，误认为自己就是“被人管”的阶级，没有权利与义务的观念。这就需要教育去启蒙人民，使他们逐渐具有民主意识，认识到每个人都有权自己管理自己，管大家的事，管国家的事。以教育的力量来推进政治民主的建设。因而，对于教育者而言，一方面不能盲目认为教育可以单独民主化；另一方面也不能把责任推诿给别的方面，静候别的方面民主化成功了，再进行教育民主化。教育和其他种种方面具有连锁性，教育具有开辟新路向的功能。

三　教育机会平等的实现与民众教育观念的转变

在教育民主化浪潮下，知识精英对近代教育变革以来的教育功能及民众教育观念进行了审视。他们发现旧式的科举虽然废除了，但学校教育和国民头脑中仍旧盘亘着科举的精神。科举精神是教育民主化的死对头，制约了民众教育机会的平等。

近代以来，因外来的刺激，先后爆发过多次的民主革命。辛亥革命推翻帝制改建民主；“五四”运动，打倒旧礼教提倡德谟克拉西。但这些都只及于上层的知识分子，并没有动摇到社会的下层，封建思想依旧深藏于人民大众的头脑。对于国民来说，他们仍然认为："士"为一特殊职业，居于四民之首，享有"人上人"的特殊地位。"人上人"便可以四体不勤五谷不分的"食于人"，而且高高在上的"治人"。家长让子弟入学、受教育，总是抱着"学而优则仕"的心理，目的就是为了升官发财。他们认为教育唯一的任务就在于读书识字写文章，与生活相连的知识技能都是教育以外的事。

代替科举而兴办的现代学校，虽然学习了西方的制度形式，引入了各种课程，但其教育目的并没有从根本上改变。人们进学校的目的仍然是为了获得功名富贵与身份地位。进入学校的级别越高，社会地位就越高，获得的功名富贵也越丰厚。于是学校教育就转向狭隘的升学路，成了升学的准备场所，小学要升中学，中学要升大学，大学再升比较更高的学校。因为要升学，便不得不注意考试，一切科目专作考试打算，考试以外无目的，也可说考试以外无教育。因为考试的需要，小学便做中学的俘虏，中学便做大学的俘虏，中小学本身毫无教育任务，只是盲目地跟着上一级的学校瞎跑。①

一般国民把学校看作是进身的阶梯，学校也迎合着这种观念，以升学为要务，学校的现实状况进一步加固了人们头脑中对教育的认识。这种认识影响着民众教育机会的均等。对于那些殷实之家，他们会尽一切可能送子弟入大学，以使他们获得至尊地位，延续自己的身份优势。而那些贫穷之家，虽然觉得功名富贵固然可羡，但对于他们来说，饥寒交迫则尤其可怕。他们没有更多的金钱也不愿冒风险送子弟读书。因为他们知道，费十几年心血去培养子弟读书，最后升入高一级学校的机会很少。那样的话，不仅不能得到利益，反而亏了本。既然子弟不可能升入高一级学校，实现升官发财的梦想，他们干脆就不让自己的子弟读书，哪怕是最基本的教育。

知识精英认为民主化教育的时代已经来临，但它不会安坐而至，需要用革命的力量努力争取，打破历史的传统与心理上的迷信，才能实现。针对上述民众对教育功能的认识，他们提出国家要通过一些实际行动加以引

① 刘百川、朱佐廷：《教育民主化的根本考虑》，《教育杂志》1948 年第 33 卷第 12 号。

导，教育工作者更要清除传统的障碍。

对于国家来说，必须贯彻国民教育“在学儿童一律免纳学费，贫苦儿童并须供给书籍”的政策。国民学校应一律不收任何费用，假使地方为办理教育筹集经费，亦不得以学生为筹集对象。如学生家长捐献，应依照人民富力作合理的负担。国民教育应以培养健全国民为主要任务，学生升学应是自然的结果。国民学校的课程应针对国民生活的需要，不得完全致力于准备升学，政府不以升学的成绩作为考核的根据，应积极指导小学毕业不能升学的学生从事农工商各业。国民教育以外的各级学校教育应各有其明确的目标，充分发挥其特殊的功能，不完全以升学为目的。农工商各项职业教育应根本改造，使能确实替代中国固有的家族制及徒弟制的职业训练。政府对于各级学校的设校设班应有整个的计划，有相当的职业或学习的机会，使每个毕业生不致失学或失业，都获得适当的出路。正式学校教育以外的各种补习教育应普遍地发展，使不升学的人仍有受各级教育的机会，已经就业的人也有专业进修的机会。

对于教师来说，要进行彻底的自我改造，改变自己的思想意识、行为态度，一切教育实施不专重读书识字及空洞知识的传授，而注意生活的适应与改造。并且在做上教、做上学，领导学生实地去做，同时自己也实地在做，打破书本教育的观念。一切教育的材料要力求实用，使学生学过的东西马上便能应用起来。①

简言之，国家要保证每一个儿童受最基本的国民教育，在教育政策上要积极引导各级学校避免升学导向，要充实各级学校，以使每个人在各个时候都有学习的机会。要创造就业的机会，使不能升学的人有生活的出路。教师则要改革教学内容、教学方法，为学生提供与生活相关的、切实有用的教育。通过各方面的努力，才能逐渐转变民众头脑里根深蒂固的科举精神。而民众的教育功能观转变有利于教育民主化的推动、教育机会的平等。

综合上述各部分所述，20 世纪 30—40 年代知识精英对教育平等的认识已从权利平等发展到机会平等。“五四”时期对西方文化的推崇，使他们对教育权是人的一项基本人权深信不疑。中国岌岌可危的国势也迫使他

---

① 刘百川、朱佐廷：《教育民主化的根本考虑》，《教育杂志》1948 年第 33 卷第 12 号。

们从倡导自主、自动的教育转向首先关注公民的教育机会。权利、社会危机成为知识精英提倡教育机会平等的立论基础，现代教育心理科学的最新理论也为他们提供了有力的根据。贫者、农民、成人这些教育权无法得到保障、直接关乎国家命运群体的教育机会受到特别的重视。知识精英既吸取西方教育平等理念，又注意中国国情，并从中国传统教育中寻求智慧。他们肯定西方现代教育制度所带来的机会平等，同时提出中国学校的设立要考虑中国的城乡分布、经济状况、农民需求。认为中国首要解决的应是每个人是否拥有教育机会，不能完全以西方义务教育的标准来办教育。主张义务教育在年限、入学年龄、课程教材、校舍设备等方面尽可简化，力求实用。第二次世界大战后，世界范围的教育民主化运动使知识精英更坚定地认识到教育机会平等的重要性，他们对此前的努力作了反思，认识到平等教育机会的获得需要政治、经济、社会各方面走向民主，需要打破深藏于民众头脑中的科举精神。

第五章　1949—1978 年：工农优先的中国式教育平等观

1949 年中国共产党领导的新民主主义革命取得胜利，中华人民共和国诞生在世界东方。以美国为首的西方国家对新生的社会主义中国采取敌视政策，中国与西方国家的来往中断，中西近代以来的教育交流也基本停止。当西方国家在 20 世纪 60—70 年代掀起教育平等的研究高潮，并努力推进教育平等时，中国在封闭的环境中实施着特别的中国式教育平等。中国共产党人认为教育权跟着所有权走，工农大众既然已经成为物质生产资料的主人，也应该成为文化教育的主体。为使工农真正享有平等的教育机会，政府采取了向工农倾斜的多种措施。由于受经济文化条件、国家发展任务以及教育价值观等因素的限制，工农受教育的现状与中国共产党人的愿望存在着较大距离。但一些“左”的领导人，没有看到这些因素的限制，他们把工农不能平等受教育归罪于阶级压迫的存在，于是限制甚至剥夺了一些阶层的教育权利。中国共产党人认为资本主义国家是不可能有教育平等的，只有在社会主义国家才能实现教育平等。资本主义思想家提出的教育平等观念受到批判，而社会主义被认为是平等的代名词，关于平等的讨论也就很少。这一阶段的教育平等观念并不活跃，观念比较统一、单一，反映观念的主要是一些政策法规、领导人的讲话。

第一节　以工农为教育主体

中国共产党认为工农大众应成为教育的主体，工农要平等地受教育。一方面，在中国共产党看来，工农大众的教育权利不可剥夺，必须受到法律应有的保障。另一方面，工农大众受教育也是革命和生产的需要，新民主主义革命的胜利依靠教育对民众的启蒙，社会主义事业的建设和巩固同样需要通过教育提高人民民主专政政权的基础——工农的素质。1949年后中国共产党人始终抱定这样的观念——“教育要以工农为主体”。

一　教育权是工农的基本权利

在中国现代教育平等的历程中，最早明确提出教育权思想的是陈独秀、李大钊等早期马克思主义者。他们不满于劳工在物质和精神上的压迫，提出任何人“无论他是什么种族、什么属性、什么阶级、什么地域都能在政治上、社会上、经济上、教育上享有他们的权利”[①]。他们的教育权思想受劳工的境遇所触发，目的也是为劳工争取在教育上的平等权利。1921年代表工农利益的政党——中国共产党成立，自此它一直把工农在政治、经济以及文化教育上的彻底解放作为自己崇高的社会责任。

1922年7月，中国共产党召开第二次全国代表大会，大会《宣言》明确列出党的奋斗目标，其中之一就是“制定关于工人和农民以及妇女的法律”，以保障他们的合法权益。在所列的权益中，有一条就是教育权，提出要“改良教育制度，实行教育普及”。[②] 在当时的中国社会，工农大众在经济上毫无保障，入学校受教育是不可能的事，教育机会为有钱有闲的人所享有，工农大众基本上没有受教育的机会。中国共产党人认为这种教育机会的不平等是现代教育不平等的重要表现，主张工农大众应该通过自己的争取，要求政府“以法律保证男女劳动者有受补习教育之机会”。如果工农大众没有受教育的机会，只能永远处于奴隶的地位。[③] 1931年中国共产党在江西瑞金建立了中华苏维埃共和国，在共和国第一次全国工农兵代表大会发表的《宣言》中宣布：“工农劳苦群众，不论男子和女子，在社会、经济、政治和教育上，完全享有同等的权利和义务。”“一切工农劳苦群众及其子弟，有享受国家免费教育之权。”大会通过了《中华苏维埃共和国宪法大纲》，其中第12条规定：“中国苏维埃政

① 李大钊：《战后之妇人问题》，《新青年》1919年第6卷第2号。

② 《中国共产党第二次全国代表大会宣言》，载中央档案馆编《中共中央文件选集》（第一册1921—1925），中共中央党校出版社1982年版，第78页。

③ 中央教育科学研究所编：《中国现代教育大事记（1919—1949）》，教育科学出版社1988年版，第57页。

权以保证工农劳苦民众有受教育的权利为目的。在进行国内革命战争所能做到的范围内，应开始施行完全免费的普及教育。”① 中国共产党一方面呼吁当时的执政者制定法律来保证工农大众的应有教育权利，为工农大众提供必要的教育机会；另一方面在自己所领导的区域内颁布法律，保证工农劳苦民众的受教育权利，并通过各种方式为工农大众提供受教育机会。苏区如此，在此后的抗日根据地和解放区，中国共产党都积极地践行着自己的理想。

1940 年毛泽东在《新民主主义论》中清楚地表达了中国共产党人的历史使命：“不但为中国的政治革命和经济革命而奋斗，而且为中国的文化革命而奋斗；一切这些的目的，在于建设一个中华民族的新社会和新国家。在这个新社会和新国家中，不但有新政治、新经济，而且有新文化。”他依据客观实际，提出中国革命要分两步走，第一步是新民主主义革命，第二步是社会主义革命。因而“所谓中华民族的新文化，就是新民主主义的文化”。对于新民主主义文化的性质，毛泽东描述为“民族的科学的大众的文化”。他认为这种大众的文化即是民主的文化，“它应为全民族中百分之九十以上的工农劳苦民众服务，并逐渐成为他们的文化”。② 1945 年 4 月，在抗日战争即将取得全面胜利前夕，毛泽东在中国共产党第七次全国代表大会上作了《论联合政府》的报告。他提出反帝反封建胜利后，所建立的新国家在文化教育上应具有的特征：“中国国民文化和国民教育的宗旨，应当是新民主主义的；就是说，中国应当建立自己的民族的、科学的、人民大众的新文化和新教育。”③ 这既是对抗日根据地教育经验的总结，又是对未来人民共和国教育性质的定位。

1949 年共产党领导的民主革命取得了胜利，建立了以工农联盟为基础的人民民主专政的新中国。新中国的成立标志着劳动人民成了国家的主人，工农大众不仅在政治、经济上得到了解放、翻了身，在文化教育上同

① 中央教育科学研究所编：《老解放区教育资料》（一），教育科学出版社 1981 年版，第 27—28 页。

② 毛泽东：《新民主主义论》，载《毛泽东选集》（第 2 卷），人民出版社 1991 年版，第 663、665、708 页。

③ 毛泽东：《论联合政府》，载《毛泽东同志论教育工作》，人民教育出版社 1992 年版，第 202 页。

样要翻身，成为国家真正的主人。1949年9月29日，中国人民政治协商会议第一届全体会议通过了《共同纲领》，明确提出“中华人民共和国的文化教育”是“大众的文化教育”。[①] 所谓“大众的文化教育”就是教育要以工农为主体，不仅社会教育毫无疑义地应以工农为主体，而且小学、中学、大学都要向工农开门，使工农成为学校教育的主体。《共同纲领》作为中华人民共和国成立初期的施政纲领，实际起的是临时宪法作用，其对教育的规定从法律上保障了工人、农民的受教育权利。1951年8月10日政务院第97次政务会议通过了《关于改革学制的决定》，《决定》以教育法令的形式，明确地、充分地保障全国人民，首先是工农劳动人民受教育的权利。《共同纲领》从国家的性质出发，规定了工农具有受教育的政治权利，这是工农受教育的前提和依据。而《关于改革学制的决定》则进一步确立了工农的教育地位、教育权利，为工农教育机会的落实提供了保障。

1954年9月，第一届全国人民代表大会第一次会议通过《中华人民共和国宪法》，这是新中国成立后的第一部宪法。该法的第3章“公民的基本权利和义务”下的第94条规定：“中华人民共和国公民有受教育的权利。国家设立并且逐步扩大各种学校和其他文化教育机关，以保证公民享受这种权利。”[②] 在1949年后的很长一段时间内，公民主要指的是工人阶级、农民阶级、城市小资产阶级和民族资产阶级。在这四种阶级中，工人和农民占中国人口的80%—90%，他们又是人民民主专政的基础。[③] 因而宪法所保障的公民的基本教育权利主要是指工农的教育权利。

由上可知，从早期的中央苏区，到后来的抗日根据地以及解放区，中国共产党都把保障工农大众的教育权利作为首要任务。1949年中华人民共和国成立后，通过一系列法律、法规确保工农大众的教育权利。在中国共产党看来，工农大众是社会财富的创造者，受教育是他们最基本的权利。

---

① 《中国人民政治协商会议共同纲领》，载何东昌主编《中华人民共和国重要教育文献（1949—1975）》，海南出版社1998年版，第1页。

② 《中华人民共和国宪法》，《人民教育》1954年10月号。

③ 毛泽东：《论人民民主专政》，载《毛泽东选集》（第4卷），人民出版社1991年版，第1478页。

二 工农是革命和建设的主力军

中国共产党主张工农要平等受教育，原因之一在于他们认为工农的教育权利不可剥夺，更重要的原因在于他们认为革命的成功、政权的巩固都需要对工农进行教育。

早在“五四”时期，早期马克思主义者李大钊等人就明确提出教育要成为革命事业的重要组成部分，要“把知识阶级与劳工阶级打成一气”，才能实现国民全体的解放。① 他们积极开展多种形式的工农教育活动，宣传马克思主义，启发工农革命觉悟。这些活动对创立中国共产党产生了重要影响。1921 年中国共产党召开第一次全国代表大会，大会的决议中提出要成立工人学校，“学校的基本方针是提高工人觉悟”。②

以教育唤醒工农阶级斗争觉悟，培养其实践斗争能力，服务于新民主主义革命和武装夺取政权是共产党的一贯主张。对此，毛泽东多次作了论述。1934 年在中央苏区第二次全国苏维埃代表大会的报告中，毛泽东对苏维埃文化教育的任务作了阐述。他说：“为着革命战争的胜利，为着苏维埃政权的巩固与发展，为着动员民众一切力量，加入于伟大的革命斗争，为着创造革命的新时代，苏维埃必须实行文化教育的改革。”苏维埃政府要用“一切方法来提高工农的文化水平”。③ 1939 年在纪念“五四”运动 20 周年时，毛泽东进一步讲道：中国反帝反封建的人民队伍中，知识青年们和学生青年们组成了一支重要的方面军。但它还不是主力军，光靠它是不能打胜敌人的。真正的主力军是占全国人口 90% 的工农大众，但这支主力军需要动员起来、组织起来。因而知识青年要到工农民众中去，变为工农民众的宣传者和组织者。只有全国知识青年、学生青年和广大的工农群众结合在一块、和他们变成一体，才能形成一支强有力的军队。④

---

① 李大钊：《青年与农村》，载《李大钊全集》（第三卷），河北教育出版社 1999 年版，第 179 页。

② 《中国共产党第一个决议》，载中央档案馆编《中共中央文件选集》（第一册 1921—1925），中共中央党校出版社 1982 年版，第 8 页。

③ 毛泽东：《苏维埃区域的文化教育》，载《毛泽东同志论教育工作》，人民教育出版社 1992 年版，第 4—5 页。

④ 毛泽东：《青年运动的方向》、《五四运动》，载《毛泽东同志论教育工作》，人民教育出版社 1992 年版，第 53、60 页。

1940 年毛泽东在《新民主主义论》中又讲道："革命文化，对于人民大众，是革命的有力武器。""没有革命的理论，就不会有革命的运动。""一切进步的文化工作者，在抗日战争中，应有自己的文化军队，这个军队就是人民大众。"[①] 由以上论述可知，以毛泽东为首的中国共产党人认识到工农大众的解放需要依靠自身的力量，而这力量来源于教育，对工农大众的教育是革命取得胜利的关键。

鉴于上述认识，中国共产党在土地革命战争、抗日战争、解放战争中克服各种困难，在革命根据地创办学校，广泛地开展工农革命教育。通过教育培养了大批为革命战争和革命政权建设服务的优秀人才，动员和组织了最广大的无产阶级革命群众，教育了数万万中国人民，从而战胜国内外的各种敌人，取得了革命的胜利。

革命胜利后，建立了人民民主专政的政权，工人阶级成为国家的领导阶级，工农联盟是国家的基础。为了巩固和发展人民民主专政，必须在思想上、政治上加强和提高工人和农民。而使工农平等地受教育，提高工人和农民的文化水平、政治觉悟，就是加强和提高工农、巩固与发展人民民主专政的重要步骤。如时任教育部副部长的钱俊瑞所言："人民民主专政好比一所房子，工农联盟是屋基，屋基打得不巩固，那我们的房子就不结实，就不能盖成高楼大厦。我们的一切教育工作者应该从文化科学上与政治上不断提高工人阶级和农民阶级。"[②]

新中国成立后，如何维护新生共和国的独立、和平与统一，如何使国家迅速富强起来，是中国共产党面临的主要任务。为了实现此目的，当时最重要的工作有两方面：一是建立一支强大的国防军，以便击退任何侵略者的进攻，保卫国内的和平建设；二是建立强大的经济力量，使中国从落后的农业国变成现代的工业国。这两方面的建设都有赖于工农素质的提高。只有军人素质提高了，他们才能了解国际形势，增强战斗的凝聚力，使用现代武器，赢得战争的胜利。只有工农素质提高了，他们才会改进生产技术，使用现代化的生产工具，提高劳动生产率，以积极的劳动态度投入到

① 毛泽东：《新民主主义论》，载《毛泽东同志论教育工作》，人民教育出版社 1992 年版，第 99 页。

② 钱俊瑞：《当前教育建设的方针》，《人民教育》1950 年第 1 期。

生产中。为了加强这两面的建设，必须使工农受教育，提高他们的素质。

国防建设、经济建设是新中国面临的两大建设任务，都需要以文化建设去推动。同时，文化建设本身也是新中国必须要加强的方面。毛泽东在中国人民政治协商会议第一届全体会议上的开幕词《中国人民站起来了》中提道："随着经济建设的高潮的到来，不可避免地将要出现一个文化建设的高潮。"[①] 文化建设高潮的基本内容和主要标志就是工农文化教育的发展。在马克思主义者看来，社会主义的优越性是全方位的，自然包括文化教育在内。新中国的教育事业应当比旧中国更加先进，更加发展。如毛泽东所言："中国将以一个具有高度文化的民族出现于世界。"这当然有待于工农文化教育水平的提高。

简言之，在中国共产党人看来，要巩固和发展人民民主专政，建立强大的国防和高度发展的社会主义经济，全面推进社会主义建设事业，必须加强工农教育，使劳动人民有文化、工农大众知识化。

三　工农教育现状的触动

1949 年后工农成为国家的主人，但其教育情况与其将要承担的任务极不相称。据统计，1949 年各类学校在校学生数分别为：小学 2400 万人，中学 130 万人，大学 12 万人，小学、中学、大学学生数占同龄人入学率分别为 25%、3%、0.3%。1949 年全国大学毕业生人数为 18.5 万人，中学毕业生人数为 400 万人，小学毕业生人数为 7000 万人。当时全国的总人数为 54000 万人，大学毕业生、中学毕业生、小学毕业生占全国总人口比例分别为 0.03%、0.74%、12.96%，文盲比例在 80% 以上。[②] 钱俊瑞在《当前教育建设的方针》中提道："除老解放区的小学和中学已有极大多数的学生是农民工人的子女以外，其他地区的各级的学校的学生

---

① 毛泽东：《中国人民站起来了》，载《毛泽东同志论教育工作》，人民教育出版社 1992 年版，第 212 页。

② China: Socialist Economic Development. Annex G. Education Sector. World Bank Document (1 June 1981) Washington, D.C.: The World Bank, 1981。见《剑桥中华人民共和国史（1949—1965）》，第 194 页。关于 1949 年的数据还可参见《三十年全国教育统计资料（1949—1978）》，第 12 页。该统计资料中载 1949 年的高等学校学生数为 11.7 万人，中等学校学生数为 126.8 万人，小学生数为 2439.1 万人。论文所引用的世界银行数据与该数据接近，世界银行的数据不仅有各级学校学生数，还有其所占同龄人的比例，因而引用了世界银行的数据。

绝大多数还是中农以上和城市小资产阶级以上的子女；占全国人口 80% 以上的工农大众及其子女基本上还被关在学校门外。”鉴于工人、农民最缺乏文化的现状，中国共产党提出必须用主要的力量给工农以教育，使教育真正成为民主的教育。

工农教育的缺乏，是把自己利益与工人农民紧密联系在一起的中国共产党无法容忍的，也是共产党促进工农受教育的动力源泉。每次普及教育方针政策的出台就是源于对工农教育现状的不满。比如，到 1956 年，全国文盲还占总人口的 78%，全国学龄儿童已经入学的只占 52% 多一点。[①]个别地区入学儿童仅占学龄儿童的 27.66%。[②] 针对这种情况，1956 年 1 月制定的《1956 年到 1967 年全国农业发展纲要（草案）》中提出：“从 1956 年开始，按照各地情况，分别在 5 年或者 7 年内基本上扫除文盲。并且乡乡设立业余文化学校，以便进一步地提高农村基层干部和农民的文化水平。按照各地情况，分别在 7 年或者 12 年内普及小学义务教育。”[③]

由于上述原因，1949 年后确立了工农优先受教育的战略。如钱俊瑞所言：“我们的人民教育，第一必须是为着工农兵，第二是为着小资产阶级，第三才是为其他爱国民主阶层。”[④] 工农及其子女有享受教育的优先权。在这种思想的影响下，1949 年 12 月召开的新中国第一次全国教育工作会议确立了“教育工作的发展方针是普及与提高的正确结合，在相当长的时期内以普及为主”。普及当然以工农为主要对象。会议要求原有学校要为工农子女和工农青年开门，同时还提出要专门创办为工农服务的人民大学、工农速成中学，大办工人、农民补习教育。[⑤] 1950 年 9 月教育部、中华全国总工会召开全国工农教育会议，讨论如何更有效地保障工农优先受教育。专门会议的召开充分说明了共产党对工农教育的重视。

中国共产党人将工农作为教育基本对象有多方面原因，其中革命和建

① 张奚若：《目前国民教育方面的情况和问题——在第一届全国人民代表大会第三次会议上的发言》，《人民教育》1956 年第 7 期。

② 《普及义务教育》，《人民日报》1956 年 2 月 27 日第 1 版。

③ 《1956 年到 1967 年全国农业发展纲要（草案）》，《人民日报》1956 年 1 月 26 日第 2 版。

④ 钱俊瑞：《学习和贯彻毛主席的教育思想——为纪念中国共产党的三十周年而作》，《人民日报》1951 年 6 月 29 日第 3 版。

⑤ 中央教育科学研究所编：《中华人民共和国教育大事记（1949—1982）》，教育科学出版社 1983 年版，第 8 页。

设的现实需要是主要因素。也就是说，之所以让工农优先受教育，主要是为了服务于革命和建设，而不是出于保障他们的基本教育权利。这可以从共产党在新中国成立前后的教育重心看出。在革命战争时期，当时的教育战略是“干部教育应该重于群众教育；在干部教育中，现任干部的提高又应重于未来干部的培养；在群众教育中，成人教育也应该重于儿童教育”。[①] 1949年后确立了为工农服务的教育方针，但在实施中有先后缓急。“首先着重工农干部和工农积极分子的教育，并逐步地推广到有组织的群众，首先是男女青年和其他迫切要求学习的工农。”[②] 可以看出，干部教育和成人教育一直是教育的重心。在共产党人看来，干部是群众的先锋，是联系群众推行政策的桥梁，在革命和建设中，对群众具有指导、教育作用。只有大力给干部以教育，提高他们的文化水平、政治水平，才能更有效地发挥他们的带头作用和桥梁作用。成人则是革命和建设的中坚，他们受了教育后，会更好地推动革命和建设。可见，在革命和建设的需要面前，首先享有教育的是能够投入革命和建设，并在其中发挥更大作用者。儿童以及公民最基本的教育需要、教育权利让位于现实的迫切需要，开展工农教育于是转变成了一项重大的政治任务。

第二节　促进工农平等受教育的措施

面对工农缺知少教的现状，为了尽快使他们真正成为各级教育的主体，党和政府一方面通过制度保证工农享有受教育的优先权；另一方面通过各种措施扩充教育资源，增加工农的教育机会。

一　建立有利工农受教育的学制

中国共产党认为中国旧有的学制体系，由于受社会性质所决定，和广大劳动人民没有联系或很少联系。要使工农都变成有文化、有学识的人，必须彻底改造旧的教育体系，建立与人民共和国性质相符的、能够满足工

① 《论普通教育中的学制与课程》，《解放日报》1944年5月27日，载教育科学研究所筹备处编《老解放区教育资料选编》，人民教育出版社1959年版，第17页。

② 钱俊瑞：《为提高工农的文化水平，满足工农干部的文化要求而奋斗——在第一次全国工农教育会议上的总结报告》，《人民教育》1951年5月号（第3卷第1期）。

农教育需求的、服务于国家经济建设的新的教育体系。在他们看来，这是工人、农民受教育权利得以落实的重要保障。

1949 年以前先后实施过三个重要学制。1904 年制定的癸卯学制奠定了中国近代学校教育制度，但带有很强的封建性。1912—1913 年间制定的癸丑学制在革除封建性内容、体现资产阶级民主思想等方面有重要推进。受“五四”新文化运动的影响，1922 年制定了壬戌学制。国民政府时期，虽然对这一学制做过一些调整，但基本上没有改变，一直沿用此学制。对于这一学制，中国共产党认为有两方面的缺点限制了工农平等受教育。一是该学制规定初等教育 6 年，分初小和高小两段，分别为 4 年、2 年。从实际来看，仅 10% 的人受到 6 年的初等教育，这些人都是资产阶级的子弟，而广大的劳动人民子女难于受到完全的初等教育。在农村大多设立的是 4 年制小学，这使城市和农村的劳动人民受教育的机会不平等，对农民是一种歧视。[①] 二是工人、农民的干部学校和各种补习学校、训练班，在学校系统中没有应有的地位。[②] 国民政府时期尽管也重视对大众的补习教育，但这种教育被排除在学制系统外，与正规教育相脱离。民众接受完补习教育后，没有机会升入更高一级的正规学校。补习教育是工农大众一生所唯一可能受到的教育。

针对国民政府时期学制的上述弊端，为了使工农真正有机会平等就学，新中国成立后，中国共产党即着手学制改革。1951 年 8 月政务院通过了《关于改革学制的决定》，对国民政府时期学制不利于工农平等受教育之处进行了修正：

第一，规定：“小学的修业年限为五年，实行一贯制，取消初、高两级的分段制。”无论是城市还是农村，小学都实行统一的五年制。这一方面使全国农村小学都提高到五年，农民子弟可以受完全的初等教育，扩大和提高了整个人民的基础教育。另一方面取消了初等教育的城乡差别，城乡劳动人民的子女有平等机会享受完全的初等教育。[③] 农村的孩子不用离家、不用花更多的钱就能非常便利地享受过去很难受到的高小教育。

① 《学制改革的重大意义和新学制的基本精神》，《人民教育》1951 年 10 月号（第 3 卷第 6 期）。

② 《关于改革学制的决定》，《人民日报》1951 年 10 月 3 日第 1 版。

③ 郭林：《三年来的小学教育》，《人民教育》1953 年 1 月号。

第二，将为自幼失学的青年和成人开设的工农速成学校、业余学校归入学制体系。这类学校不仅有初等学校，还有中等学校。初等学校有工农速成初等学校、业余初等学校和识字学校（冬学、识字班），与对儿童实施初等教育的小学处于同等地位。中等学校有工农速成中学、业余中学、中等专业学校，与普通中学处于同等地位。过去只是作为补充的成人学校在新学制体系中占有了重要的地位，工农大众的教育受到了应有的重视。

第三，各级各类学校系统互相衔接、彼此沟通。工农速成初等学校、业余初等学校既可升入对应的上一级工农速成中学、业余中学，又可升入其他中等学校。工农速成中学、业余高级中学的毕业生只要通过考试都可升入各种高等学校。正规中学的毕业生不再是有资格入大学的唯一候选人，所有参加过各种短期学校和业余学校的人们这时都可以进大学。时任教育部部长的马叙伦形象地将其比喻为："条条大道通大学。""全体人民，只要自己努力，谁都有受高等教育的机会。"①

上述几方面都是出于工农大众平等受教育所作的修改，然而在具体实施中遇到了困难。由于师资教材等条件准备不足，小学五年一贯制无法实行。从 1953 年秋季起停止推行。小学学制又回到了四二制，分初、高两级。初级修业期限 4 年，高级修业期限 2 年。② 以服务于工农干部，使他们能够尽快升入大学和专门学院深造的工农速成中学，难以在 3 年内完成普通中学 6 年的课程，有悖于教育规律，无法保证教育质量。1955 年 7 月，教育部、高等教育部发出《关于工农速成中学停止招生的通知》，于是年秋季停止招生。经过几年实践，上述三方面改革先后被调整或停止。

二　提高工农学生在高校中的比例

新中国成立后，确立了以工农为主体的教育战略，不仅要使工农受最基本的教育，而且要使他们成为高等教育的主体。工农作为新政权的领导阶级，必须培养自己的知识分子队伍。陆定一在新中国成立初就表达过一

① 马叙伦：《三年来中国人民教育事业的成就》，《人民教育》1952 年 10 月号。

② 《中央人民政府政务院关于整顿和改进小学教育的指示》，《人民日报》1953 年 12 月 14 日第 3 版。

个愿望，在 10 年内让成千上万的工人、农民受到高等教育。[①] 但当时工农中受过相当高中文化程度教育的人非常少，因而要使他们进入高等学校学习，国家必须采取适当的措施，给他们特别的关照。当时采取的措施主要有：

第一，在高等学校里，附设工农速成中学，作为升入高等学校的预备班。预备班主要吸收工农干部，以速成的办法，在三四年期限中完成相当于普通中学六年的课程，毕业后直接升入高等学校。1952 年春天，在全国各地调集了一万多名大约相当于高中文化水平的机关及部队干部，经半年补习后，就全部升入了高等学校。[②]

第二，设立专门招收工农干部和产业工人为主的新型高等学校。建立于 1950 年的中国人民大学就是这种学校的代表之一。它是吸收苏联经验，为工农干部在短期预科补习的基础上接受长期的正规的高等教育的新型大学。像这样的大学，当时在全国还有一些，如 1952 年秋季在上海设立的华东政法学院，也是专门招收工人、农民入学，培养新型政法干部的大学。

第三，在高等学校入学考试中，对工农干部、产业工人、革命军人等采取降低分数线、优先录取、免考外语等方式，扩大其进入高等院校的机会。这种优惠政策受政治以及其他因素的影响曾有一些波动，但总的来说，一直把工农出身者作为照顾对象。在一些时候，为了提高工农在高校中的比例，甚至采取了极端的政策。

上述三项措施中，坚持时间最长、影响面最大的是高校招生政策。下面对 1950 年起的高等学校招生政策进行考察，可以发现对工农的特殊照顾。

1950—1952 年三年中，教育部发布的《高等学校招考新生的规定》中都提道：工厂、矿山、农场等产业部门的青年工人、工农家庭出身或本人是工农成分的干部，只要工龄或参加革命在三年以上者，考试成绩虽稍差，而可望在一学年内补习及格者，得从宽录取。1951 年和 1952 年还规定："各高等学校招生，在录取名额中对曾长期从事革命工作的工农干

① 陆定一：《新中国的教育和文化》，见《剑桥中华人民共和国史（1949—1965）》，第 214 页。

② 曾昭抡：《三年来高等教育的改进》，《人民教育》1953 年 1 月号。

部、知识分子干部及产业工人，应使达到一定的比例。”工农青年和革命干部只要未曾学习过外语，就可免考外语，经录取入学后，再设法补习。①

1953 年，中共中央宣布开始有计划地进行经济建设，实施发展国民经济的第一个五年计划。在教育上总结前几年的经验，提出“整顿巩固、重点发展、提高质量、稳步前进”的工作方针。② 在这一方针的指导下，从 1953 年到 1957 年，高校在招生政策上发生了一些变化，不再像前几年对工农出身者降分从宽录取。但仍然规定：工厂、矿山、农场等产业部门的产业工人，工农子女、工农成分的干部，当其考试成绩达到所报考专业的录取标准，在与一般报考青年成绩相同或相近时，应优先录取。③

上述照顾工农的高考入学政策，在 1957 年 4 月下旬开始的整风运动中，受到了一些知识分子的批评。他们认为“过去在升学、升级、选拔研究生、留学生时，有片面强调政治条件的偏向”，提出“人民内部在培养机会上应一视同仁”。在这一年 6 月份开始的反右斗争中，上述观点受到了官方断然反驳。时任政务院文教委员会主任的郭沫若在全国人大四次会议上的发言中指出，这种“一视同仁”是资产阶级虚伪的“平等”观。对于在旧中国被剥夺了受教育，特别是受高等教育权利的工农子女来说，如果实行“一视同仁”，他们永无受高等教育的机会。对所有人一样待遇那是真正的不平等。他以一组统计数字说明，在新中国成立后，虽然采取了一些措施，但旧社会留下来的不平等现象远没有完全消除。到 1956 年 9 月，高等学校在校的大学生和研究生中工农成分的比例分别为 34.29% 和 17.46%。中国科学院在学的研究生中，工农成分只占 5.92%。1952—1956 年的留苏学生中，工农成分只占 30.1%。这些数字表明，受国家培养的青年科学干部，工农成分只占少数，而资产阶级、地主家庭出身的青

---

① 《高等学校今年暑期招考新生的规定》，《人民日报》1950 年 5 月 29 日第 1 版；《高等学校一九五一年暑期招考新生的规定》，《人民日报》1951 年 5 月 9 日第 1 版；《高等学校一九五二年暑期招考新生的规定》，《人民日报》1952 年 6 月 13 日第 1 版。

② 中央教育科学研究所编：《中华人民共和国教育大事记（1949—1982）》，教育科学出版社 1983 年版，第 72 页。

③ 《高等学校一九五四年暑期招考新生的规定》，《人民日报》1954 年 5 月 25 日第 1 版；《全国高等学校一九五五年暑期招考新生的规定》，《人民日报》1955 年 6 月 9 日第 2 版；《关于 1957 年全国高等学校招考新生的规定》，《人民日报》1957 年 4 月 25 日第 7 版。

年，则仍然占多数。[①]

随着反右斗争的进一步发展，毛泽东改变了1956年八大一次会议关于我国社会主义主要矛盾的判断。在1957年9、10月间召开的八届三中全会上他提出：当前我国社会的主要矛盾仍然是无产阶级和资产阶级，社会主义道路和资本主义道路的矛盾，并把正在逐步接受社会主义改造的民族资产阶级和它的知识分子列为剥削阶级的范围。[②] 毛泽东认为，当时的知识分子，包括大学生，大多数出身于地主、富农、资产阶级以及富裕的中农，多数在思想方面、精神方面，还是跟稻子一样，风一吹就要摇。[③] 为了巩固无产阶级政权，他提出必须建立无产阶级知识分子的队伍。在他看来，"无产阶级没有自己的庞大的技术队伍和理论队伍，社会主义是不能建成的"。他提出要在10年内完成无产阶级知识分子队伍的建设。[④] 在毛泽东这一思想的影响下，1958年高等学校招生标准开始强调政治质量，更加向工农出身者倾斜。

新中国成立以来，一直对五类考生加以照顾，即少数民族学生；华侨学生和港澳学生；工人、农民，工农速成中学毕业生，工农干部；复员建设军人和转业军人；革命烈士的子女。1958年前对这几类考生照顾政策是一致的，而1958年则有不同的照顾政策。在这一年教育部发出的《高等学校招考新生的规定》中规定："对于报考的工人、农民、工农干部、工农速成中学毕业生以及参加革命工作满十年的在职干部、转业军人、复员军人，政治、健康条件合乎标准，学科考试成绩达到一定标准（入学后能够跟班上课）的，采取在录取一般考生以前优先录取的办法。""对于报考的少数民族学生、烈士子女、转业军人、复员军人、退伍军人、参加革命工作满五年的在职干部、参加工农业劳动满二年的青年知识分子，以及华侨学生、香港、澳门学生，采取同等成绩优先录取的办法。"对于

① 郭沫若：《驳斥一个反社会主义的科学纲领》，《人民日报》1957年7月6日第3版。《三十年全国教育统计资料（1949—1978）》载：1956年高等学校在校的大学生和研究生中工农成分的比例分别为34.1%和17.6%，这是对407482名大学生和4695名研究生所做的调查统计，与郭沫若提到的数字非常接近。

② 毛泽东：《毛泽东选集》（第五卷），人民出版社1977年版，第425页。

③ 同上书，第335页。

④ 同上书，第472页。

工人、农民、工农干部等，不仅在考试中采取降分优先录取的办法，而且进一步提出“可以采取免试保送入学的办法”。只要“政治、健康条件合乎标准，有关高等学校审查认为入学后能够跟班上课”，工农就可以被保送入学。[①] 由于工农在成绩方面的要求降低，甚至不参加考试就可以上大学，工农在高等学校中的比例在1958年达到了48.0%，而在1951年只有19.1%。在1958年前工农在高等学校中的比例一直在上升，到1957年为36.3%，从1951年到1957年六年间一共增加了17.2%，而从1957年到1958年一年就增加了11.7%，升幅远远超过前几年。政策向工农倾斜的效果非常明显。

高等教育的招生政策对高校中工农学生比例的影响，从1958年后几年仍可清晰地看出。1959—1960年仍然延续着1958年强调政治质量、贯彻阶级路线的方针，“对于工人、农民、工农干部和老干部，实行选送报考的办法，选送生不参加全国统一考试，由接受选送生学校单独进行考试”。经过接受学校的测验，只要他们入学后能够跟班上课，就可以进入大学学习。“对于未经选送而参加统一考试的工人、农民、工农干部，以及复员、转业军人、参加革命工作时间较久的在职干部等”则“采取优先录取的办法”。[②] 在这种政策的照顾下，1959年、1960年高等学校中工农成分学生比例明显上升，分别达到51.4%、54.6%。

1961年中央确立了“调整、巩固、充实、提高”的八字方针，教育领域也开始执行这一方针，大力进行调整工作，保证重点，提高质量。在1961年中央书记处讨论文教工作的会议上，时任中央书记处书记的邓小平在谈到1961年学校招生和今后三年教育事业的发展问题时说，科学教育水平并不决定于数量，主要是质量。如果讲普及，那是普通教育的任务，高等教育是提高水平。[③] 国家方针的调整直接影响了1961年、1962

① 《贯彻阶级路线保证新生质量——教育部发出高等学校招考新生的规定》，《人民日报》1958年7月3日第7版。

② 《教育部关于1959年高等学校招考新生的规定》，载《中华人民共和国法规汇编（1959.1—6）》，第274页。《关于1960年高等学校招考新生的规定》，《人民日报》1960年6月4日第4版。

③ 中央教育科学研究所编：《中华人民共和国教育大事记（1949—1982）》，教育科学出版社1983年版，第294页。

年、1963年、1964年的高校招生政策，这四年在高校招生中更强调学生学习成绩。以1962年为例，高等学校招考新生规定：要“切实保证新生质量，应该按照统一规定的标准，择优录取”。“录取新生的办法，应该按照考试成绩的高低和考生报考志愿的顺序，从高分到低分，分段进行录取。”[①] 由于对质量的强调，高校中工农成分的学生增长开始减缓。1962年比1961年增长了0.2%，1963年比1962年增长了0.7%。[②]

三　“两条腿走路”与“两种教育制度”

工农平等受教育，一方面需要通过制度来保障，如上面提到的重建有利于工农受教育的教育体系，高考招生中对工农成分学生加以照顾。另一方面，需要扩充教育资源，增加教育机会。“两条腿走路”与“两种教育制度”就是当时为解决教育资源不足，促进教育普及的重要措施。

“两条腿走路”是指在投入与办学模式上，国家办学和群众办学并举。群众自己集资办学的模式是中国从未中断的私学传统的延续，也是共产党在革命根据地办学的基本经验。1944年陕甘宁边区、晋察冀行政委员会曾发出指令，要求将公办小学逐渐转变为民办小学，实行“民办公助”的方针。“民办”主要指“学校形式、教育内容由群众自己决定，学校行政、组织由群众自己管理，经费由群众自筹，教师由自己聘请”。“公助”主要指“对行政上、方针上、教导方法上的指导，教师的介绍、培养、训练，教材的编印，经费等方面的领导”。[③] 新中国成立后，提出“以老解放区新教育经验为基础，吸收旧教育某些有用的经验，特别要借助苏联教育建设的先进经验”。[④] 1957年前主要是学习苏联经验，但关于私人办学、群众办学的提倡从未中断。如1953年9月，郭沫若在《关于文化教育工作的报告》中提出：提倡民办小学（包括完小），鼓励私人办

---

① 《教育部关于今年高等学校招考新生规定》，《人民日报》1962年6月18日第1版。

② 1961年、1962年、1963年高校中工农成分学生比例分别为58.1%、58.3%、59.0%，1961年比1960年仍有较大增长，因为这一年调整提高政策还没有充分展开。文中所引用的高校中工农成分学生比例皆来源于《三十年全国教育统计资料（1949—1978）》，第27页。

③ 中央教育科学研究所编：《中国现代教育大事记（1919—1949）》，教育科学出版社1988年版，第528、535页。

④ 中央教育科学研究所编：《中华人民共和国教育大事记（1949—1982）》，教育科学出版社1983年版，第8页。

学，协助企业、机关、团体办学，以适当满足学龄儿童入学的要求。[①] 1957 年随着中苏关系裂痕的出现，以及毛泽东对苏联模式的不满，解放区的群众办学经验受到更大重视。这年 3 月教育部召开的第三次全国教育行政会议提出“要提倡群众集体办学”，6 月 30 日教育部发出《关于提倡群众办学的通知》。[②] 1958 年随着教育大革命的进行，群众办学被大力提倡。

提倡群众办学的根本原因，在于国家经济发展水平的限制。单靠国家投资办学“一条腿”无法普及教育，于是通过增加“另一条腿”即发动群众办学来实现。教育部部长杨秀峰在 1959 年指出：只有采取“两条腿走路”的办法，走群众路线，实行全党全民办学，才能多快好省地发展教育事业，满足儿童入学和升学的要求。[③] 这一战略的实施确实加速了教育的普及。1949 年小学招生人数为 680 万人，1963 年为 1698.2 万人，1965 年达到了 3296 万人。中等学校招生人数 1949 年为 51 万人，1963 年为 339.1 万人，1965 年为 673 万人。其中初中招生人数 1949 年为 34.1 万人，1963 年为 263.5 万人，1965 年为 299.8 万人。[④] 小学和初中的招生人数都有极大地提高。群众办学对于普及教育具有重要的意义，然而这种办学模式把政府办教育的责任转嫁给了群众，客观上增加了群众的经济负担，不利于保障群众的教育权利。在国家办学和群众办学的格局下，政府经常偏袒城市，城市更多的是公立学校，而农村则多是民办学校。[⑤] 农村学校主要由农业生产合作社办理，学校建筑由大队成员自己建造，教师多来源于未受过专业训练的当地中学的毕业生，即所谓的民办教师。他们的工资主要由大队以工分的形式支付，县里只给一点额外的薪水。“两条腿

① 何东昌主编：《中华人民共和国重要教育文献（1949—1975）》，海南出版社 1998 年版，第 238 页。

② 刘英杰主编：《中国教育大事典（1949—1990）》，浙江教育出版社 1993 年版，第 89、328 页。

③ 杨秀峰：《我国教育事业的大革命和大发展》，《人民日报》1959 年 10 月 8 日第 7 版。

④ 中华人民共和国教育部编：《三十年全国教育统计资料（1949—1978）》，1979 年印，第 14、15 页。

⑤ 如 1953 年 6 月召开的第二次全国教育工作会议提出：“在工矿区、城市、少数民族地区适当发展公立小学，农村提倡民办小学（包括完全小学）。”见《中华人民共和国教育大事记（1949—1982）》，第 79 页。

走路”的办学模式客观上导致了城乡之间教育普及、教育水平的差异。

“两种教育制度”是指在学校教育制度上，全日制和半工半读相并行，两者都是教育的主要制度，小学、初中、高中、大学都实行两种制度。① 这一制度的最早提出者是刘少奇，目的在于扩充教育机会和改变人们的劳动观、教育价值观。从 1953 年起，中小学毕业生不能升学的问题越来越突出。其原因有二：一是人们都不愿参加体力劳动，希图能够不断升学，成为一个脑力劳动者；二是当时的经济文化条件不能使高小和初中毕业生全部升学。为了解决此问题，国家加强这方面的宣传教育。让人们认识到，小学教育毕业后，除其中一小部分优秀毕业生经过考试及格升学深造外，绝大多数都应该从事工、农业及其他生产劳动，这是一种正常现象。体力劳动是一切劳动的基础，如不能升学，而从事劳动生产也是正当的、光荣的。② 尽管国家做了很多工作，但到 1957 年春季，刘少奇在河北等五省进行调查研究时，发现青年学生对升学、做工、务农等关系到理想和前途的问题，仍然不能摆正他们之间的关系。他一方面批判轻视体力劳动的现象；另一方面肯定青年要求升学、多读书的要求。他开始思考如何从根本上加以解决这一问题，经过一段时间思索，1958 年 5 月 30 日在中共中央政治局扩大会议上正式提出实行“两种教育制度”。刘少奇认为：“如果半工半读的制度能够普遍实行起来，可以比较充分地满足许多人的升学要求，劳动就业的人也可以多些。”③

“两种教育制度”与“两条腿走路”目的一致，都是希望通过节省国家开支、多渠道筹集资金以扩充教育机会。与“两条腿走路”不同的是，“两种教育制度”由集体群众集资变为学生个人解决，学生通过劳动自食

① 刘少奇：《我国应有两种教育制度、两种劳动制度》，载瞿葆奎主编《中国教育改革》，人民教育出版社 1991 年版，第 230 页。

② 这方面的宣传有：1954 年 5 月 24 日中共中央批发了教育部党组《关于解决高小和初中毕业生学习与从事生产劳动问题的请示报告》；1954 年 5 月 29 日《人民日报》第 1 版发表了中共中央宣传部《关于高小和初中毕业生从事劳动生产宣传提纲》；1955 年 4 月 12 日中共中央又转发了教育部党组《关于初中和高小毕业生从事生产劳动的宣传教育工作的报告》；1955 年 4 月毛泽东批转了团中央《关于组织高小和初中毕业生从事农业劳动和进行自学的报告》；1955 年 5 月 20 日《人民日报》第 1 版发表了《继续动员初中和高小毕业生从事生产劳动》。

③ 刘少奇：《我国应有两种教育制度、两种劳动制度》，载瞿葆奎主编《中国教育改革》，人民教育出版社 1991 年版，第 231—232 页。

其力，获取学习和生活所需费用。“学生不再是单纯的消费者，也是生产者。他们自己能解决一部分、大部分甚至全部学习费用。”[①] 这不仅减轻了国家负担，而且减轻了集体和家庭的负担。

“两种教育制度”不仅可以扩充教育机会，而且可以转变人们对升学、做工、务农等关系的认识，减轻升学压力。不仅如此，提倡者还把半工半读作为逐步消灭脑力劳动、体力劳动差别，实现共产主义的重要途径。[②] 中国共产党人的最终理想是要消灭城乡差别、工农差别和脑体差别，建立共产主义社会。他们认为半工半读学校通过让学生参加劳动，可以使他们学会尊重劳动特别是农业劳动。而且还可表明更多的教育并不会自动地导致远离农村生活，从而打破体力劳动和脑力劳动之间由来已久的明显界限。半工半读所培养的人既能从事脑力劳动又能从事体力劳动，从长远讲，可以初步地消灭脑力劳动同体力劳动的差别。[③]

刘少奇提出这种制度后，1958 年各地开始兴办半工半读、半农半读学校。此后，由于三年经济困难以及教育的“调整、巩固、充实、提高”方针的实施，只有少数坚持下来。1964—1965 年“两种教育制度”又重新受到重视与提倡。1965 年 3 月、10 月在北京分别召开了第一次全国农村半农半读教育会议、全国城市半工半读教育会议。农村的耕读小学、农业中学，城市的半工半读学校在全国广泛建立。然而由于“左”倾思潮的影响，“两种教育制度”逐渐失去了扩大就学机会的意义，被赋予阶级政治含义。它成为培养坚强的革命接班人，消除三大差别、实现共产主义的重要措施，并被认为是“历史发展的必然趋势，是社会主义、共产主义教育的长远发展方向”。[④]“文化大革命”中，群众办学、半工半读成为办学的主要模式，直接造成教育质量的滑坡。

为了促进工农平等就学，吸收更多的工农子女入学，除了上述所提到的三种措施外，当时还采取了诸多办法。比如：在原有学校设法增班，或

---

① 《努力办好半农半读学校》，《人民日报》1965 年 5 月 30 日第 2 版。

② 《半农半读的十大好处》，《人民日报》1965 年 7 月 7 日第 3 版。

③ 刘少奇：《半工半读，亦工亦农》，载《刘少奇论教育》，教育科学出版社 1998 年版，第 250—251 页。

④ 《半农半读的十大好处》，《人民日报》1965 年 7 月 7 日第 3 版；王观澜：《实行半农半读是贯彻党的教育方针的最好形式》，《人民日报》1965 年 8 月 25 日第 2 版。

调整原有班级，尽可能地多招学生；学校改为二部制；办戴帽中学（指小学增设的初中班）；在各类学校设置人民助学金，给家庭经济困难或无经济来源者以特别的资助。通过助学金制度，帮助农民子女入学，是当时党和政府所采取的重要策略。毛泽东在1957年一次普通教育工作座谈会上讲道："农民收入增加不多，生活还是苦的，子女入学不容易解决吃饭问题。按照当前的经济情况，准备两三年内将助学金扩大一些，使百分之七八十的农家子女能享受助学金，帮助农民解决一些困难。"他认为助学金不能作为奖学金的性质，应按照学生困难情况发放。①

第三节　工农平等受教育的限制因素

新中国成立后，人民成了国家的主人，社会主义制度为实施教育民主化提供了最重要的制度保障。国家为了使工农真正成为教育的主体，享有教育权利、机会，采取了诸多措施。但从实际来看，工农子弟还没有全部受到义务教育，在高等教育内的普通工农子弟占的比例也非常小。显然，一个长期处于弱势地位的群体要想一下子真正成为教育的主体，不单单是制度所能解决的。工农平等受教育受到国家发展战略、工农经济、文化条件、工农教育观念以及教育选拔分层功能等因素的限制。

一　经济优先发展的战略

新中国成立后，党和政府把以"实现工业化为核心"的经济建设作为主要目标。在各项事业的建设中，经济建设被放在首要的和最重要的地位。这种经济发展先行的战略直接影响了政府对教育事业的投入以及教育发展的重心。在一些时候，教育重心由初等教育转向中等、高等教育，由重视教育的普及转向质量的提高。教育重心的上移制约了教育机会的扩充，不利于工农平等受教育。

之所以确立经济优先发展，教育服务于经济建设发展的战略，主要有两个原因。

① 毛泽东：《在普通教育工作座谈会上的讲话》，载《毛泽东、邓小平、江泽民论教育》，中央文献出版社2002年版，第68页。

第一，以工业建设为重点的经济事业的发展，既是人民物质生活水平提高的保证，又是增强与巩固国防、确保和平的重要基础。经过多年的战争，本来就非常脆弱的中国工业处于瘫痪状态，人民饥寒交迫、生活难以为继。经济建设成为当时最紧迫的问题，它直接关乎国家和人民的生命安全、根本利益。1949 年 3 月，毛泽东在中国共产党七届二中全会的报告中提出：夺取全国胜利后，党的工作重心必须由乡村移到城市，必须以生产建设为中心，要把中国由农业国转变为工业国。[①] 1950 年刘少奇指出："为了保卫中国与提高人民的生活水平，就需要进行大规模的经济建设，使中国工业化。"[②] 实现工业化，是工农的最大利益，也是新中国成立后国家的重要任务。

第二，以工业化为核心的经济建设是大规模地发展教育事业的先决条件。对于经济和文化教育的关系，马克思主义者认为，经济是基础，文化教育是上层建筑，文化教育的发展，必须建筑在经济发展的基础上。因而，新中国"首先必须把经济建设的基础打好，逐步实现国家工业化，这是整个建设计划中的根本问题"。"不完成国家工业化，要想完全满足人民文化教育的需要，那是不可能的事情。"[③]

出于上述两方面原因，经济优先发展被确立为新中国成立后的重要战略。在经济和教育的先后发展次序上，前者取得了优先权。按照社会主义国民经济要按比例发展的原则，在国家财力不很充足的情况下，国家把主要的人力、物力和财力用在以工业为重点的经济建设事业上，而对于教育方面的投资只能减少。1956 年 2 月 27 日《人民日报》第一版的社论明确提出："普及义务教育需要一笔巨大的经费。这笔经费如果完全由国家预算拨款来解决，不仅要削减工业方面的投资，以致影响社会主义工业化的速度，而且因为国家拨款不能全部满足需要，势必推迟实行普及义务教育的时间。因此，在我国普及义务教育就要充分发挥人民群众办学的积极性，依靠群众的力量协助政府克服经费的困难。在城市的学校要适当收费，而乡村小学基本上应该由农业生产合作社办理。"可以看出，在实现

① 毛泽东：《毛泽东选集》（第 4 卷），人民出版社 1991 年版，第 1424 页。

② 刘少奇：《国家的工业化和人民生活水平的提高》，载《周恩来刘少奇朱德邓小平陈云著作选读》，人民出版社 1987 年版，第 240 页。

③ 《迎接国家经济建设，提高教育工作质量》，《人民教育》1953 年 1 月号社论。

工业化的目标下，普及教育的责任交给了群众。教育的普及、儿童入学率的提高，主要力量来源于群众办学。

经济建设优先发展不仅削减了对教育的投资，而且直接决定了教育内部发展的次序、关注的重点。经济建设所急需的是合乎规格的高级、中级人才，依据教育为经济建设服务的原则，教育也开始重视中等、高等教育，尤其是高等教育。对高等教育及其办学质量的重视，可以从下述几方面看出：一是新中国成立后，各级教育会议召开的先后次序。高等、中等、初等教育会议召开的时间分别为 1950 年 6 月、1951 年 3 月、1951 年 8 月。三级教育全国会议召开时间的先后顺序，在一定程度上反映了国家对各自的重视程度。二是高等教育部的设立。设立高等教育部显然是为了加强高等教育，促进精英阶层的培养。这可以从新中国成立后高等教育部的设立废止得到反映。1952 年 11 月，在院系调整的高潮中单独设立了高等教育部；1958 年 2 月，在全党全民办学的热潮中高教部与教育部合并；1963 年 12 月，在调整提高的战略中两部又开始分设；在突出强调阶级身份的“文化大革命”声浪中，两部于 1966 年又合并在一起。两部分立都是强调质量的时期，而合并都是强调普及教育的时期。三是高考招生制度和入学标准的要求。新中国成立后，于 1950 年恢复和重建了高校招生制度。高校招生制度的重建是为了适应国民经济恢复和发展的需要，有计划地选择和培养服务于国家建设的专门人才。1952 年建立了全国高等教育统一招生考试制度，目的之一就是加强对学术标准的监管；1958 年改变了高等学校全国统一招生制度，实行学校单独招生或者联合招生；1959 年起又恢复了全国统一的大学入学考试，直至“文化大革命”开始的 1966 年。大学入学标准一直对工农成分学生给予照顾，但在 1953—1957 年、1961—1965 年强调质量的时候，工农青年只有当其考分达到竞争标准时才能给予优先。四是对高等教育和普教投资的比例。1953—1963 年国家对高等教育的投资约占国家教育投资总额的 30%，而在大多数国家和在正常的情况下，这一比例应该不高于 20%。[①] 有限的教育资源被更多地使用在高等教育上，义务教育特别是农村的义务教育主要依靠群众集资、集体办学。

① 杨东平：《中国教育公平的理想与现实》，北京大学出版社 2006 年版，第 32 页。

普通教育是高等教育的基础，为了保证高校录取学生的质量、给高等学校输送少数“尖子”，中小学也开始注重提高质量，并实行重点学校制度。每一级教育中选择一批基础较好的全日制学校，在经费、设备、师资上给以重点支持，集中力量以办成“拔尖”学校。这类学校的数量、规模与高一级学校的招生保持适当比例，形成“小宝塔”。重点学校制度的先驱可回追到革命根据地时期的“中心学校”。在20世纪40年代初期，边区的教育体系经历了旨在提高质量和使教学内容标准化的“正规化”时期，最好的学校被确定为“中心学校”。后来随着1942年“整风”运动对“正规化”教育的抨击，“中心学校”也渐消亡。1953年，新中国开始有计划大规模地进行经济建设。这年5月，毛泽东主持中共中央政治局会议讨论教育工作，决定要办重点中学。同年6月，教育部在北京召开了第二次全国教育工作会议，提出：“有重点地办好一些中学与师范，取得经验，指导一般。”当时确定在全国办重点中学194所，占全国中学的4.4%。[①] 在1957年、特别是1958年教育“大跃进”中，重点中学被普及教育所冲淡。在60年代初，教育调整、整顿的过程中，重点学校建设又一次提上了议事日程。1962年12月教育部发出《关于有重点地办好一批全日制中小学的通知》，要求各地在省、自治区、直辖市范围内选定若干所中学，在每一县（市）和市属区范围内选定一至几所小学，首先集中力量切实办好。然后视可能条件，再分期分批扩大这些中小学的数量。通知还提出了办好这类学校的措施和要求。至1963年9月，27个省、自治区、直辖市确定的重点中学共487所，占公办中学总数的3.1%；重点小学共3071所，占公办小学总数的0.7%。[②] 与1953年只办重点中学相比，这时还发展了重点小学。

当高等学校注重学术标准时，一些学校以提高质量为借口，拒绝招收工农速成中学的学生。[③] 1955年工农速成中学开始停止招生。新中国的高等教育肩负着既要根据学术标准选拔精英人才，又要根据政治身份向工农

① 《中国教育年鉴》编辑部编：《中国教育年鉴（1949—1981）》，中国大百科全书出版社1984年版，第167页。

② 中央教育科学研究所编：《中华人民共和国教育大事记（1949—1982）》，教育科学出版社1983年版，第322页。

③ 杨学为：《高考文献（上）1949—1976》，高等教育出版社2003年版，第160页。

大众开放的双重使命。在这种双重标准下，最大受益者首先是革命干部的子女，他们具有无可挑剔的阶级凭证。其次是那些知识分子以及其他中产阶级成员的子女。出身不好或剥削阶级出身的青年，在强调阶级斗争时，不论其学习成绩如何，获得入学许可都非常困难。普通的工农青年，尽管有着好的阶级出身，由于在学术上处于劣势，也难以在竞争中取胜。[①]

中小学为了提高质量，设立了一定的标准、规范。在投资总量没有增长的情况下，只能通过减少不合格的学校、教师去达到所制定的标准、规范。比如，1962 年中央书记处指示，要逐渐减少二部制学校。中小学正规化、标准化建设直接导致学生人数的减少，影响了教育的普及。如：1952 年小学、初中招生数分别为 1149.3 万人、124.2 万人；1953 年小学、初中招生数分别为 819.5 万人、81.5 万人。1960 年小学、初中招生数分别为 2494.3 万人、364.8 万人；1961 年小学、初中招生数分别为 1647.1 万人、221.8 万人。[②] 可以看出，1953 年、1961 年因为调整整顿、提高质量，小学和初中招生数都比上一年有了大幅下降。

重点中小学绝大多数设在城市、城镇，更有利于城镇学生的升学。根据 1963 年 9 月的统计，北京、吉林、江西等 9 省市共 135 所重点学校。其中城市 84 所，占 62%；县镇 43 所，占 32%；农村 8 所，占 6%；有 7 个省市没有选定农村中学。[③] 重点中学的招生标准与高校类似，既注重阶级出身，又注重学业成绩。因而其各类学生的比例也与高校接近。据国外学者的调查发现，重点学校中出身于干部和中产阶级知识分子家庭的学生最多，出身于工人阶级家庭的青年占少数，出身于农民家庭的几乎没有。[④] 重点学校的学生有更大的可能性进入高一级学校。中小学重点学校的设置使儿童在起点上就有了差距，这将固化和扩大他们将来的社会差距。

---

① ［美］R. 麦克法夸尔、费正清主编：《剑桥中华人民共和国史（1949—1965）》，中国社会科学出版社 1998 年版，第 450 页。

② 中华人民共和国教育部编：《三十年全国教育统计资料（1949—1978）》，1979 年印，第 14、15 页。

③ 《中国教育年鉴》编辑部编：《中国教育年鉴（1949—1981）》，中国大百科全书出版社版，第 168 页。

④ ［美］R. 麦克法夸尔、费正清主编：《剑桥中华人民共和国史（1966—1982）》，中国社会科学出版社 1998 年版，第 590 页。

综上所述，新中国教育承担着双重使命：既要扩大劳动人民受教育的权利，迅速普及教育；又要通过教育为实现工业化和国防建设培养大量急需的专门人才。这二者经常处于矛盾冲突中，过分注重后者直接影响前者的实现。这是教育发展中“公平与效率”之间的矛盾。如何既使工农大众平等受教育，又为实现工业化迅速培养大量的精英人才，对于新中国的教育无疑是一种艰难的选择。这种矛盾冲突在改革开放后仍然困扰着中国的教育发展。

二　经济与文化条件的制约

国家采取的以工业建设为重点的经济优先发展政策致使对教育的投入减少并投向高教，从而影响了基础教育的发展与普及。采取这种政策的最直接原因是新中国的经济非常落后，只能有重点地发展一些关系国计民生的事业。事实上，即使国家把主要经费投入教育领域，也很难一下普及教育，因为新中国的经济力量非常微薄，文化教育事业本身的基础也很薄弱。战争留给新中国的文教遗产是一个烂摊子，在这个烂摊子的基础上进行教育的改造和重建，需要巨大的经济后盾。校舍需要修建、师资需要培养，这些显然不能一下子达到理想目标、完全满足人民需求。在校舍方面，除了修复、新建外，当时还利用了某些公共房屋（如庙宇、会馆），租用或购买民房。尽管政府利用了各种资源，尽可能地增设新的学校，但仍然难以满足需求，学校不得已采用二部制，以便多招收一倍的学生。发展学校教育更大的瓶颈是师资的缺乏，尤其是中等以上学校师资更为缺乏。为解决扩大初中所需的师资，当时除利用师范院校培养外，还通过短期师资班训练一些机关干部和小学教师，充分挖掘社会和学校方面的潜在人力。但教师问题不是短时间内所能解决的，培养合格的新教师更需要一定的时间。随着新中国成立后普通教育事业的发展，中小学师资不够的问题越来越严重。据时任教育部部长的张奚若估计：“在1956和1957两年内，中学师资缺少约9万人左右，小学师资缺少约20万人左右。”[①] 由于这些方面的限制，中小学教育的发展无法使最广大的工农群众子弟平等地受教育。

---

① 张奚若：《目前国民教育方面的情况和问题——在第一届全国人民代表大会第三次会议上的发言》，《人民教育》1956年7月号。

国家经济无法支撑教育的大规模发展，自然依靠群众的力量。新中国选择了“两条腿走路”的战略，在一定程度上是一种无奈之举。在这种战略下，城市、乡村的小学教育一直都没有实行免费。1951 年，为解决乡村小学教师工资过低的问题，中国教育工会第一次全国代表大会的代表们就提出实行“公办民助”。刘少奇批示：“工会可向教育部提出要求，允许乡村小学向学生收一点学费，初小每期每人最多不超过五斤米，高小每期每人最多不超过十斤米。但贫苦家庭的学生，经村政府同意，得免收学费。”[①] 如前文所言，“两条腿走路”对城市、农村并不平等。城市虽然学生要收学费，但主要建立的是公立小学，其校舍与教师工资主要由市、县政府预算开支。农村尽管也设立了公立小学，但是只占少数，大多数小学由农业生产合作社办学。校舍经常通过群众筹款备料自行建设，教师工资则由大队以工分的形式支付，这无形中增加了群众的负担。当时的一些学者对小学收费和农业生产合作社办学提出反对意见，认为不符合普及义务教育的“义务”原则。对此，《人民日报》的社论给予断然反驳，认为“普及义务教育是国家的事业，同时也是群众的事业。普及义务教育的基本目的，是使新生一代人人都受到国民必须受到的教育，使他们成为社会主义社会中全面发展的成员。至于免费与否，决定于国家的财力”。[②]

因为义务教育要收取学费，一些经济比较困难的家庭不让孩子上学。为此，国家对于贫困家庭的学生实行免除学费制度，并给予助学金以资助。但对于那些非常贫困的家庭来说，他们还需要自己的孩子参加劳动，以帮助家庭获得最基本的生存条件。即使学校免费，他们也不能让孩子入学。当时所实行的人民助学金制度，主要在中等以上学校设置。1952 年教育部对助学金的使用原则和评定办法作出规定：“高等学校学生全部给予人民助学金；师范学校及其他中等专业学校学生人民助学金标准高于普通中学；产业工人的学生，人民助学金标准高于一般学生；尽量照顾革命烈属、革命军人、工农干部、产业工人、少数民族及回国华侨子女的实际

① 中央教育科学研究所编：《中华人民共和国教育大事记（1949—1982）》，教育科学出版社 1983 年版，第 37 页。

② 《普及义务教育》，《人民日报》1956 年 2 月 27 日第 1 版。

困难。”[①] 尽管助学金制度向工农倾斜，但由于其只辐射于中等、高等学校，对于工农子弟受义务教育帮助不大。

工农的经济条件制约其子弟平等受教育。1955—1956 年两年所发生的中小学生退学休学现象就是工农贫穷所致。由于农村实行农业合作化，农民凭劳动力挣工分，一些农民就让自己的子弟回乡参加劳动。据统计，1955 年全国学校中途辍学的小学生达 510 万人，初中学生达 15 万人。[②] 1956 年不少地方辍学的学生达到在校学生总数的 10%。[③]

工农的知识条件也是其平等受教育的一大障碍。如前文所言，只要学校把学业成绩放在第一位，工农入学比例自然会受到影响。在既重政治条件，又要求学术成绩的双重标准下，受惠的是一些中产阶级、知识分子、革命干部家庭的子弟。因为他们的家庭有良好的文化环境，他们所具有的知识正是学校课程、考试所要求的，从而使他们在考试中取得优胜。而普通的工农不具有这样的知识，他们在学习这些知识的时候，总是处于劣势。毛泽东也曾试图打破这种学术传统，消除理论知识的霸权地位，提出工农大众所具有的实践经验是更重要的知识。但是，人类经过几千年形成的这种知识传统，具有它的合理性与应有价值，不是简单能够否定的。因而，工农要想升入某一级学校，必须具有最基本的知识储备，否则无法进一步学习。对于长期被隔绝在学校大门之外的普通工农大众来说，一下拥有这种知识是不可能的。1950—1952 年高考入学曾经规定，对于工农只要成绩合格，能够跟班学习就可录取。但就是这样的最低要求，真正能够满足条件的工农学生是很少的。1952 年高等学校中工农成分的学生只占 20.5%，这其中还包括了相当数量跟不上班的学生。[④] 可见，虽然政府规定各级学校都要向工农开门，并对工农采取了照顾政策，但工农如果不具备一定的文化条件，就很难平等受教育。

---

① 中央教育科学研究所编：《中华人民共和国教育大事记（1949—1982）》，教育科学出版社 1983 年版，第 60 页。

② 张奚若：《目前国民教育方面的情况和问题——在第一届全国人民代表大会第三次会议上的发言》，《人民教育》1956 年 7 月号。

③ 中央教育科学研究所编：《中华人民共和国教育大事记（1949—1982）》，教育科学出版社 1983 年版，第 171 页。

④ 马叙伦在《高等教育的方针、任务问题》（《人民教育》1953 年 4 月号）中称：“去年录取的大学生有不少的人只考 20 分，入学以后有相当数量的学生跟不上班。”

三 教育价值观与教育的社会分层功能

上一章曾提到，在第二次世界大战后的民主化浪潮中，学者们已经认识到民众头脑中无法抹去的“劳心劳力”、“学而优则仕”观念是民主化教育推进的重要障碍，提出了打破这种观念的种种方法。新中国成立后，马克思主义者视“劳心劳力”等思想为剥削阶级的产物，为消除这些思想作了切实的努力。如通过新闻媒体、学校教育等渠道，摆事实、讲道理，进行思想教育；通过半工半读，学生参加生产劳动，知识分子下放农村劳动锻炼，知识青年上山下乡，提升工人、农民成为工程师、科学家等手段消解脑体劳动的差别。但所有这些尝试作用并不明显，传统关于脑力劳动、体力劳动的认识依然在民众的头脑中占着支配地位。

农民对自己孩子受教育非常重视，都想要他们的孩子上学。但他们让孩子上学的目的是希望能够离开农村，改变农民身份，获得进入高一级社会阶层的机会。当学校有可能实现他们的愿望时，他们会珍惜这样的机会，否则的话宁愿放弃。在1958年兴起的农业中学到60年代急剧减少，尽管有三年自然灾害带来的影响，但更为根本的原因就是农民对“劳心劳力”的传统看法。国外学者对从前教师和农民的访谈揭示了这一事实：假使让家长作一选择，或是送他们的孩子去县城的正规全日制中学，或是送孩子去离家近一些的半耕半读中学，大多数都要选择前者。如果让家长在送孩子去半耕半读农村中学和让孩子全天在家劳动以补充家庭收入这二者间作选择的话，绝大多数宁愿选择后一条道路。① 农民的选择正是他们脑子里的观念所使然。因为当时农业中学办学目的是培养农村所需要的各种各样的技术人员，学生毕业后仍然是农民、留在农村。这显然不是农民所希冀的。在农民看来，既然都是从事农业劳动，为什么要到学校里去为劳动生活做准备，留在家里劳动更有利可图。他们送孩子上学意在使他们脱离农业劳动，而不是成为更好的农民。

可以看出，国家在试图通过半农半读制度扩充教育机会，以便普及小

① 《剑桥中华人民共和国史（1949—1965）》，第442页；另见丹麦学者曹诗第（Stig Thogersen）对1957—1977年山东邹平农村教育的研究，载丁钢《中国教育：研究与评论》，第4辑，第60—62页。

学教育，并进一步发展中等教育，使农村青少年有升学的机会。但农民们固有的观念使他们放弃了这样的机会。民众教育观念制约着教育机会平等的促进。

农民固有的观念之所以难以消除，和“两种教育制度”客观存在的差距有密切联系。当时设立“两种教育制度”最初目的也是想要“既顾到数量，又顾到质量”，希望落实“普及与提高正确结合”的教育方针。从实际来看，全日制学校在教学条件上更优越，受这种教育的也往往是革命干部、知识分子阶层的子弟，农民子弟进入这种学校的很少。全日制学校毕业的学生更有可能升入上一级学校，成为社会的精英。而半工半读学校的教育对象主要是普通农民与工人，他们受完这种教育后，仍然从事工农业生产劳动。“两种教育制度”虽然可能为更多的人提供教育机会，但无法消除精英与群众的差别，脑力劳动与体力劳动的差别，农民与其他阶层的差别，甚至可能扩大了这种差别。

不仅“两种教育制度”无法消解精英和大众的差别，就是单一的学校制度也难以实现这样的目标。因为教育客观上存在着一种社会分层功能。新中国成立初期，农村经济仍处于维持生存水平，这种经济状况更增强了农民传统的“劳力劳心”观念。教育的选拔分层功能以及对人们观念的影响是很难打破的。“文化大革命”以一种极端的方式来消除三大差别，知识分子、脑力劳动者受到了歧视和批判，但这并没有改变人们对高层教育的期盼。以高校招生为例，新中国成立以后实行的高等学校招生考试办法，在“文化大革命”中被认为“不利于更多地吸收工农兵革命青年进入高等学校”，仍然“没有跳出资产阶级考试制度的框框”，[①] 而被要求扔入历史的垃圾堆里。为了把大量优秀的工人、贫下中农、革命干部、革命军人和革命烈士的子女，培养成革命的接班人，高等学校开始采用“自愿报名、群众推荐、领导批准和学校复审”的方法招生，但这种招生办法并没有使普通工农子弟获利。丹麦学者曹诗第（Stig Thogersen）研究了“文化大革命”期间山东邹平大学选拔情况，指出当时的选拔过程实际上被公社和大队干部控制着，这些干部利用他们的影响，使他们的后代获得了较好的教育。1970—1976年间，邹平每年只有30名左右的学生进入大学，而全县人口就

① 《中共中央和国务院决定改革高等学校招考办法》，《人民日报》1966年6月18日第1版。

有 60 万人之多，对于农村的年轻人来说，高等教育的大门几乎是关闭着的。[①] 高等学校招生中这种滥用职权现象，从当时的文件中也能看出。中共中央于 1972 年发出《关于杜绝高等学校招生工作中“走后门”现象的通知》中指出：有少数干部，利用职权，违反规定，采取私留名额，内定名单，指名选送、授意录取，甚至用请客送礼、弄虚作假等不正当手段，将自己、亲属和老上级的子女送进高等学校。[②] 正是由于教育社会分层功能的客观存在，一项旨在促进工农入学的制度改革，最终为少数干部所利用，成为他们偏袒自己子女、贿赂他人的重要途径。干部子弟成了实际受惠者，在大学生中占了不适当的比例。高等教育机会的分配权反而由于缺少客观的标准和有效的监督，形成了更大的机会不平等。

第四节　工农平等受教育的阶级偏向和文化平均主义色彩

由于把教育完全看作上层建筑，过分强调教育的政治功能，工农平等受教育观打上阶级的烙印，也由此导致一些时候“非劳动阶层”失去受教育的权利。在阶级论教育观的影响下，一些有“左”倾思想的领导者提出了一些不切实际的促进教育平等的措施，妄图改变工农不能平等受教育的现状。

一　阶级偏向

新中国成立后，党和政府确立了教育为工农服务的方针。钱俊瑞 1950 年在《当前教育建设的方针》中阐明为何要确立这一方针，同时指出：“教育的力量首先并且主要地放在工农身上，并不是说我们的教育从此就不管小资产阶级和民族资产阶级了，首要并不等于全部。”“即使是封建地主阶级，国家决不需要把他们的子女从学校里统统赶出去，只要他

① 曹诗第：《极左时期的农村教育（1957—1977）：一个具有国际影响的社会试验的成功和失败》，载丁钢《中国教育：研究与评论》，第 4 辑，第 54—55 页。

② 中央教育科学研究所编：《中华人民共和国教育大事记（1949—1982）》，教育科学出版社 1983 年版，第 442 页。

们不甘心与人民作对，我们还是让他们继续在学校里学习。”① 毛泽东在1956年也谈道：“大学生中百分之七十是资产阶级的子弟，要把他们培养成为国家建设人才，我们是完全信任他们的。至于入学、助学金、入团和戴红领巾这些问题，要一视同仁，只看条件如何，不要看家庭出身。如果成绩不够的，就是工农子弟也不能录取，资本家子女成绩够的就应该录取。”② 从这些论述中可以看出，他们注意到了教育的全民性。然而，由于对教育本质属性理解的偏颇，在强调阶级斗争的年代，教育也就失却了全民的含义。对工农平等受教育的强调常常以限制和剥夺少数“非劳动人民”家庭子女的教育权为代价，实行“阶级内的平等”。

以上文中提到的高校招生政策为例：1957年下半年毛泽东重提阶级斗争，提出要培养无产阶级自己的知识分子队伍，在文化上实现对资产阶级的专政。因而1958年高等学校招考新生规定：要认真贯彻阶级路线，保证新生的质量，加强招生的政治审查工作，高等学校新生入学后，要进行政治复查，复查不合格的，取消入学资格。③ 由于对政治身份的强调，一些家庭出身不好，被划分为“非劳动人民”阶层的子女被限制进入高校。1958年及其后几年的高校招生政策，尽管强调被录取学生的政治出身和政治表现，但是并没有完全否定考试成绩的作用。高等教育入学机会在向出身好、表现好的人员开放的情况下，仍然为“非劳动阶层”的子女进入高等院校留有一条狭窄的缝隙。到了1966年的“文化大革命”，以学业成绩作为选拔标准的高校招生政策受到了攻击。高考被认为是“资产阶级政治挂帅、分数挂帅”，“为资产阶级造就接班人”，“严重地违反了党的阶级路线”，是产生修正主义的祸根。④ 1966年7月24日，中共中央、国务院发出《关于改革高等学校招生工作的通知》中提出“高等学校取消考试，采取推荐与选拔相结合的办法”。从此，“非劳动人民”的子女被彻底剥夺了接受高等教育的权利。在其后的几年内，高等学校由于被卷入“文化大革命”，实际

① 钱俊瑞：《当前教育建设的方针》，《人民教育》1950年第1期。

② 毛泽东：《对资本家子女要一视同仁》，载《毛泽东、邓小平、江泽民论教育》，中央文献出版社2002年版，第64页。

③ 《贯彻阶级路线保证新生质量，教育部发出高等学校招考新生的规定》，《人民日报》1958年7月3日第7版。

④ 《彻底搞好文化革命，彻底改革教育制度》，《人民日报》1966年6月18日第1版。

上停止了招生。从 1970 年起，部分高校才恢复招生。1970 年 6 月 27 日，中共中央批转《北京大学、清华大学关于招生（试点）的请示报告》中指出，高校招收学生应具有的条件为："政治思想好、身体健康、具有三年以上实践经验、年龄在二十岁左右、有相当于初中以上文化程度的工人、贫下中农、解放军战士和青年干部。有丰富实践经验的工人、贫下中农，不受年龄和文化程度的限制。还要注意招收上山下乡和回乡知识青年。"① 可见，家庭出身成为能不能受教育的决定性条件。

上述重视工农阶级教育，却剥夺"非劳动人民"教育权利的现象，不仅在新中国成立后出现过，在革命根据地也曾发生过。在瑞金时期的中央苏区就规定实行工农阶级教育优先的政策，地富子弟虽可进入小学学习，但严格"禁止地主、富农、店东、厂主、手工业主的子弟入初级中学"。② 延安时期随着抗日统一战线的建立，宣布实行地主、富农子弟也可入学的新政策。但在实际中经常出现阶级歧视，错误地对待出身于地主、富农家庭的教师和学生，甚至把他们洗刷出学校。例如，在 1947 年晋冀鲁豫边区所属的太行区的一些地方，借口"贫雇路线"、"树立贫雇骨干"，极其错误地把农村的阶级划分、阶级斗争搬到学校里边，称之为"挤封建"，许多出身地主富农而从事教育工作多年的教师被批斗。更为严重的是，一些地主、富农的子弟被当作"小恶霸"、"小地主"，对他们挂牌管制，剥夺一切民主权利。③ 许多地主、富农出身的教师、学生被"挤"出学校，如武安县原有教师 400 余人，挤出去 260 人；学生原有 45419 人，挤出 9296 人。④ 在 1947 年东北部分地区也出现过单纯地根据地主富农成分出身大量洗刷学生，辞退教员，停办学校，机械地搬用农村土地改革的贫雇农路线和斗争方式。⑤

---

① 中央教育科学研究所编：《中华人民共和国教育大事记（1949—1982）》，教育科学出版社 1983 年版，第 433 页。

② 《湘鄂赣省工农兵苏维埃第一次代表大会文化问题决议案（1931 年 9 月 23 日）》，载中央教育科学研究所编《老解放区教育资料》（一），教育科学出版社 1981 年版，第 103 页。

③ 《坚决纠正学校教育的左倾错误》，《人民日报》1948 年 5 月 18 日第 1 版。

④ 陈桂生：《现代中国的教育魂：毛泽东与现代中国教育》，辽宁教育出版社 1993 年版，第 104 页。

⑤ 《东北行政委员会关于中等教育的指示（1948 年 2 月 13 日）》，载中央教育科学研究所编：《老解放区教育资料》（三），教育科学出版社 1991 年版，第 458 页。

之所以重复出现这些带有阶级偏向的“左”倾错误，与一些中国共产党人对教育性质和教育功能的理解有重要关系。1929 年早期教育理论家杨贤江首次运用马克思主义分析教育的性质和作用，他认为教育属上层建筑，在阶级社会，教育由原始社会“全人类的、统一的”变成“阶级的、对立的”，“教育权跟着所有权走”，“教育成为支配阶级的工具”。①这种认识也存在于其他一些中国共产党人的思想里。由于把教育看成上层建筑，认为谁拥有政治权，谁就拥有教育权。封建社会地主阶级居于统治地位，他们拥有绝对的教育权，平民被排除在外。工农大众取得政权后，应首先享有教育权，从剥削阶级手里夺回教育权。在这种认识支配下，一些“剥削阶级”的子弟丧失了受教育的权利。当过分强调阶级斗争时，人民内部被分为劳动人民和非劳动人民，人民之外还有一个剥削阶级、反动分子阶层。公民平等的教育权利，被区分为优先、限制、剥夺等不同的对待。② 马克思主义者对阶级社会教育权的阶级性的判断有其合理性，从历史的发展来看，阶级社会中的教育确为统治阶级所占有。但同时也要看到，教育是一项基本人权，是不需要作出解释的自然权利。

“五四”时期一些民主主义者吸收了西方的人文主义传统，高扬自由平等，认为教育是全社会全人类的，全力推进平民教育。中国共产党在延安时期以及新中国成立后，实行面向工农大众的大众主义的教育方针，它与“五四”时期所倡导的平民教育、职业教育、劳动教育等思潮在外表上有一些相似的地方，但其背后的理念是有差异的。“五四”教育贯彻着一种以人为本的人道主义精神，而延安教育及新中国成立后尤其是“文化大革命”时期的教育，则是一种阶级论教育观。这种教育观使工农大众成为教育的主体，却摒弃了“五四”教育的全民性。③ 也就是说，之所以把工农确立为教育的主体更多是出于阶级的立场，而不是出于工农作为人应该享受基本的教育权。正是由于阶级论所使然，工农受教育成为一项重大政治任务，普及教育、扫盲都以运动方式开展，时紧时松，难以实现

---

① 杨贤江：《新教育大纲》，载《杨贤江教育文集》，教育科学出版社 1982 年版，第 412、419、428、441 页。

② 杨东平：《中国教育公平的理想与现实》，北京大学出版社 2006 年版，第 38 页。

③ 高华：《中共从“五四”教育遗产中吸取了什么：延安教育的价值及其局限》（http：//gaohua. coldwarchina. com/ztlw/yjzs/000025. htm）。

预期目标，工农的教育机会也无法得到真正保障。

一些中国共产党人认为“教育权跟着所有权走”，要想夺得教育权首先要争得政治权。因而，他们特别强调教育的政治功能，教育为革命政治服务。他们坚决拒绝“五四”后兴起的“教育独立”思想，否定学校作为传授知识单位而单独存在的观点。主张学校不是单纯读书机关，而是党和苏维埃政权进行阶级斗争和政治动员的手段。[①] 这种对教育功能的定位是中国革命战争环境的产物，在革命时期，教育确实起到了唤起、动员民众的作用，具有一定的合理性。1949 年以后，中国共产党虽然夺取了政权，但对教育功能的定位并没有从根本上改变。1958 年毛泽东在审阅中共中央宣传部部长、中央文教小组组长陆定一的《教育必须与生产劳动相结合》一文时加写道：“几千年来的教育，确是剥削阶级手中的工具，而社会主义教育乃是工人阶级手中的工具。”[②] 在 1958 年以后的阶级斗争中，教育被作为阶级斗争的工具得到了特别的强调。由于对教育政治功能的强调，那些作为革命对象阶层的子女被排除在教育之外。即使允许他们受教育，也是为了“控制并改造他们，分化其与家庭关系，争取他们为人民服务，使其不逃跑投敌，不破坏群众翻身利益”。[③] 教育的政治功能既是“左”的关门主义的根据，也是纠正“左”的错误的根据。但无论哪一种，“非劳动阶层”都得不到平等教育。对“左”的关门主义的纠正只是让“非劳动阶层”可以有受教育的机会，但他们仍然是改造的对象，受到了不应有的歧视。

二　文化平均主义色彩[④]

一些马克思主义者认为工农不能平等受教育的障碍在于剥削阶级的存在和压制，认为资本主义国家不会有教育平等，只有社会主义国家才能实现教育平等。当新中国成立数年后，他们发现现实并非如此，工农及其子

① 《湘赣省苏维埃政府训令抚字第十九号（1933 年 1 月 26 日）》，载《老解放区教育资料》（一），教育科学出版社 1981 年版，第 95 页。

② 毛泽东：《教育与劳动结合的原则是不可移易的》，载《毛泽东、邓小平、江泽民论教育》，中央文献出版社等 2002 年版，第 72 页。

③ 《冀鲁豫行署关于招收富农地主子弟入学通知（1947 年 5 月 19 日）》，载《老解放区教育资料》（三），教育科学出版社 1991 年版，第 64 页。

④ 《极左思潮的历史考察》（杜蒲著，河南人民出版社 1994 年版）一书首次使用“文化平均主义”概念。

弟仍然不能平等受教育，人人受教育的局面并没有出现。他们把这些归因于仍然存在着阶级斗争，因而采取革命的手段破除“资产阶级法权”和“资产阶级影响”，以实现文化平均主义。即通过一些非常规的方式对文化资源与文化产品进行重新调整和分配，实现每个阶层都完全平均地占有文化资源。这种文化平均主义在教育上的表现主要有以下几方面。

第一，大办高级中学，实现高指标的普及教育。1958 年中共中央、国务院《关于教育工作的指示》中提出：“全国应在三年到五年的时间内，基本上完成扫除文盲、普及小学教育、农业合作社社社有中学和使学龄前儿童大多数都能入托儿所和幼儿园的任务。应当大力发展中等教育和高等教育，争取在十五年左右的时间内，基本上做到使全国青年和成年，凡是有条件的和自愿的，都可以受到高等教育。”[①] 到了“文化大革命”时期，延续着 1958 年的高指标。不少地方提出把“学校办到家门口”，“小学不出村，初中不出队，高中不出社”的口号。如湖北省文教局在《1971—1975 年文化教育事业发展规划要点的初步意见》中提出：“大力发展高中教育，到 1975 年要普遍做到区区有高中，社社有初中。”在这种方针的指导下，到 1976 年，湖北全省中学达 17949 所，为 1965 年 875 所的 20.5 倍，其中高中 4029 所，为 1965 年 147 所的 27.4 倍。[②] 从全国来看，1965 年高中在校生为 130.8 万人，初中为 803 万人。到 1976 年高中为 1483.6 万人，初中为 4352.9 万人，[③] 分别为 1965 年的 11.3 倍、5.4 倍。可以看出，中学教育尤其是高中教育得到了迅速发展，高中成为发展最快的部分。

执政者一方面希望有更多的人接受更高阶段的教育；另一方面又将办学权下放到大队或生产队一级，经费大多自筹。在农村贫乏的经济、文化条件下，中小学的数量尽管有大发展，但数量的发展是以降低质量为代价的。在大办学校的热潮中，各地一哄而起，中学膨胀。国家对办学条件没有要求，师资可滥、设备可无、一切都可因陋就简，只要办起学校就行。这样，中学虽然办起了，但条件非常差。以师资为例，“文化大革命”

① 《中共中央、国务院关于教育工作的指示》，《人民日报》1958 年 9 月 20 日第 1 版。

② 熊贤君：《湖北教育史》（下卷），湖北教育出版社 2003 年版，第 255 页。

③ 数据见《三十年全国教育统计资料（1949—1978）》，第 12、13 页。

初，大学包括师范院校停办，膨胀起来的中学无师资来源，只好“小学教师教中学”，“中学毕业教中学”。由于教学设施和师资跟不上，学生虽然上了初中、高中，但实际上并没有达到初中、高中的水平。许多小学纷纷“戴帽”办初中，大批小学骨干教师被抽调到中学任教，小学则由一些只有小学毕业，没有受过最基本专业培训的人员来充任，这些人很难胜任教学工作。因而小学教育也被削弱，其质量也非常低。以贵州省为例，“文化大革命”中小学骨干教师几乎全被调入中学，小学教师合格率由1965年的70%下降到30%。①

第二，停办职教，建立单一的中等教育结构。“文化大革命”中，不仅要让人人上高中，而且在高中的类型上还要求一致。新中国颁布的第一个学制（1951年）将中等专业学校与普通中学并列，职业学校在学制中占有一席之地。到了1958年，刘少奇提出“两种教育制度”以便为更多的人提供教育机会。半工半读、半农半读于1964—1965年两年在全国得到了大范围的推广。但“文化大革命”一开始，中等教育的二元结构、“两种教育制度”首先受到批判，被认为是资本主义双轨制的翻版。半工半读性质的职业学校、农业学校、工读学校、技工学校、劳动学校被说成是“资本主义训练奴仆的歧视劳动人民的学校”。这些学校因而大多被停办或转为普通中学，中等教育的二元结构也转变为单纯的一种教育制度——普通中学制。而普通中学又被说成是“培养大学迷和精神贵族”的学校，被改造成以学政治、搞劳动为主的政治学校、劳动学校。这样，全国中等教育只有普通中学这一种类型，全部普通中学又都办成政治、劳动学校这一种模式。

由上可知，执政者已经看出学校的分化是导致教育不平等的原因之一。在职业学校、普通中学并存的状况下，工农子弟由于文化的落差，在中等教育的分流中，主要进入职业中学。一些“左”的领导人把工农子弟不能平等接受中等教育归罪于二元制的教育结构，而且把这种制度看作是资本主义的产物、是阶级压迫的工具。职业、升学并重的二元结构学制在早期产生的过程中确实和资产阶级的阶级性有关，但这种制度的存在更大程度上受制于生产力的发展。从老牌资本主义国家英国中等教育结构的

① 《中国教育年鉴》编辑部编：《中国教育年鉴：地方教育（1949—1984）》，湖南教育出版社1986年版，第1053页。

变化就能看出这一规律。

中世纪英国实行的是一元制的教会、贵族教育，平民并没有受教育的机会。工业革命后，资产阶级开始为工人阶级子弟普设初等学校，毕业后进入一些技术类学校，而资产阶级的子女则由私立学校进入为升学服务的中等学校。第一次世界大战后，这种根据阶级、特权决定的教育渐渐被打破。工人子弟与资产阶级子弟平等参加 11 岁考试以决定进入中等学校的类型。当时英国的中等学校有文法中学、技术中学、现代中学，文法中学为升学服务，后两种学校则是以职业技术训练为主。通过考试进入文法中学的大多数是中产阶级以上家庭的子弟，而工人家庭的子弟则主要进入了后两种学校。到了 20 世纪 60 年代，英国开始实行综合中学，取消选择性的 11 岁考试，不同社会阶层的儿童被安排在同一所学校，学校的分化被延迟。实际上当时综合学校只是三所学校合并而成的多科中学，在内部又将学生分成学术组、技术组，为每一组设立了不同的课程。中等教育课程的统一则在《1988 年教育改革法》颁布后才真正实现。

英国中等教育从职业、升学并存的二元结构到一元教育，既是资本主义民主发展的产物，更是其社会生产力发展的结果。当社会生产力发展较低下时，不可能让全部学生升入下一学段的教育，一部分学生必须分流到职业学校，为走上工作岗位做好准备。一部分人受教育机会的获得必然以牺牲另一部分人的受教育机会为代价。随着生产力的发展，这种学校分化逐渐被推后，从初中分流到高中分流直到大学分流。20 世纪 60—70 年代的中国经济发展非常落后，国家不可能让所有人通过普通高中的学习升入大学，同时，经济的发展更需要一些具有一定技能的社会成员。因而，将中等教育变为单一的普通教育模式不适合当时中国的国情。

第三，取消高考制度，消除文化资本的影响。在上文中曾提到，1949 年后中国共产党在高考招生中对工农及其子弟采取了一些照顾措施，但普通工农子弟能够进入高校的仍然非常少。在一些人看来，分数和考试是工农子弟获得大学教育机会的障碍。只有废除考试制度，才能取消对工农兵子女的“考试专政”和“分数线封锁”。他们认为推荐制可以排除知识分子家庭在文化上的优势，实现工农在入学机会上的平等。[①] 从 1966 年开始，

① 周全华：《“文化大革命”中的“教育革命”》，广东教育出版社 1999 年版，第 431 页。

废止了以考试为主的高等学校招生办法，实行推荐和选拔相结合的招生办法。但推荐制并没有带来想象中的公正、平等，反而成为后门的竞争、人情的竞争、权势的竞争。因为大学会为个人的升迁带来方便之门，而当时高等教育并未普及，为了争抢这有限的资源，一些人也就不择手段。

可见，在高等教育并非人人可上，而教育的社会分层功能又无法消除的情况下，一个客观的入学制度更有利于民众的平等就学。工农的文化劣势也不可能在短时期内，通过极端的方式消除，它需要一个过程。

第四，知识分子劳动化，用拉平的方法消灭脑体差别。在中国共产党人看来，理想中的共产主义社会应该是消除三大差别的社会。1958 年“大跃进”中，认为向共产主义过渡的条件成熟了，立即动手消灭三大差别，把消灭脑体差别列为首先的目标。“大跃进”受挫后，消灭三大差别的宣传一直没有停止。1964—1965 年提倡的半工半读就被赋予消除脑体差别的意义。到了“文化大革命”时期，由于“阶级斗争”的过分强调，一些人把脑体差别的存在迁罪于知识分子。脑力劳动者被视为敌对力量，被要求参加体力劳动。知识分子“体力劳动化”被作为消灭脑体差别的手段。

脑体差别的消除，既是实现教育平等的条件，也是教育平等最终的目的。体力劳动者长期被置于文化教育圈之外，除了阶级压迫的因素外，生产力尚不发达的经济条件也是不可忽略的因素。中国共产党通过革命去除了阶级压迫的因素，但经济状况并没有根本改变。因而，消除脑体差别也必须立足于长久，需要以生产力的发展为基础。脑体差别的消除不是让知识分子投入体力劳动，而是要努力提高体力劳动者的文化，实现“劳动人民知识化”。

由于经济、文化条件的限制，教育平等的理想在当时还无法实现。但执政者没有注意到经济、文化的现状，把现实中的教育差别看作是资产阶级专政的产物，通过阶级斗争以及一些不切实际的极端方式，企图缩小和消灭差别。但最终差别没有消除，反而导致了教育质量的整体滑坡。

综上所述，1949 年后随着社会主义制度的建立，工农受教育在历史上第一次受到突出的强调和重视。在共产党人看来，教育是上层建筑，“教育权跟着所有权走”，既然工农成为物质资料的占有者，在教育上也要成为权利的享有者、成为各级教育的主体。由于把教育权视为阶级的产物，因而在过分强调阶级斗争时期，限制甚至剥夺了其他阶层的教育权利，而且把工农不能平等受教育归因于剥削阶级的存在，用革命的手段来实现教育平等。

在经济和教育的关系上，认为经济是基础，于是把经济优先发展作为国家战略。它导致对教育投入的减少且主要投向对经济发展有利的高等教育，普及教育则主要通过群众办学来实现，尤其在农村地区。多种办学模式并举确实扩大了教育资源，为工农提供了更多的受教育机会。但是，群众办学模式把政府办学的责任转嫁给群众，客观上不利于保障群众的教育权利。

中国共产党认识到传统的“劳力劳心”观念对推进教育平等的影响，通过半工半读等制度试图消解人们的这种认识。但由于社会经济发展所限，体力劳动、脑力劳动客观上存在差别，大众对劳力劳心、教育功能的认识也就无法转变，给教育平等的推进带来了阻力。

第六章　改革开放后：共享世界教育平等观念

1978 年，中国共产党十一届三中全会将改革开放确立为基本国策，中国和世界的交往越来越密切。第二次世界大战后，尤其是 20 世纪 60—70 年代，西方教育平等观念又有了新的进展，这些理念通过联合国等国际组织的推动，在世界范围内掀起了教育平等大潮。受这种潮流的影响，中国人对教育平等的本质有了切近其本源性的认识。中国经济的飞跃发展以及社会主义民主法制的建设也直接影响着中国人教育平等观念的改变。人们不仅关注教育机会平等，而且已经转向教育过程平等、结果平等，对于如何实现教育机会平等以及教育过程平等、结果平等的内涵也有了更深刻的认识。

第一节　西方教育平等观念再次大规模传入

20 世纪 70 年代随着中国在联合国和其他国际组织地位的恢复以及与西方国家外交关系的建立，1949 年后一度中断的中西教育交流又重新启动，西方的教育平等理念再次传入中国。伴随着“左”的思想束缚的解除，以及中国改革开放的深入，对西方教育平等观念的介绍和吸纳日益深入。

一　传入途径

20 世纪 70 年代以来，西方教育平等观念主要通过两种途径传入中国：一是与国际组织的交流与合作；二是学者们的译介和研究。

1. 国际组织的交流与合作

1971 年中国在联合国（United Nations）的合法席位得到恢复，此后中国在联合国下属机构的活动也逐渐恢复，与它们的合作重新展开。如1972年10月中国恢复在联合国教科文组织（Untied Nations Educational, Scientific and Cultural Organization，UNESCO）的活动，1979年联合国儿童基金会（United Nations Children's Fund，UNCF）[①] 再次与中国开展合作。除联合国相关机构外，中国还加强与其他各类国际组织的多边教育交流，尤其是地区性的多边国际组织，如世界银行（World Bank）、经济合作与发展组织（Organisation for Economic Cooperation and Development, OECD）。国际组织在与中国的合作中，通过各种公约、大会、论坛、建议书、评价项目以及一些援助项目将现代教育平等观念输入中国。

以联合国为首的各种国际组织，对教育问题的关注始终是以“教育是人的基本权利”为逻辑起点，并且把教育平等作为实现全人类共同发展的基本手段。联合国通过一些国际文件明确提出受教育权是人的一项基本权利（见表6—1），其中《世界人权宣言》的规定已被国际社会普遍承认和接受，具有国际习惯法的性质。[②] 另外四部属公约，对其缔约国具有法律约束力。中国作为这些国际条约的缔约国已经签署了条约，公约中关于教育权的详细规定影响了中国人对教育权的理解。

表6—1　　联合国关于受教育权的国际文件[③]

国际文件名称	有关条款	通过时间（年）	实施时间（年）	中国批准时间
《世界人权宣言》	26	1948		
《经济、社会、文化权利国际公约》	13、14	1966	1976	1997年签署，2001年批准
《公民与政治权利国际公约》	18	1966	1976	1998年签署，尚未批准
《儿童权利公约》	28、29、30	1989	1990	1990年签署，1992年批准
《消除对妇女一切形式歧视公约》	10	1979	1981	1980年签署，1980年批准

① 1946年成立时名为联合国国际儿童紧急救援基金会，1953年改为联合国儿童基金会。

② 白桂梅等：《国际法上的人权》，北京大学出版社1996年版，第73页。

③ 资料来源于中国人权网（http：//www. humanrights - china. org）。

除了上述由联合国颁布的国际文件外，其下属机构也制定了更为具体的保障教育权的文件，这些文件虽然不像联合国发布的公约那样对国家具有法律约束力，只具有政治和道德上的约束作用,[①] 但其所宣扬的理念还是被其成员国所接受。比如联合国教科文组织1960年通过的《反对教育歧视公约》对教育机会均等的含义作了详尽的阐述，这一含义的界定经常为中国学者所引用,[②] 对于中国人理解教育机会均等产生了影响。

除公约等国际文件外，联合国等国际组织还借助国际会议的宣言、建议、行动纲领等来宣传教育平等理念。这方面最有代表性的就是由联合国教科文等国际组织发起和推动的世界全民教育（Education for All）运动。1990年3月，在泰国宗滴恩召开了世界全民教育大会，通过《世界全民教育宣言》（*World Declaration on Education for All*）和《满足基本学习需要的行动纲领》（*Framework for Action to Meet Basic Learning Needs*）两个文件，明确提出“每一个人——无论他是儿童、青年还是成人——都应能获得旨在满足其基本学习需要的受教育机会”。“应该向所有儿童、青年和成人提供基础教育。”[③] 此次会议启动了全民教育国际行动，正式提出“全民教育”的概念。2000年4月，联合国教科文组织等国际组织在塞内加尔举办了“世界全民教育论坛”，对1990年以来的全民教育进行了全面评估，深化和更新了原有目标，发布了《达喀尔纲领》（*Dakar Framework for Action*）。此后，联合国教科文组织加强了对全民教育目标实施状况的监测，每年发布全民教育全球监测报告。全民教育不仅是一项持续的国际行动，而且是一个重要的国际教育思潮，其理念为世界各国所接受。中国是全民教育重点推进的九个人口大国之一[④]，中国政府积极参加全民教育的历次会议和活动，2005年全民教育高层会议在北京召开。全民教育的理念对中国产生了重要影响，直接推动了中国“两基”的完成和教

---

① 申素平：《受教育权国际标准研究》，《清华大学教育研究》2007年第5期。

② 如马和民、高旭平在《教育社会学研究》一书中对教育机会均等概念的界定就引用了该文件，见该书第86页，杨东平《中国教育公平的理想与现实》也引用了这一文件，见该书第7页。

③ 赵中建：《教育的使命：面向二十一世纪的教育宣言和行动纲领》，教育科学出版社1996年版，第15—17页。

④ 九个人口大国指：亚洲的中国、印度、印度尼西亚、巴基斯坦、孟加拉国，非洲的埃及、尼日利亚，拉丁美洲的巴西、墨西哥。

育民主、平等化进程。

一些由国际组织负责的评价项目也是教育平等观念的重要传播路径。国际学生评估项目（Programme for International Student Assessment，PISA）是经济合作与发展组织（OECD）发起并组织实施的为各参与国家与地区监控教育成效的评价项目。PISA 的目标是发展常规的、可靠的、与政策相关的学生成就指标，从而达到关于国家教育体制的质量、公正性和效率的评价目标。PISA 评价关注四个子目标的实现：学习成果的质量；学习成果的等价性和学习机会的均等性；教育过程的有效性和效率；以及教育对社会经济的影响。[①] 教育公平是 PISA 评价的基本价值追求，学生的家庭经济社会地位、学校均衡发展情况等都是其考察学生成绩差异的重要因素。PISA 项目从 2000 年开始，每 3 年进行一次。中国教育部考试中心 2006 年引进并启动了 PISA2006 中国测试研究项目，中国上海 2009 年正式参加这个项目。该项目关于基础教育质量的理念对中国教育公平观念的转变有重要的影响。

除公约、宣言、建议、行动纲领、评估项目以外，国际组织在各个国家开展的教育援助项目也是其传播教育平等理念的重要方式。前者是一种显性的方式，主要对象是社会的上层人物。后者是前者理念的化身，通过项目运作来传递一种理念，而且援助合作活动主要针对一些弱势地区，对改变这些地区基层民众、管理人员的理念起到了更重要的作用。从 20 世纪 80 年代初期起，联合国开发计划署（United Nations Development Programme，UNDP）、联合国儿童基金会、世界银行等国际组织与中国合作开展了多个项目（见表 6—2）。

表 6—2　　中国与国际组织开展的合作项目[②]

国际组织名称	时间（年）	项目名称	投入（美元）
联合国开发计划署	1997—1999	以女童为重点促进贫困地区九年义务教育项目	310 万

① 王蕾：《PISA 在中国：教育评价新探索》，《比较教育研究》2008 年第 2 期。

② 田正平：《中外教育交流史》，第 1063—1074 页。

续表

国际组织名称	时间（年）	项目名称	投入（美元）
联合国儿童基金会	1985—1989	加强贫困地区小学教育项目	260 万
	1994—1995	加强小学教育项目	35 万
		促进女童教育项目	200 万
		特殊需求儿童教育项目	19.6 万
	1996—2000	促进贫困县初等教育	950.5 万
世界银行	1992—1998	第一次贫困县基础教育发展项目（参与单位有云南、贵州、湖南、湖北、山西、陕西6省的114个国家级和省级贫困县的部分小学、初中。）	1.3 亿
	1995—1999	第二次贫困县基础教育发展项目（参与单位有四川、内蒙古、广西、新疆、宁夏、江西6省、自治区的111个国家级、省级贫困县旗。）	1 亿
	1996—2001	第三次贫困县基础教育发展项目（参与单位有甘肃、青海、安徽、河北、河南、吉林、福建7省的124个国家级贫困县。）	1 亿
	2003—2007	西部地区基础教育发展项目（参与单位有四川、云南、广西、宁夏、甘肃5省、自治区的112个县。）①	1 亿

这些合作项目具有一些基本特点：从地域来看，主要投向了贫困地区、中西部地区、少数民族地区；从学段来看，主要资助基础教育特别是小学教育；从扶助对象来看，主要是女童、特殊需求儿童。这些项目的开展一方面切实改善了我国边远贫困地区儿童的教育条件，提高了女童入学的比率，缩小了教育的城乡差距、地域差距和性别差距。另一方面传递了

① 《世界银行贷款/英国政府赠款西部地区基础教育发展项目启动》，《中国教育报》2003年11月7日第1版。

一种基本的教育平等理念，就是必须关注弱势地区、困难群体的基本教育，使人人都能获得应有的教育机会。

以世界银行为例，从1992年起连续开展对贫困县基础教育的扶助。前后扶助了19个省、自治区的461个县的基础教育，共投入4.3亿美元，极大地促进了中国中西部地区贫困县义务教育的普及。对世界银行所扶助项目的目标进行分析，可以看出更深层的一些教育平等理念。第一次项目的目标是基本普及小学义务教育，适当发展初中义务教育。第二次项目的目标是基本普及小学义务教育，适当发展初中义务教育，改善项目中学、小学的办学条件，使其达到国家规定的标准。第三次项目的目标是普及初等义务教育，使初中阶段义务教育的普及程度有较大提高。[①] 西部基础教育项目的目标是改善办学条件、提高教育教学质量和教育行政管理水平。[②] 可以看出，项目的目标由小学延伸到初中，由关注教育的普及到教育的质量、效益。这表明教育平等不仅体现在受教育权的实现，即入学机会的均等，更体现在教育过程的均等和结果的均等。因为只有一定年限、一定质量的教育才能为每一个人提供基本的知识条件，为其参与政治、经济活动，实现政治、经济权利的平等奠定基础。正是基于过程平等和学业成就平等的考虑，世界银行“西部地区基础教育发展项目”不仅在校舍、教学仪器设备、图书、课桌椅配套等硬件建设方面投入了资金，而且在开展参与式教学、学校发展规划、中小学校长及教师培训方面进行了投资，以努力缩小区域、城乡之间的差距，确保取得教育质量的均衡发展。

2. 中国学者的译介和研究

中国学者的译介和研究是西方教育平等观念传入的另一条重要途径，它和对资本主义国家文化的认识以及中国自身教育平等的建设有关，大致可以分为三个阶段。

第一阶段从20世纪70年代中期到90年代中期。主要以译介为主，既包括这一时段的重要文献，也有第二次世界大战后的一些文献。随着对资本主义文化认识的变化，译介的范围逐渐扩大、数量逐渐增多。

---

① 田正平：《中外教育交流史》，广东教育出版社2004年版，第1073—1074页。

② 《世界银行贷款/英国政府赠款西部地区基础教育发展项目启动》，《中国教育报》2003年11月7日第1版。

20 世纪 70 年代初，我国对外交往取得了重大突破。1972 年美国总统尼克松、日本首相田中角荣相继访华，中美、中日关系得到改善，并进而推动了中国与西方其他国家的关系。中西国家间外交关系的解冻要求对西方的文化教育进行研究，以便更好地促进相互间的交往。70 年代初，一些高校恢复和建立了外国教育研究室（组），恢复和创办了研究介绍国外教育的刊物，人民教育出版社等单位开始组织翻译出版国外教育的专著。由于受“左”倾路线影响，70 年代的介绍主要是为了在“教育领域内彻底批判资产阶级和修正主义，深入开展斗批改，给领导和有关单位提供一些参考资料”。[①] 1978 年 10 月上海师范大学（即今华东师范大学）外国教育研究室翻译出版了《学会生存》，译者前言中写道：“为了搞好教育革命，我们一方面要认真学习、正确宣传马列主义和毛主席的教育思想，批判修正主义和资产阶级教育思想；另一方面也要对国外的教育情况进行调查研究，认清当代世界教育的发展动向，吸取经验，划清界限。为此我们将本书译出，供大家参考。”[②] 尽管提到要研究世界教育的发展动向、借鉴经验，但仍然留有“左”的印痕，要与资本主义划清界限。

1978 年 5 月 11 日，《光明日报》第一版发表了《实践是检验真理的唯一标准》。同年 12 月，中共十一届三中全会确定了“解放思想、开动脑筋、实事求是”的指导方针，并确定了改革开放的基本国策。1983 年，邓小平提出对西方资本主义国家的文化也可以吸收借鉴。他说：“我们要向资本主义发达国家学习先进的科学、技术、经营管理方法以及其他一切对我们有益的知识和文化，闭关自守、故步自封是愚蠢的。”“西方如今仍然有不少正直进步的学者、作家、艺术家在进行各种严肃的有价值的著作和创作，他们的作品我们当然要着重介绍。”[③]

在邓小平思想指引下，教育学者重新思考了过去一直批判的资本主义教育民主。张人杰于 1986 年提出：“把西方的‘教育民主化’一概说成是旨在掩盖阶级矛盾和代替阶级分析，很可能是对它的一种误解。”他列举了西方学者、西方国家教育研究机构关于教育机会平等的研究结论，说

① 《外国教育动态》（北京师范大学 1973 年 1 月正式出版，1992 年更名为《比较教育研究》）发刊词，1973 年 1 月号，第 1 页。

② 《学会生存：教育世界的今天和明天》，上海译文出版社 1979 版，“译者说明”第 1 页。

③ 邓小平：《邓小平文选》（第 3 卷），人民出版社 1993 年版，第 43—44 页。

明他们并没有抛弃阶级分析，许多社会学家认为教育机会不均等的成因之一就是“家庭的教育背景”、“阶级的文化价值观念”。他指出：“如果把教育方面事实上的不平等看成资本主义国家所固有的主要教育弊端之一，以至于对他们的‘教育民主化’不去‘注意它，利用它，批判地对待它’，那末在社会主义教育制度中出现这一弊端的可能性也不是绝对不存在的。”“那种认为资本主义国家没有教育民主，社会主义国家已实现了教育民主的看法是难以成立的。”①

资本主义民主、平等，教育民主、教育平等在很长时间内是受到彻底批判的，张人杰的观点开始打破这种认识，西方教育民主、平等的研究成果逐渐受到重视，并被翻译出版。1986年由张人杰负责的华东师范大学教育科学资料中心编译出版了《当代国外教育研究》，书中选录的《最有意义的教育研究》、《美国国家教育研究所的六个研究领域》都有关于教育平等方面的内容。1989年张人杰主编的《国外教育社会学基本文选》出版，书中选录了研究教育平等的重要文献美国詹姆斯·科尔曼（James Coleman）的调查报告《教育机会均等的观念》② 和瑞典托儿斯顿·胡森（Torsten Husen）的《平等——学校和社会政策的目标》。③

除上述翻译作品外，一些关于国外教育改革的译丛也含有西方教育平等方面的内容。如：1985年起人民教育出版社组织出版的《教育学文集》（瞿葆奎主编）有关于各国教育改革的文献，《美国教育改革》中《教育机会均等界说的变化：1960—1975》对美国教育机会均等概念的演化作了

① 张人杰：《西方“教育民主化”初探（续）》，《中国高教研究》1986年第2期。

② 1966年科尔曼受权执行《1964年民权法》，调查了4000所学校的60万学生，根据调查写出了上述报告。报告发表于1968年《哈佛教育评论》第1期上。

③ 这篇文章选自胡森《社会环境与学业成就》（由经济合作与发展组织在1972年出版，张人杰翻译，云南教育出版社1991年版）一书，对第二次世界大战后欧美关于教育机会均等的研究作了综合评述。胡森把教育机会均等的概念演变划分为三个阶段：一是保守主义阶段，认为上帝使所有的人具有不同的能力，而尽可能充分地利用这种能力则是个人自己的事情。二是自由主义阶段，认为每个儿童从出生起就具有某些智力上的天赋或某些较为稳定的能力。教育系统的设计要能够消除经济和社会等外部障碍。主张把教育延伸到更高一级水平，并使义务教育方面的差别有所缩小和统一性更强。三是激进的新概念阶段，强调结果的均等。认为学生在学业上的成功与失败，主要应归因于学校状况尤其是教学的组织。社会不仅要为处于不利地位的儿童提供平等的受教育机会，而且要为他们提供补偿的措施。（参见《国外教育社会学基本文选》，第206—217页）。

介绍，[①]《英国教育改革》中《1944年以来的英国教育改革》介绍了英国根据教育机会均等及社会协调理论改革教育体制。[②] 1986年起由国家教育发展与政策研究中心选编、人民教育出版社出版的《发达国家教育改革的动向和趋势》也含有各国致力于教育平等改革的文献，如第一集中关于法国改革的文件《为建立民主的初中而斗争》。[③] 人民教育出版社1990年还翻译出版了库姆斯（Coombs，P. H.）的《世界教育危机：八十年代的观点》，该书根据多年广泛的调查与研究，论述了各国之间与各国内部大量存在的教育不平等现象，并提出了解决不平等的措施与途径。[④]

教育平等之外，西方一些影响较大的关于平等方面的著作在这一时期也被翻译过来。如：罗尔斯的《正义论》（1971年哈佛大学出版社出版，1988年中国社会科学出版社翻译出版）、阿瑟·奥肯的《平等与效率》（1975年华盛顿出版，1987年华夏出版社翻译出版）。

在国内学者对西方教育平等翻译的同时，一些国外学者在中国也进行了有关国外教育平等的介绍。如1988年加拿大的G. J. 爱默生教授在上海师范大学作了“北美学校教育的平等问题”的演讲，介绍了北美学校教育平等所关注的内容及其基本观念。[⑤]

尽管在这一阶段西方教育平等的一些主要文献大多被翻译介绍到中国，但只是停留在简单的译介上，对其研究非常少。对于从20世纪50年代以来沉浸于“平均主义”式平等的中国人来说，他们更渴盼西方文化中的自由竞争、机会平等。西方推进教育平等的实践与观念人们并没有去关注。

第二阶段从20世纪90年代中期到21世纪初。90年代中期，中国的

---

① ［美］丘奇：《教育机会均等界说的变化：1960—1975》，李亚玲译，载瞿葆奎主编《美国教育改革》，人民教育出版社1990年版，第431—483页。

② ［英］考恩：《1944年以来的英国教育改革》，石伟平译，载瞿葆奎主编《英国教育改革》，人民教育出版社1993年版，第763—779页。

③ 到2005年已出版七集，收录了主要国家的教育改革文件。

④ ［美］库姆斯：《世界教育危机：八十年代的观点》，赵宝恒等译，人民教育出版社1990年版。英文版1985年由美国纽约牛津大学出版社出版。

⑤ 钱朴译述：《北美学校教育的平等问题——加拿大G. J. 爱默生教授在上海师大讲学片断之二》，《外国中小学教育》1988年第2期。

教育平等问题开始凸显，一些学者因此提出对于教育机会均等不能仅仅停留在翻译介绍西方论著或作些简单演绎上，需要深入的研究，需要“更多的人投入已落后很多的对于教育机会均等的研究和实践”。[①]

在一些学者的倡导和践行下，这一阶段对西方教育平等已从一般的译介走向较深入的研究。前一阶段翻译过来的文献开始受到重视，大量出现于一些研究当中。学者们把对西方教育平等的研究和对中国的教育平等问题相结合，运用西方的教育平等理论观照中国教育平等实践，其教育平等观也开始发生变化。这一阶段，对西方教育平等的最新理论也作了翻译介绍。这方面较有代表性的主要有：吴德刚的《中国全民教育问题研究——兼论教育机会平等问题》（1998）、袁振国的《论中国教育政策的转变——对我国重点中学平等与效益的个案研究》（1999）、程晓樵的《课堂互动中的机会均等》（2002）、翁文艳的《教育公平与学校选择制度》（2003）。

吴德刚在其著作中系统地介绍了西方教育机会均等的含义及演变过程，拓展了上一阶段译介的内容。他翻译介绍了科尔曼之后美国另一部关于教育平等的著名研究成果——詹克斯（Jencks，C.）的《不均等——美国家庭与学校教育效果的评估》（*Inequality：A Reassessment of the Effect of Family and Schooling in America*，1972）。他还从我国台湾学者的著作中转引了国外学者在20世纪60年代的观点，比如曾任芝加哥大学比较教育中心主任安德森（Anderson）1967年对教育机会均等内涵的认识，经济合作与发展组织（OECD）1965年对教育机会均等意义的界定。[②] 相比于90年代中期以前对西方教育平等的译介，吴德刚既有对西方有关观念的综述，又对其进行了一定的分析。

袁振国运用教育平等与效益及其关系的理论，研究了中国重点中学的政策与实践。他关于教育平等的理论主要来源于西方，这些理论既有前一阶段译介的成果，也有他对西方最新成果的介绍。如他翻译了美国当代著名哲学家、约翰·罗尔斯的弟子内格尔（Thomas Nagel）的《平等和偏

---

① 檀传宝：《中国教育机会均等问题的现实及对策思考》，《教育科学》1994年第2期。

② 吴德刚：《中国全民教育问题研究——兼论教育机会平等问题》，教育科学出版社1998年版，第79、80、111、112页。

祖》（*Equality and Partiality*，1991）中关于教育平等的理论。[①]

在中国香港中文大学获得博士学位的程晓樵和在攻读博士学位期间留学日本的翁文艳，凭借获得外文资料的便捷，更是引述了大量西方资料。如：程晓樵引用了英国人托尼（Tawney，Richard H.）的《均等》（*Equality*，1964）和 Silver. Harold 的《公平的教育机会》（*Equal Opportunity in Education*，1973）等重要的教育平等文献。[②] 翁文艳引述了科尔曼 1990 年对教育机会平等重新思考的新作——《教育平等和学业成就》（*Equality and Achievement in Education*，1990）[③] 等。

这一阶段，教育科学出版社还出版翻译了联合国教科文组织的一些重要教育文献与论著。如：《教育——财富蕴藏其中》（1996）、《教育的使命：面向二十一世纪的教育宣言和行动纲领》（1996）、《全球教育发展的研究热点：90 年代来自联合国教科文组织的报告》（1999）、《全球教育发展的历史轨迹——国际教育大会 60 年建议书（1934—1996）》（1999）等。这些文献含有联合国教科文组织推动世界教育平等的一些报告、文件。

第三阶段从 21 世纪初开始。在 20 世纪 90 年代学者们对教育平等研究的推动下，民众教育平等意识逐渐觉醒，教育平等也渐渐成为政府制定政策的重要依据。2001 年颁布的《全国教育事业第十个五年计划》，将教育公平作为教育改革与发展的指导思想和基本原则。[④] 2003 年新一届政府把促进教育公平摆在了突出位置。在政府把教育公平作为主旋律时，对西方教育平等的译介和研究也有了新的转向。

第一，从译介的内容来看，由对西方学者的关注转向了更多地关注各个国家所制定的政策；由对教育平等内涵的翻译发展到对教育平等实践推进、教育平等衡量指标的译介。如：《国外怎样谋划义务教育阶段教育平

---

① 袁振国：《论中国教育政策的转变——对我国重点中学平等与效益的个案研究》，广东教育出版社 1999 年版，第 61 页。

② 程晓樵：《课堂互动中的机会均等》，江苏教育出版社 2002 年版，第 26—27 页。

③ 翁文艳：《教育公平与学校选择制度》，北京师范大学出版社 2003 年版，第 86—95 页。

④ 《全国教育事业第十个五年计划》的原则之一：“坚持社会主义教育的公平与公正性原则，更加关注处境不利人群受教育问题。努力为公民提供终身教育的机会。”见《中国教育报》2001 年 10 月 15 日第 5 版。

等》（《中国教育报》2006年3月21日第3版）、《教育公平：国外的探索与经验》（《中国教育报》2006年11月24日第6版）、《瑞典教育改革中的教育公平发展政策》（《比较教育研究》2009年第9期）三篇文章都体现了上述特点。

第二，从译介的国家来看，突破了原来的范围，在关注发达国家的同时，将目光转向世界其他类型的国家。英、美等西方发达国家仍然是这一阶段学者关照的重点，一方面这些国家教育平等的新理念值得关注；另一方面尽管它们在教育平等方面已经取得很大成绩，但仍然存在着教育不平等，它们解决不平等的经验值得借鉴。如：《当代美国联邦政府教育平等政策的发展及其启示》（郑玉清：《世界教育信息》2007年第7期）、《发达国家教育公平问题研究：问题、对策和启示》（乐先莲：《教育发展研究》2007年1A）、《伦敦基础教育均衡发展的机制及其启示》（陆璟：《上海教育科研》2006年第1期），这三篇文章既介绍了西方发达国家解决国内教育不平等的经验，又反映了最新的教育平等理念。

除了对西方发达国家关注外，这一阶段还关注世界其他各类国家。主要有三类：一是一些后起的发达国家如韩国、芬兰等，比如：《OECD国家推进教育公平的典范——韩国和芬兰》（皮拥军：《比较教育研究》2007年第2期）、《韩国教师城乡互换制度的启示》（张允公：《光明日报》2004年12月8日B3版）。二是一些从计划经济体制向市场经济体制转型的国家如东欧，以及一些进行新自由主义改革的国家如智利等，比如：《转型国家教育公平研究——问题、根源和措施》（李莉：《比较教育研究》2007年第2期）、《智利的教育平等发展战略》（曾昭耀：《共产党员》2005年第6期）。这些国家通过实施市场经济，在经济上取得了较好的成绩，同时也带来社会财富分配不公、贫富两极分化等问题。面对日益凸显的社会矛盾，他们的政府在教育上进行大规模改革，实施教育平等发展战略，取得了较好的效果。他们把教育视为“未来的钥匙”，视为“机会均等的关键”，视为社会发展和社会公正强有力的杠杆。这些国家在处理市场经济和教育改革方面的经验有益于中国解决教育不平等问题。三是一些发展中国家，如巴西、印度、墨西哥、南非等。它们与中国有相似的状况，既面临着如何使每个人获得教育机会、实现全民教育，又面临着如何提升教育质量、实现均衡发展的教育。比如：《发展中国家如何致力于更加公平的教育——以印度和南非为例》（荣黎霞：《比较教育研究》2007年第2期）、《墨西哥教育平等：现状、对策与启示》（高艳贺、黄志成：《教育科学》2007年第2期）、《南非推动义务教育均衡发展的主要机制与措施分析》（丁秀棠：《比较教育研究》2007年第3期），这些文章对发展中国家的教育平等现状和解决措施进行了译介和评析。发展中国家在现代化的运动中逐渐接受了西方教育平等理念，并结合自己的国情作出了创造性的选择。

二　传入的主要理念

1. 受教育权是法律保障的基本人权

18世纪启蒙运动时期，启蒙思想家明确提出受教育权是一项基本的人权。启蒙运动之后，大多数欧洲国家在宪法中规定了人人享有受教育权。伴随着工业革命对劳动力及国民素质的要求，新兴的资本主义国家开始颁布《初等教育法》，以保障公民最基本的教育权利。初等教育法律的颁布，使宪法规定的义务教育权具体化。19世纪末20世纪初，第二代人权开始走上历史舞台[①]，国家不再单一地被看作人权防范的对象，它还是人权实现的手段。西方一些国家把受教育权作为一种需要社会来保障的积极权利加以确认。受教育权逐渐从公民应有权利转化为法定权利，并进而转化为实有权利。视教育权为公民基本的人权，并通过立法来保障教育权利的实现和教育机会的均等是西方教育平等观念的基本精神。

第二次世界大战后，西方教育平等观念的这种基本精神被联合国加以宣扬。《世界人权宣言》和《经济、社会、文化权利国际公约》等国际人权法明确规定：人人都有受教育的权利，国家应尽最大努力采取积极的措施和步骤，以使所有公民的教育权利普遍行使、充分实现。国家不仅负有保障义务教育的责任，而且还需采取积极行动来发展各级各类教育，以便

---

① 联合国教科文组织前法律顾问卡雷尔·瓦萨克（Karel Vasak）提出“三代人权”理论。第一代人权形成于美国和法国大革命时期，主要是指公民权利和政治权利；第二代人权形成于俄国革命时期，主要是指经济、社会及文化权利；第三代人权是对全球相互依存现象的回应，主要包括和平权、环境权和发展权。瓦萨克根据公民与国家的不同关系样态将第一代人权定性为消极的人权，将第二代人权定性为积极的人权，而将第三代人权定性为连带的权利（the Solidarity rights）。［参见徐显明主编《人权研究》（第二卷），第171—172页］

向每一个人提供合适的教育。这种理念为世界上大部分国家所接受。遍观当今世界各国，无论是高收入国家、中等收入国家还是低收入国家，都通过立法程序保证每一个儿童的受教育机会。各国通过立法程序所确定的义务教育年限均在5年以上，一些高收入国家如德国，义务教育年限已达到12年。义务教育作为最基本的教育权受到了法律的保障。

可见，西方教育平等观念所强调的受教育权是法律保障的基本人权，借助于国际组织的力量，在第二次世界大战后得到更广泛地宣传，这一思想也得以不断深化。

2. 保障教育平等是现代政府最重要的基础性职能

基于受教育权是法律保障的一项基本人权，是一项积极权利的信念，“二战”后一些主要资本主义国家采取积极的措施消除造成不同环境下的学校儿童固有的不平等，特别是与社会不利因素相关联的差别，把推进教育平等作为政府的主要责任。比如日本政府在1954年制定了《偏僻地区教育振兴法》，以振兴偏僻地区的教育。[①] 20世纪60年代后期，英国政府实行“教育优先区计划”以解决劳工阶层子女及其他处境不利儿童的教育问题。保障教育平等成为这些国家制定教育政策的重要依据和目标。

在联合国等国际组织的倡导下，一些发达国家政府所致力的以教育平等为核心的教育民主化建设，逐渐成为国际社会教育改革的重大目标之一。从20世纪70年代开始，世界各国相继把教育机会均等列为教育政策优先要达到的目标。1977年10月，联合国教科文组织召开部分成员国负责教育改革的高级官员会议。会议认为，教育民主化是80年代全球教育改革的三项基本要求之一。同年11月联合国教科文组织召开的阿拉伯国家教育部长和经济规划部长会议声明，阿拉伯国家将努力推进教育民主化的进程。[②] 1990年由联合国相关组织发起和赞助的世界全民教育大会，在全世界掀起了全民教育运动，各国政府把推进全民教育作为自己的责任。1995年世界银行在其报告《教育的优先发展和策略》中，建议各国把公平放在优先地位。报告提出“争取公平已经成为许多政府的一大目标，

---

① 《聚焦国外义务教育经费保障机制》，《中国教育报》2006年3月10日第3版。

② 张人杰：《西方“教育民主化”初探》，《中国高教研究》1986年第1期。

但是公平还要比过去受到更多的重视”。①

综观当今世界各国的教育政策，教育公平、教育平等已逐渐成为一项基本价值。人们普遍认为，保障教育公平是现代政府最重要的基础性职能，政府是推进教育公平的主导力量，强化政府的教育公平责任，是现代政府职能转变的一项重大选择。②

3. 从强调教育过程平等到结果平等，注重教育质量的提高

第二次世界大战之前，西方教育平等观念主要强调的是受教育机会平等，可分为两个阶段：第一次世界大战之前，主要强调的是初等教育入学机会平等，第一次世界大战到第二次世界大战之间，转入中等教育入学机会平等。对于中等教育入学机会的强调，主要源于资本主义国家经济发展需要。现实的需要使人人接受中等教育的观念，在西方资本主义国家被付诸实施。到这一阶段末，西方多数国家已实现中等教育入学开放，受中等教育的机会有所扩大。③

在中等教育机会扩大的同时，人们也发现，新创办的技术学校和传统中学里新设的技术教育组的入学者主要来自工人家庭或低层中产阶级家庭，而中上阶层的子女则大多进入了以升学为目标的文科中学。针对这一状况，第二次世界大战后，英、美等国家开始对中等教育进行结构性改革。英国工党于 1951 年提出发展综合中学的计划，美国最高法院 1954 年提出学校应废除种族隔离政策。这些改革的目的是为了使每个人都能接受共同的、综合型的教育。它实际上体现了一种过程均等的平等观念，强调让学生进入同样的学校，学习同样的课程。教育过程平等观念萌发于 20 世纪 50—60 年代，其内涵不断发展。联合国教科文组织 2007 年发布《16 国教育公平和公众政策比较》，列出了教育过程公平考察的维度，包括：班级平均规模、课程设置、生均经费、生师比、学校设施的质量、教材的质量、教师的教育水平、教师的经验和资格。④ 这些方面都是教育过程公

① World Bank, *Priorities and Strategies for Education*, Washing to D. C.: World Bank, 1995: 113.

② 盛冰：《转型时期政府的教育公平责任及其边界》，《教育研究》2007 年第 3 期。

③ 关于西方教育机会均等阶段的划分参见亨理·雅纳《平等与学校》，转引于张人杰《西方“教育民主化”初探（续）》，《中国高教研究》1986 年第 2 期。

④ 北京教育科学研究院课题组：《国际社会促进教育公平的实践及其对我国的启示》，《教育科学研究》2009 年第 7 期。

平的重要因素。

到了20世纪60年代中期，教育平等又有了新的含义。从教育过程平等转至教育过程的产出——教育结果平等，也即学业成功的机会均等。科尔曼是教育结果平等的提出者。在1964年他牵头调查美国各个种族教育机会均等状况时，将学生学业成就引入到教育机会均等的研究领域，并在教育投入与产出间进行综合分析，而不是简单地通过对学校投入、师资水平、设备设施的调查提出不平等问题。科尔曼在调查之前，对教育机会均等概念给出了五种定义，其中第五种为：以学校对具有不同背景与能力学生的教育效果（如学业成就、学习态度、自我观念等）来界定教育机会的均等。这一定义强调的是学校教育结果的均等。科尔曼认为，教育机会均等应该等于教育资源投入均等+教育资源对学生成就产生的效力均等+教育产出的均等。①

科尔曼的观点影响了美国政府教育政策和行动计划的制定，也为一些国际组织所接受。1970年经济合作与发展组织举行“教育政策”讨论会，会议一致承认：教育机会均等现在指的就是取得学业成功的机会均等。“这样的解释，意味着社会加以保证的教育机会均等，是使出身于各种不同的社会、经济或人种集团的学生在各级各类教育中所占的比率，与这些集团在全体人口中所占的比率大体上一致。”②

对于上述观点，当时也有学者提出异议。1972年美国学者詹克斯（Jencks）出版了《不均等》（*Inequality*）一书，对以结果衡量的教育均等提出质疑，认为均等的教育机会不一定能保证均等的结果。③ 一些人指出，学业成功机会的均等不会立即实现，甚至有可能永远也不会达到，当局和舆论界有点过急地接受了学业成功机会均等这一目标。④

尽管对学业成功机会均等的目标，人们有不同的意见，但这一观念

---

① ［美］科尔曼：《教育机会均等的观念》，载张人杰《国外教育社会学基本文选》，华东师范大学出版社1989年版，第186、191页。

② 经济合作与发展组织：《十年教育政策（1970—1980年）》，1971年法文版，第14页，参见张人杰《西方“教育民主化”初探》，《中国高教研究》1986年第1期。

③ ［美］詹克斯：《不均等》，参见程晓樵《课堂互动中的机会均等》，江苏教育出版社2002年版，第26页。

④ 张人杰：《西方“教育民主化”初探》，《中国高教研究》1986年第1期，第65页。

还是逐渐成为主流观念，为国际社会所接受，并被各国政府所推动。查尔斯·赫梅尔在1977年为联合国写的研究报告中称："获得教育机会均等的概念正在扩展到在学习中获得成功的机会平等。"① 1981年出版的《社会学：教育政策》一书认为，取得学业成功的机会均等已日益成为教育机会均等的重点。书中写道："近十年来，关于教育的讨论，在不忽视进入各种不同类型学校的机会均等的同时，重点越来越放在：要找到尽可能地缩小学业成绩——至少是义务教育阶段时的学业成绩——差距的办法。就是说，使全体学生或几乎全体学生达到令人满意的教育水准。"②

20世纪80年代以后，以提高教育质量为核心的教育结果平等，成为各国努力的方向。以美国为例，80年代中期，部分州开始制定本州中小学学生成绩标准。90年代以后，标准化运动成为美国教育改革的主要内容之一。无论在课程、教师、学生学业等方面，国家都提出了标准，整个教育界开始了基于标准的改革。1994年修订的《中小学教育法》［改称《改革美国学校法》（*Improving America' School Act*）］，要求各州到2000—2001学年都要建立起教育内容和学生成绩标准以及与此一致的评估、奖惩机制。2001年布什总统签署《不让一个孩子掉队法》（*No Child Left Behind Act*），要求到2004—2005学年，美国公立中小学所有3—8年级学生都必须接受各州政府举办的阅读和数学统考，所有学校都必须在12年内使阅读和数学达标的学生比例达到100%。③ 这些法规明确地表明，国家要以相同的标准来要求所有儿童，即使是弱势儿童，也不能降低标准。因为降低标准将使弱势儿童与主流儿童在起点上拉开距离，从而在人生的道路上处于不平等的竞争地位。

同美国等发达国家一样，一些发展中国家不仅在推进全民教育，而且同时着力于教育质量的提高。比如：埃及政府建立了国家教育标准，无论公立学校还是私立学校都要遵循统一的标准。国家成立了全国性的质量保

---

① ［美］查尔斯·赫梅尔：《今日的教育为了明日的世界》，中国对外翻译出版公司1983年版，第102页。

② ［瑞士］罗歇·吉罗：《社会学：教育政策》，1981年法文版，第49页，参见张人杰《西方"教育民主化"初探》，《中国高教研究》1986年第1期。

③ 乐先莲：《致力于更加公平的教育——来自发达国家的经验》，《比较教育研究》2007年第2期。

障机构，独立于教育部，以运用外部力量对学校教育进行监控，实现教育全面优质化。①

决定学生学业成功的因素不仅来源于教育系统内，而且学生的家庭出身、文化背景都有一定的影响。因而，教育结果的平等“只可能是一种接近，永远也不可能完全实现”。② 尽管是一个无法实现的理想，但世界各国仍然把教育结果平等作为一个奋斗目标，作为教育平等的终极归宿。这样做有几层意义：一是人人受教育机会的落实与一定质量的教育有密切的关系。2000 年“世界全民教育论坛”发布的《达喀尔行动纲领》指出：“若要吸引儿童去上学，让他们上下去并取得较好的学习成绩，就必须在努力提高就学率的同时努力提高教育质量。”③ 因为，“对个人或对社会来说，扩大了的教育机会是否表现为有意义的发展，最终取决于作为这些教育机会的结果，人们是否实际地学到了什么，即他们是否学到了有用的知识、推理能力、各种技能以及价值观念”。④ 联合国教科文组织《2005 年全民教育全球监测报告：提高质量势在必行》又进一步指出，应改变长期以来忽视质量的现象，实行优质教育势在必行；提高教育质量是实现全民教育的必由之路。⑤ 二是只有一定质量的教育才能使人的潜能得到开发，为其参与社会竞争、实现政治、经济权利平等及各种机会平等奠定基础。在低水平的教育成效条件下，即使实现形式上的入学机会均等，教育的结果仍将是以牺牲部分人学业成功机会而告终。这样的教育机会平等也就毫无意义。三是把教育结果平等作为目标，学校会更为实际地关注儿童作为个体的学业成功。一方面学校会通过对课程计划、教学方式、考试等学校系统内部影响学业成绩的诸因素进行研究，来促进学生的学业成

① 王怀宇等：《国外怎样谋划义务教育阶段教育平等》，《中国教育报》2006 年 3 月 21 日第 3 版。

② ［美］科尔曼：《教育机会均等的观念》，载张人杰主编《国外教育社会学基本文选》，华东师范大学出版社 1989 版，第 191 页。

③ 联合国教科文组织：《达喀尔行动纲领》（http://unesdoc.unesco.org/images/0012/001202/120240c.pdf）。

④ 《世界全民教育宣言》，载赵中建主编《教育的使命：面向二十一世纪的教育宣言和行动纲领》，教育科学出版社 1996 年版，第 14 页。

⑤ 北京教育科学研究院课题组：《国际社会促进教育公平的实践及其对我国的启示》，《教育科学研究》2009 年第 7 期。

绩；另一方面学校也会密切关注并努力消除导致学生学业分化的校外环境所造成的影响，从而实现学生学业成功机会均等。

由上可知，只有以教育结果平等为目标，入学机会的平等和教育过程的平等才有实质意义。否则，如科尔曼所言：教育机会均等只能成为一个“虚弱的概念，因它未提供素质上的保证”。[①] 正是由于教育结果平等具有如此重要的意义，因而发达国家在实现了机会平等后，就转向了结果平等，把提高教育质量作为实现真正平等的途径和目标。发展中国家则把提高教育质量与教育机会平等并重，以使所有学生都能获得成功。

4. *以人为本，为弱势人群提供补偿*

补偿原则的提出与教育结果平等密切相关。科尔曼把学校的投入与学业成就联系起来进行考察，发现白人和黑人学生在投入基本相似的情况下，学业成就有较大差异。传统观点认为这种差距主要是学校的物质水平和条件造成的，但科尔曼的调查发现，黑人学生所在学校和白人学生所在学校在校舍设施、教师工资等有形条件上的差距，并不像以前想象的那么大。在黑人学校和白人学校之间，设备和课程是最平等的，而同学间的社会经济背景是最不平等的。因而他认为，造成黑人儿童学习水平低的原因主要不是学校物质条件，而是学生家庭的社会经济背景、同学的社会经济背景、教育背景。科尔曼的研究揭示了处于不利地位的儿童，由于其智力的发展受到文化不利环境的影响，常常比一般的儿童发展迟缓，因而，在相同的教学条件下，其学业成就水平往往较低，而且随着年级的提高，不利人群与正常人群之间差距越来越大。对于这种社会因素造成的不平等，科尔曼提出必须采取一些补偿措施，使他们顺利进入学校就读，才能最终实现学业成功机会均等。科尔曼研究发表之后，美国政府开始为少数民族和贫困家庭的儿童，制定大规模的教育服务方案，给予补偿教育，以弥补不利处境所造成的起点不平等。

在科尔曼研究的同时，英国学者、曼彻斯特大学的怀斯曼（Wiseman）为卜劳顿委员会（The Plowden Committee）做了一项关于小学生学业成就与环境之间关系的研究，得出了与科尔曼相同的研究结论。他的研

① Coleman, *What is Meant by an Equal Education Opportunity*? 见程晓樵《课堂互动中的机会均等》，第32页。

究发现，与学业成就最有关的因素是儿童的家庭环境。怀斯曼在《卜劳顿报告》（*The Plowden Report*，1967）中提出了两项建议来解决因家庭环境因素对儿童带来的不良影响：一是为这些儿童提供学前教育，实现学前教育的机会均等；二是提出了“积极差别待遇”的原则，使来自社会经济不利地位的学生，有得到补偿文化经验不足的机会。英国政府随后根据《卜劳顿报告》，在全国实行“教育优先区计划”：给予贫困和处境不利的儿童以额外的教育资源，为文化不利地区的学生提供积极性的补助，使他们能充分发挥潜能，与其他地区的学生公平竞争，以求教育机会的均等。

更系统、明确表达补偿原则的是世界著名伦理学家罗尔斯。罗尔斯认为平等是正义的第一位因素，他主张在人们之间要达到一种事实上的平等。而这种事实上平等的达成，实际上需要以一种不平等为前提，即对先天不利者和有利者使用不同等的尺度。也就是说，为了事实上的平等，形式或规则的平等必须被打破，因为对在出发点上就不平等的人，使用同等的标准和尺度，必然造成结果的不平等。罗尔斯在1971年出版的《正义论》中阐述了补偿原则，他说：“为了平等地对待所有人，提供真正的同等的机会，社会必须更多地注意那些天赋较低和出生于较不利的社会地位的人们。这个观念就是要按平等的方向补偿由偶然因素造成的倾斜。遵循这一原则，较大的资源可能要花费在智力较差而非较高的人们身上，至少在某一阶段，比方说早期学校教育期间是这样。”① 在罗尔斯看来，不应得的不平等要得到补偿，而出身和天赋的不平等是不应得的。罗尔斯的理论主张的是集体主义倾向的平等分配，他要求消除家庭的所有方面对儿童的影响，以保证所有儿童作为国家的一分子，享有与其他人同样的机会。这种平等主要依靠政府行为对公共利益（公共资源）的平等分配，以及对最不利者的不平等分配（补偿政策）。

罗尔斯的上述思想对西方的政治和教育思想产生了很大的影响，得到了一些学者的赞同。如比利时的亨理·雅纳在1973年提出：“机会均等的原则，是指在自然、经济、社会或文化方面处于最低层的人应该，而且尽

① ［美］约翰·罗尔斯：《正义论》，何怀宏等译，中国社会科学出版社1988年版，第101页。

可能地通过教育系统本身得到补偿。”[①] 罗尔斯的理论也遭到一些自由至上主义者的批判，比如诺齐克（Nozick，R.）就提出反对意见。他认为罗尔斯的补偿原则侵犯了个人自由发展天赋的受教育权利。在他看来，任何人都没有权利，即使是最不利者也没有权利对他人拥有的教育资源提出分割的要求。他说：“由于我对自己持有自我所有权，处于自然劣势中的人就不能对我或我的天赋提出正当的要求。一切旨在对自由市场的交换实行强制性干预的措施都有违于此。”[②] 诺齐克主张每个儿童都可以完全免税地享有其家庭资源，也有权利利用这些资源为自己谋取利益。

以罗尔斯为代表的自由平等主义者所主张的补偿原则，尽管受到一些人的批判，但其思想还是为西方一些国家政府所采纳。20 世纪 90 年代以来，对不利人群进行补偿教育的政策成为世界各国实现教育公平的一个重要策略。比如：美国政府 1994 年修订的《中小学教育法》强调对符合“帮助社会经济地位不利儿童达到高学业标准补助计划”标准的学校给予特殊经费补助，强调要保证 1/2 的资助致力于全国最贫困的地方（其比率至少占全国的 21.5%）。2001 年发布的《不让一个孩子掉队法》中针对弱势学生的一个项目就是额外教育服务，这项措施是为了提高来自低收入家庭、在教学水平不佳的公立中小学学习的学生成绩。这些学生可以利用联邦政府提供给他们的经费转到教学质量较好的中小学学习，或是仍在原学校学习，但可利用联邦提供的资金到辅导机构接受额外的教育，以提高成绩。[③] 巴西从 1995 年起，在基础教育阶段启动了一项“助学补助金计划”。它是一项以刺激需求为驱动的教育项目，也称作“有条件的现金转移支付计划”，就是政府向贫困儿童的父母发放一定数额的现金补助，条件是他们得让孩子在学校保持就学，不得辍学。这既能激励父母送孩子就学，也是对家庭的一种补偿。

补偿原则关注处境不利地区和弱势群体的特殊需求，希望通过补偿措施实现教育结果的平等。它体现了教育平等的以人为本精神，因而被各国所推崇。它的实施需要借助政府力量，政府通过教育资源的重新配置，建

---

① 张人杰：《西方“教育民主化”初探》，《中国高教研究》1986 年第 1 期。

② ［加］威尔·金里卡：《当代政治哲学》，刘莘译，上海三联书店 2004 年版，第 203 页。

③ 郑玉清：《当代美国联邦政府教育平等政策的发展及其启示》，《世界教育信息》2007 年第 7 期。

立相应的补偿机制，最终实现教育平等。

第二节 教育平等意识的觉醒与认识的深化

20 世纪 90 年代中期以来，中国的教育平等问题日益凸显，民众的平等意识开始觉醒。在西方教育平等观念的影响下，中国人教育平等观念不断有新的变化。

一 平等受教育是一个人的基本权利

“五四”时期，知识精英首次提出人人都有平等受教育的权利。这种权利思想的提出，主要是针对中国千百年来平民、妇女因社会经济地位、性别而被限制在教育之外。国民政府时期，人人受教育的观念已为政府和社会上层人物所信奉。从政府来讲，虽然从法律上规定人人都可受教育，在实际中也没有给任何人以限制，但在如何保障社会经济地位较低人群的受教育权利方面做得很少。社会上层人物在努力倡导并致力于大众的教育，但主要是出于民族和国家的考虑，而很少从个人教育权利出发。新中国成立后，工农的教育权利得到了突出的强调，政府采取多种措施以使长期处于社会底层的工农大众能够平等受教育。但由于过分强调教育权的阶级性，一些“非劳动人民”的受教育权利受到限制。

可以看出，滥觞于“五四”时期的教育权利思想，由于中国的内忧外患、政治原因，始终没有成为支持人人受教育的主要理念。20 世纪 90 年代以来，随着中国与世界交流的加深，以及中国人民主意识的滋长，人们逐渐认识到平等受教育是一个人的基本权利。与“五四”以来的思想相比，这一时期对教育权的认识有以下几方面的超越：

第一，受教育权是基本人权，是实现其他人权的基础。1994 年当中国教育不公平暴露之时，有学者就指出：“教育机会的均等不仅是因为教育与个体、群体、民族、国家乃至整个世界的发展相联系，不仅因为它是削弱经济和社会不平等的手段，而且因为教育本身就是人类神圣不可剥夺的基本权利之一。”① 有学者对为什么教育是人的基本权利进行了解释，

① 檀传宝：《中国教育机会均等问题的现实及对策思考》，《教育科学》1994 年第 2 期。

他们认为，一个社会中的每一个儿童在其成人后，都要为社会尽义务。因而“社会必须首先保护儿童，为儿童的成长和发展提供包括教育在内的必要条件，培养儿童的基本能力，社会才有权要求个人尽职尽责。这种双向的权利义务符合个人与社会之间应有的公正关系”。如果社会不能为所有的儿童提供最基本的教育，无论由什么原因造成，都很不公正，承受这种不公正后果的就是那些未得到受教育机会的儿童。“他们未能得到与别的儿童一样的教育，今后却并不因此可以少尽义务，社会也不会因未提供给他们受教育机会而免除他们将来要遵守的种种规范，这对他们是双重的不公正。”①

从权利义务的关系来看，受教育权是人与生俱来的权利，具有天赋人权的性质。在整个人权体系中，受教育权居于基础地位，决定着公民其他权利的实现程度。“公民在政治方面的言论、出版、选举等等自由和权利的实现程度，取决于其受教育的程度。公民在经济方面的一系列权利也受到其受教育程度的制约。即使公民劳动权利能否得到充分实现，也大多是由受教育的程度所决定的。”② 至于公民的发展权更与其受教育程度密切相关。“没有教育为人的一生作准备，遑论发展？缺乏教育的人大多不得不终其一生在贫困中挣扎，不得不在毫无改善境况希望的情况下度过一生。”③ 受教育权得不到保障，生存都困难，更不用说发展了。可见，公民的政治、经济、发展权等人权的保障和实现，关键因素之一是要充分保障和实现公民的受教育权。

进入 21 世纪以来，视教育平等的核心是教育权利的思想更为学者和高层领导人所倡导。如顾明远在 2002 年指出：“教育均衡发展是教育平等的问题，说到底还是一个人权问题。”④ 张力在这一年也指出：“在基础教育均衡发展问题上有一个理论基石，就是教育的权利问题，或者叫教育的基本人权问题。”⑤ 国务院总理温家宝在 2005 年联合国教科文组织全民教

① 王星：《义务教育中的社会公正——访肖雪慧副教授》，《教育评论》1996 年第 1 期。

② 刘松山：《有关公民受教育权的几个问题》，载郑贤君主编《公民受教育权的法律保护》，人民法院出版社 2004 年版，第 72 页。

③ 王星：《义务教育中的社会公正——访肖雪慧副教授》，《教育评论》1996 年第 1 期。

④ 顾明远：《教育均衡发展是教育平等的问题，是人权问题》，《人民教育》2002 年第 4 期。

⑤ 张力：《今后十年政府最主要的教育理想是促进教育公平》，《人民教育》2002 年第 4 期。

育高层会上致辞中提道："中国政府致力于保障所有儿童少年平等接受教育的权利。"[①] 教育部副部长陈小娅在2006年接受采访时提道："保障每一个人接受教育的权利是中国政府在教育领域落实《宪法》规定的'尊重和保障人权'的最基本的要求。"[②]

第二，受教育权是需要政府积极保障的基本权利。"文化大革命"后，党和政府废止了阶级路线政策，重新建立了以考试制度为核心、以学习能力为标准的公平竞争制度，建立在家庭出身上的教育歧视被消除，公民平等的教育权利得以恢复。1986年颁布的《义务教育法》明确提出实行九年义务教育制度。尽管法律上规定每个人在接受基本教育、竞争非基本教育上权利平等，但从实际来看，政府并没有投入更多的财力去保障公民的基本教育权利。20世纪90年代，随着社会主义市场经济体制的建立，城市化进程加快，农村劳动力大量涌入城市和沿海地区。农民工成为城市发展的重要力量，但他们的子女却因为没有当地户籍难以接受基本的义务教育。农民工子女的教育问题逐渐引起人们的关注。90年代中期，有学者就指出，城市外来人口子弟虽然离开了自己的户籍所在地，但其义务教育的权利不能因此丧失，必须保障他们的基本教育权利。[③] 进入21世纪以来，保障农民工子弟的教育权利逐渐成为人们的共识。温家宝总理2003年"教师节"考察北京玉泉路小学时讲道："同在蓝天下，共同成长进步。"这十一个字明确地表明每一个人的基本教育权利都必须得到切实保障。国家财政在城市里投入的义务教育学校属于全民，所有的孩子都有资格享受。同样是孩子，不能因为其父辈是农民工，就在受义务教育这项公民的基本权利上，远远地落在城里孩子的后面。[④]

由上可知，20世纪70年代末以来，人们逐步认识到受教育权不仅仅是法律规定所有人都可享受的权利，而且是需要政府积极保障的基本权利。如果只是法律规定，实际当中仍有一些人的权利无法享有，农民工子

① 《温家宝在联合国教科文组织全民教育高层会上致辞》，中国政府网站（http://www.gov.cn/ldhd/2005—11/28）。

② 《加快教育改革与发展，依法保障公民受教育权——访教育部副部长陈小娅》，《人权》2006年第4期。

③ 祖印：《择校失控与教育公平》，《教育研究与实验》1996年第4期。

④ 常青：《保障"流动花朵"教育平等权》，《人民代表报》2005年4月14日。

女的就学问题就是典型的代表。2003 年 9 月 30 日，国务院办公厅转发了教育部等部委联合出台的《关于进一步做好进城务工就业农民子女义务教育工作的意见》提出："进城务工就业农民流入地政府负责进城务工就业农民子女接受义务教育工作，以全日制公办中小学为主。地方各级政府特别是教育行政部门和全日制公办中小学要建立完善保障进城务工就业农民子女接受义务教育的工作制度和机制，使进城务工就业农民子女受教育环境得到明显改善，九年义务教育普及程度达到当地水平。"《意见》的出台，标志着"流入地政府负责，公办中小学为主"解决农民工子女义务教育问题合法化。也说明了人们已经认识到教育权利是需要政府采取措施积极保障的基本权利，它不只是法律的规定。

第三，基本教育权利应该完全平等。1992 年中共十四大明确把建立社会主义市场经济体制作为我国经济体制改革的目标，1993 年中共十四届三中全会通过了《中共中央关于建立社会主义市场经济体制若干问题的决定》，提出了"效率优先、兼顾公平"的原则。这一原则极大地促进了经济的发展，但由于竞争规则的不完善以及垄断、腐败等因素，带来了贫富差距拉大等新的社会问题。面对如此现实，在罗尔斯等西方思想家的启迪下，学者们对平等、公平等基本道德原则进行了新的、深入的思考。王海明在 1998 年提出："平等实质上是权利平等"，他把权利分为"基本权利与非基本权利"。"所谓基本权利，是人们生存和发展的必要的、最低的权利，是满足人们政治、经济、思想等方面的最低的、基本的需要的权利。""基本权利又被叫做'自然权利'，是人人与生俱来的天赋人权。"他认为："每个人都是缔结社会的一个成员，而社会又是人不可须臾离开的，对每个人具有最高的价值。只要一个人生活在社会中，便为他人做了一大贡献：缔结社会。缔结社会在每个人所做出的一切贡献中是最基本、最重要的贡献。"既然每个人"在缔结社会这一点上完全相同。每个人不论具体贡献如何都应该完全平等地享有基本权利"。"而所谓非基本权利，则是人们生存和发展的比较高级的权利，是满足人们政治、经济、思想等方面比较高级的需要的权利。"由于每个人的具体贡献不同，非基本权利"实行比例平等的原则"。即"谁的贡献较大，谁便应该享有较多的非基本权利；谁的贡献较小，谁便应该享有较少的非基本权利"。尽管非基本权利的分配体现的是一种"不平等"，但"获利较多者必须给较少者以权利补偿”，“因为获利多者比获利少者较多地利用了双方共同创造的资源：社会、社会合作，而获利越少者对共同资源‘社会合作’的利用往往便越少，因而所得的补偿便应该越多”。当基本权利与非基本权利发生冲突时，王海明认为应该牺牲非基本权利保全基本权利，基本权利优先于非基本权利，“一些大贡献者是否享有非基本权利，应该以每个人是否已享有基本权利为前提”。①

受王海明思想的影响，一些教育学者提出受教育权也可以分为基本权利和非基本权利，义务教育是每个人的基本权利，更高层次的教育是人的非基本权利。完全平等和比例平等的原则适合于教育的这两个层次。“在义务教育阶段，国家要确保每个儿童都接受一定程度和质量的教育，保证每个儿童完全平等地接受基本的‘保底教育’，即每个儿童应该完全平等地享有基本的教育权利。”在非义务教育阶段，“每个儿童因其能力或对社会的‘未来’贡献不平等而享有相应不平等的非基本权利的比例应该完全平等”。② 在基本权利完全平等思想的影响下，人们对教育公平的要求也越来越多，不仅对教育公平有“量”（接受义务教育的年限相等）上的要求，而且有对教育公平“质”（接受高质量的教育）上的要求。③ 一些学者提出无论是地方政府，还是普通老百姓一定要打破“好学生上好学校”、“好学校招好学生”这一固有思想。要认识到在基础教育阶段，每一个孩子都应该上好学校，因为基本教育权利应该完全平等。④ 只有享有完全平等的义务教育，每个人在人生的起点上才可能公平起步。如果在起跑线上就不公平，那么一辈子都谈不到公平。

为了实现基本教育权利的完全平等，从2002年十六大以来，发展农村教育成为中国政府的重中之重。2004年胡锦涛总书记在中共十六届四中全会上首次提到工业化国家在发展到相当程度后有两个普遍性趋向：“工业反哺农业、城市支持农村。”在年末的中央经济工作会议上，他认

① 王海明：《平等新论》，《中国社会科学》1998年第5期。

② 李江源：《教育平等新论》，《浙江社会科学》2001年第2期。

③ 周洪宇等：《关注教育公平：今年热门话题?》，《人民政协报》2001年2月13日第5版。

④ 张力：《今后十年政府最主要的教育理想是促进教育公平》，《人民教育》2002年第4期。

为“我国现在总体上已到了以工促农、以城带乡的发展阶段”。2005年中央一号文件把“工业反哺农业，城市支持农村”作为促进农村工作的重要决策。“反哺”不仅仅是为农民补偿经济利益，它“意味着尽力给农民补偿曾经缺失的公共产品，把他们也纳入公共保障体系，让他们也享有市民的权利和待遇”。[①] 教育就是公共产品中的重要一种，依法保障“流动儿童”平等接受义务教育的权利，努力为“留守儿童”提供享有良好教育的机会，是一个政府对正处在城市化进程中的农民最有意义的“反哺”。《国家中长期教育改革和发展规划纲要（2010—2020年）》明确提出：“建成覆盖城乡的基本公共教育服务体系，逐步实现基本公共教育服务均等化，缩小区域差距。”通过均等公共服务体系的建立来保障每个公民，特别是残疾人、家庭经济困难者等弱势群体的基本教育权利，实现基本教育权利的完全平等已经成为社会的共识。

上述三方面是20世纪90年代中期特别是21世纪以来，人们对教育权利思想的认识。这些认识在“五四”及其后的一些时期也曾出现过，但认识从来没有这样深刻、这样完整，影响范围也从来没有这样大。

二　平等受教育是人自身的必需

自从维新派提出“人人皆得入学”以来，让每个人受教育一直是中国近现代教育的主题。但除了“五四”时期，把人作为社会的主体和中心，教育和人自身相连外，在大部分时段，人被作为工具和手段，教育的目的也是出于国家和社会的发展等功利性的考虑。在新中国成立前，教育的主要目的是为了救亡图存。1949—1978年，强调的是德育和政治教育，注重教育的政治功能。1978年后，工作的重心转移到经济建设上，更强调教育的经济功能。在发展经济的主题下，如何快出人才、培养世界第一流的专家成为最主要的任务。为了实现这样的任务，教育领域更加重视高等教育，在基础教育阶段更加重视重点学校，走了一条精英主义的发展路线。

在精英主义路线下，义务教育的普及迟迟不能实现，基础教育阶段学校之间的差距越来越大。20世纪90年代中期，一些学者对长期以来教育

① 李帆：《教育：让民众有尊严地分享改革成果》，《人民教育》2007年第9期。

的功利化功能进行了反思。1996年肖雪慧指出："教育对国家、社会的发展固然很重要，但假如国家、社会对发展的关注不把人的命运作为一种具有超越自身目的之终极关怀，就极可能本末倒置地把人作为社会发展的单纯工具。在这种情况下，即使取得大的发展，这种发展对人来说是福是祸也难预料。"他认为教育对于人自身的意义不容忽视。一方面，"教育关系到个人能否自立，关系到个人的发展和生活质量"；另一方面，"人是借助教育而进化的，教育使人从简单的动物性生存状态向觉醒的、负责任的生活过渡"。因此，"必须在关注教育的社会功利功能的同时又超越这一立场，回到作为社会终极目的的人身上，切实认识教育与人的生存发展的关系，认识教育作为个人生活的准备以及开发人性、为未来奠基的意义"。正是由于教育是个人生存与发展的基础，是人成为人的必需，国家因而要保证"义务教育中的社会公正"，使每个儿童平等地享受义务教育。①

20世纪90年代，随着社会主义市场经济体制的建立，哲学界曾掀起过"公平与效率"的讨论热潮。伴随着市场经济体制的建立，教育行政部门在办学体制和招生考试制度等方面出台了一些重大的改革举措，随之也产生了一些新的教育现象，引发了人们对"教育的公平与效率"问题的思考和议论。一些期刊专门就此问题召开了学术研讨会，并将学者的发言登载于期刊上。如1996年第10期的《探索与争鸣》以"市场经济大潮下的教育公平与效率"为题刊发了一些学者的发言，《上海教育科研》于1997年第1期以"公平与效率——关于基础教育改革与发展的讨论"为题登载了讨论的发言。在这些发言中，也有学者对教育的功利功能进行了一定的批判，从人的角度提出教育公平与效率的含义。如丁钢在发言中指出："我们应当对功利主义目标的危险有足够的认识，教育发展要服务于经济建设，更需要关注社会长久发展的根本利益与方向。教育的公平和效率要充分考虑教育发展中的人文精神。"当时有一些人认为，市场经济条件下不同体制学校的建立以及招生制度的变革，给受教育者选择教育和选择学校的机会，因而赋予了教育前所未有的公平。对于这种观点，丁钢提出了不同意见。他认为："这种观念客观上只提及了教育的外部变化，

① 王星：《义务教育中的社会公正——访肖雪慧副教授》，《教育评论》1996年第1期。

并没有真正触动教育内部变革所存在的根本问题：即学校人为的等级划分所带来的‘英才教育’为目的的教育现象。”从人的角度以及国际教育发展趋势出发，他提出：“所谓教育公平是针对精英主义教育，强调真正的平等不是只注意少数尖子学生和少数重点学校，重视的是包容而非排斥；并且从真正的公平意义上讲，只是强调机会平等是不充分的，学校的差异和教育质量的差异则是不公平的表现。”他还对传统的以教育质量来衡量教育效率，并通过办好少数重点学校以保证尖子人才产出的教育效率观提出异议。他认为：这种效率观“只愿意考虑技术性标准而很少考虑其结构的社会化职能（即产生的方向和行为的过程），实际上这种技术上的标准已造成整体教育效率低下的传统教育结构，使得大多数学校和学生难以走出教育的困境”。[①] 在丁钢等一些学者看来，教育公平和教育效率的最本质意义在于使每个人都得到发展。

进入21世纪以来，人们对教育平等的“以人为本”实质有了更深入的认识。一些学者认为，“平等与公平的教育理念未能得到彻底和全面贯彻”的原因在于“把人作为工具和手段”。由于把人作为工具和手段，在宏观层面上偏重经济增长而忽视教育等社会事业发展，在教育领域内部片面强调工具主义的教育发展观，结果导致了实际上人人不能平等受教育。鉴于历史和教育平等的实质，他们提出必须改变长期以来占主导地位的工具主义教育发展观，切实树立“以人为本”的教育发展观。“以人为本”的教育发展观是“从根本上肯定教育与人类福利和自由的直接关联，认为教育的价值超越其工具性的作用”。它“把人作为社会主体和中心，在社会发展中以满足人的需要、扩充人的能力、提升人的生活品质、实现人的全面发展为终极目标”。[②]

“以人为本”的教育发展观逐渐成为中国教育的指导方针、政府教育决策的依据。2002年中共十六大报告第一次把“为人民服务”写入了党的教育方针。[③] 这预示着国家对教育的重视不仅为社会主义现代化建设服

---

① 丁钢：《要充分考虑教育发展中的人文精神》，《探索与争鸣》1996年第10期。

② 闵维方：《中国教育与人力资源发展报告（2005—2006）》，北京大学出版社2006年版，第33、40页。

③ 党的十六大报告对教育方针的完整表述：坚持教育为社会主义现代化建设服务，为人民服务，与生产劳动和社会实践相结合，培养德智体美全面发展的社会主义建设者和接班人。

务，更要从人民受教育的需求出发，努力保障人民受教育权益的实现，办让人民满意的教育。2006 年中共十六届六次会议通过《关于构建社会主义和谐社会若干重大问题的决定》，提出构建社会主义和谐社会要遵循“以人为本”的原则，在教育方面要“坚持教育优先发展，促进教育公平”。具体来说就是，“坚持公共教育资源向农村、中西部地区、贫困地区、边疆地区、民族地区倾斜，逐步缩小城乡、区域教育发展差距，推动公共教育协调发展”。[①] 2007 年中共十七大报告明确提出：“教育公平是社会公平的重要基础”，要“坚持育人为本”，“办好人民满意的教育”。要“扶持贫困地区、民族地区教育，健全学生资助制度，保障经济困难家庭、进城务工人员子女平等接受义务教育”。[②] 可以看出，在“以人为本”的教育公平观影响下，国家对教育弱势群体给予了特别的关注，努力保障每个人都有受教育的机会，最终促进人的全面发展和社会公平。

三 促进教育平等是政府的重要责任

1949 年后，中国共产党积极致力于工农大众平等受教育，努力实现理想的社会主义。但一些“左”的领导人没有注意到国家与工农大众的经济、文化条件对工农平等受教育的限制，通过一些极端的方式去实现平均主义式的平等。这种平均主义式的平等限制了一些“非劳动人民”的教育权利，也砸碎了平等在人们心中的地位。在 1978 年后的一段时间，平等逐渐被人们所淡忘。到了 20 世纪 90 年代中期，随着社会收入差距的扩大以及一些不稳定因素的出现，平等、公平重新回到人们的视线之内。人们认识到平等、公平和发展同样重要，平等、公平是社会的基本价值，教育的性质、地位决定了必须坚持平等和公平原则，促进教育平等、教育公平是政府的重要责任。

90 年代中期当效率、发展被过分强调时，有学者就对此提出异议。1994 年檀传宝指出，包括教育机会均等在内的社会公正是中国建设的特

---

① 《中共中央关于构建社会主义和谐社会若干重大问题的决定》，《人民日报》2006 年 10 月 19 日第 1 版。

② 《高举中国特色社会主义伟大旗帜为夺取全面建设小康社会新胜利而奋斗——在中国共产党第十七次全国代表大会上的报告》（http://news.sina.com.cn/c/2007-10-24/205814157282.shtml）。

色社会主义理所当然的目标，“只要效率不要公平”与这一目标相左。他以西方工业化国家的发展事例，批评了一些人所认为的“先发展后公平”的观点。他说：“西方业已实现的教育机会均等方面的成就与其在工业化、后工业化时期的经济发展是同步的，即使是最发达的国家，如美国，其经济发展的水平的效率堪称全球之最，但仍远未实现应有的社会公正和教育机会的均等。”基于中国社会主义的目标和世界各国的发展历程，他提出：“真正的社会公正绝非仅仅消极的对于经济力先期发展的期待，它必须与经济发展成为同步实现的目标。”“教育机会均等应该成为国家发展的一个自觉和重要的方面予以关注，而不能仅仅作为一项等经济现代化实现之后再来惠顾的高档消费来看待。”①

包括教育平等在内的社会公平是社会的基本价值取向，是评价一个社会的道德标准，国家应把它与经济发展同样作为社会的目标。教育平等又是最重要的社会公平，教育更应该坚持公平原则。首先，从教育的性质来说，其价值取向是提高整个民族的文化水平和整体素质、培养人才，具有非常强烈的外部经济效应，义务教育尤其明显。因而，对于教育尤其是义务教育，市场机制是无效的。“从分配结构来看，教育属于国民收入再分配部门，通行的原则是社会公平原则。”“教育事业从本质上讲是由民主政治控制和推动的，而不能交由市场来调节。”② 其次，教育发展和改革的举措如果违背了社会的公平原则，将会加速社会的两极分化，阻碍社会的健康发展和全面进步。不公平是社会不安定的因素，教育不公平问题的严重会进一步加重社会的不公平，制造不稳定的因素。这是因为人的收入水平以及社会地位直接取决于其受教育的程度。③ 最后，教育公平在社会公平中属于起点公平，它是社会公平的重要推动器。社会公平首先要求每个人在起点上处于平等地位，一个人只有受了最基本的教育后，才可能与别人处于平等的起跑线上。国家通过对教育投入的再分配，是对人的发展起点的调整，可以“给与每个人以平等的起跑线”。这种再分配，“立足长远而不是仅仅针对当前的调整，努力为进入明天社会的人们创造均等的

---

① 檀传宝：《中国教育机会均等问题的现实及对策思考》，《教育科学》1994 年第 2 期。

② 张翼：《市场经济条件下的教育平等和平等的教育》，《教育与经济》1997 年第 2 期。

③ 周洪宇等：《关注教育公平：今年热门话题?》，《人民政协报》2001 年 2 月 13 日第 5 版。

条件，对社会稳定、持续发展具有重要意义”。对社会的低收入阶层来说，教育投入的重新调整，具有特别重要的意义。“由国家负担起他们难以承担的教育投资，最终才能使他们获得从根本上改变贫困落后境况的能力。”①

基于上述对教育平等价值的认识，学者们提出政府和社会必须把争取平等或削弱不平等作为共同认可并追求的一个目标，推进教育平等是政府必须承担的责任。一些学者还进一步指出，要想促进教育公平，政府必须树立第一责任人的意识。在他们看来，“提供公共产品是政府的基本职能之一，义务教育是纯公共产品，非义务教育（特别是高等教育）是半公共产品或准公共产品，这都是应该完全由（如前者）或大半由（如后者）政府所提供的”。②“政府在公共领域中最需要做的事情，应该是市场机制难以自然胜任的部分”，而教育领域的事情就是市场难以胜任的，需要政府的力量加以推动。因此，他们认为政府应把保障与促进教育公平作为最大理想或最大责任，通过科学决策，努力实现教育公平的目标。③ 这种责任包括：增加教育投入；合理分配有限的教育资源，提高资源利用率；变革教育制度，保证初等教育的结果平等、高等教育的机会平等；等等。④

2010 年发布的《国家中长期教育改革和发展规划纲要（2010—2020年）》明确提出要“把促进公平作为国家基本教育政策”。这意味着政府已经把切实维护公民平等接受教育的权利，保障人民群众获得平等的受教育机会作为自己的重要职责。把促进教育公平作为国家基本教育政策，要求教育制度的创新、体制的改革必须以公平为本位；教育政策措施的研究制定和组织实施都要以公平为中心，以公平来衡量；各级政府要成为推进

① 孙力：《“贵族”学校、“精英”教育不利于教育公平》，《探索与争鸣》1996 年第 10 期。

② 周洪宇：《教育公平是实现和谐社会的重要途径》，《长江日报》2005 年 9 月 15 日第 12 版。

③ 张力：《促进公平：中国公共教育政策的基本价值取向》，《现代教育报·校长周刊》2006 年 11 月 8 日第 3 版。

④ 张长征等：《中国教育公平程度实证研究：1978—2004——基于教育基尼系数的测算与分析》，《清华大学教育研究》2006 年第 2 期。

教育公平的主导，以合理配置公共教育资源促进教育公平。①

第三节　实现教育机会平等的共识

19 世纪末 20 世纪初，中国的有识之士提出实行西方的义务教育制度，希冀在中国普及教育。此后的一个世纪，无论是国民政府，还是共产党领导的人民政府一直致力于教育的普及。但到了 20 世纪末，西方在工业化阶段大体实现了的义务教育尚未在中国完成，中国义务教育所达到的实际水平尚不及发达国家 19 世纪末 20 世纪初的水平。在 20 世纪 90 年代中期开始兴起的教育平等化浪潮中，学者们提出："中国政府的首要政策是必须加紧完成发达国家在工业化时代完成了的教育机会平等目标。"②人们逐渐认识到这一目标的完成，必须采取国家办学、免费教育、法律保障等西方已经采取的策略。

一　加大政府投入，实行国家办学

西方义务教育制度有一基本特征就是政府投入，国家办学。最早介绍西方义务教育制度及其教育平等理念的传教士就已提及这一特征。如《文学兴国策》中写道："设立公学"、"不费民财"，以使"通国之人，无一人不能入学读书"。维新派接受了传教士所宣传的义务教育制度及其强制性、普遍性特征，但对于国家在设立学校方面的责任和义务很少提及。有重教传统的中国人很容易地接受了西方人的普及教育思想，但囿于自身的国情，在如何普及教育方面一直延续着中国古代私人办学传统。到了 20 世纪 80 年代，有学者对这一传统提出质疑，认为义务教育要国家办，政府投入。90 年代中期以后，在教育平等浪潮中，人们对这一思想有了深入理解，提倡者越来越多。进入 21 世纪，逐渐成为国家的基本政策。

1978 年后，党和政府的工作重点转向了社会主义经济建设和现代化建设。1980 年郑仪就提出：国民经济建设不仅需要培养高级建设人才，

① 吴德刚：《论促进教育公平成为国家基本教育政策的意义——学习〈教育规划纲要〉的体会》，《教育研究》2010 年第 12 期。

② 檀传宝：《中国教育机会均等问题的现实及对策思考》，《教育科学》1994 年第 2 期。

而且必须尽快提高整个中华民族的科学文化水平。党和政府要把普及教育看作国家的义务，不能以“国家大人口多，生产发展水平不高”作为普及教育做不到的借口。与发达国家相比，我国生产力发展水平确有差距，但可以根据自己现实的条件确定普及教育的年限，并踏踏实实地办好义务教育，使每一个人都能受到规定年限的义务教育。为此，义务教育要由国家投资办学，将“过去所实行的‘民办公助’改为以公办为主，逐步过渡到全部公办”。[①] 这是国家出钱办义务教育思想的较早提出。

到了1983年，经济学家千家驹对这一思想进行了深入阐发。他认为“没有义务教育，也就没有普及教育”[②]，而义务教育的本质就是国家包办，全部免费。他对新中国成立后普及教育的重要措施“两条腿走路”提出了自己的看法。他说：“除国家的公办学校外，可以有各种形式的私人办学”，但是“这并不能推卸国家举办义务教育的责任”。“因为义务教育是强迫教育，民间办学可以补国家办学之不足，但不是强迫性的。私人办学是自愿的，而且私人办学一般都是收费的，而义务教育却是免费的”。[③] 他主张义务教育的办学经费国家要全部包下来，义务教育的实施要依靠公办学校，必须把全部民办学校改为公办学校。1986年千家驹在全国政协大会上的发言中进一步指出：“为了实施义务教育，国家必须承担全部责任，这也是世界各国的通例。”他所言的国家指的是中央政府，而不是地方政府。在他看来，“如果把推行义务教育的责任，推之于地方，那其结果必然是落了空”。因为教育投资“见效要在10年、20年之后，它的效果一时是看不见、摸不着的”。而投资工农业生产，则效果明显且见效快。地方领导人为了得到上级的表扬、群众的拥护，自然会把“生产放在第一位，把教育放在第二位”。[④]

在普及教育上，国家所以采取“两条腿走路”，依靠人民群众筹资兴学。原因在于国家财政有限，首先必须保证经济方面的基本建设，把经济

① 郑仪：《普及教育是国家的义务》，《南京师范大学学报》（社会科学版）1980年第2期。

② 千家驹：《财政支出应首先保证智力投资》，载《千家驹经济论文选》，中国国际广播出版社1987年版，第105页。

③ 千家驹：《再论“普及初等义务教育”》，《宏观经济研究》1983年第27期。

④ 千家驹：《谈物价、特区和义务教育问题》，载《千家驹经济论文选》，中国国际广播出版社1987年版，第143页。

建设放在第一位。这一政策的提出源于一种基本认识："经济是基础，教育、文化是上层建筑，只有在经济发展的基础上，才能逐步发展教育文化事业。"对于这种观点千家驹提出了异议，他认为：教育也是一种生产力，而且是非常重要的生产力，教育投资是一种生产投资，教育是比基本建设更基本的建设。他因而提出："要把教育投资放在第一位，国家财政支出应首先保证教育事业的开支，教育要走在经济建设的前面而不是跟在它的后面，只有在教育发展的基础上我国的经济建设才能很快上去，而不是在经济发展的基础上逐步提高教育事业。"①

千家驹的新观点建立在对传统观点批驳的基础上，但还是很难被当时的人所接受。他的观点一经提出，就受到一些人批判。如时任国家计委副主任的柳随年对千家驹所提出来的"教育投资放在首位"、"教育由国家全部包下来"、"义务教育全部实行公办"的观点逐一进行了驳斥。柳随年认为："教育事业的发展必须以经济发展的水平和要求为前提，不可能设想经济不发展而可以使教育来个大发展。"义务教育的核心在于保证一定年龄的儿童和青少年必须接受一定程度的教育，至于采用何种途径完全以国家所具有的经济实力为基础。② 从当时中国的国情出发，柳随年认为中国普及教育仍然要"广开财源，多条渠道解决办学资金"，"坚持公办与民办并存"，"因地制宜，多种形式办学"。③

可以看出，教育的发展必须以经济发展为前提的思想当时并没有被打破，还在人们头脑中占着支配地位。新中国成立后只重视基本建设投资而轻视教育投资的倾向，不仅没有被扭转过来，而且在其后的几年愈演愈烈。依靠地方和社会力量办学，多渠道筹措经费成为实施义务教育的重要法宝。1986年颁布的《义务教育法》以法律形式确定了这一政策。该法第八条规定："义务教育事业，在国务院领导下，实行地方负责，分级管理。"第九条规定："地方各级人民政府应当合理设置小学、初级中等学校，使儿童、

---

① 千家驹：《财政支出应首先保证智力投资》，载《千家驹经济论文选》，中国国际广播出版社1987年版，第101—111页。

② 柳随年等：《普及初等义务教育也不能由国家包下来》，《宏观经济研究》1983年第27期。

③ 柳随年等：《从我国实际情况出发走自己普及教育的路子》，《宏观经济研究》1983年第27期。

少年就近入学。国家鼓励企业、事业单位和其他社会力量，在当地人民政府统一管理下，按照国家规定的基本要求，举办本法规定的各类学校。”在这一政策下，农村教育主要通过向农民征收教育费附加、教育集资款等来兴办。农村义务教育依靠自身力量取得了很大的发展，但也加大了农民的责任和负担，拉大了城乡的教育差距。地方负责的体制使教育经费投入严重不足。因为当时的政府是投资主体而不是公共财政主体，地方政府就要把钱用在能生钱的地方，这种进程是没完没了的，所以一直也“腾”不出资金给教育。教育经费不足因此成了80年代教育最主要的问题，其深层已经隐藏着教育不公问题。90年代初教育改革以解决教育经费短缺为核心，但解决的方法不是通过加大政府投入，而是通过市场化的改革多渠道筹集。这一办法虽然筹集了资金，但使80年代教育不公问题全面暴露，教育公平问题从90年代中期后逐渐引起了学者和社会的关注。

面对九年义务教育的实现遥遥无期、学生流失严重、农村和经济不发达地区儿童教育机会无法保障的现状，90年代中期，一些学者对“地方负责、多渠道筹集”的义务教育资金保障体系提出质疑。1994年苌景州指出：“普及义务教育的重点和难点，无论是在人口上还是在实施条件上，主要集中在农村和经济不发达地区”，但现行的资金保障体系“默许了这种客观差异对义务教育普及的不利制约”，“其结果只能导致义务教育普及的放任自流，并使义务教育陷入非均衡的发展状态中”。他认为，义务教育资金保障体系“已到了阻碍甚至危及我国义务教育正常普及和发展的地步”。他提出：“应该采取相对集中的资金保障体系模式，而且集权的主体应是中央和省（直辖市、自治区）两级政府。这既是出于我国省区之间存在着巨大社会经济差异的考虑，同时也是出于省区内同样存在较大差别的考虑。”① 檀传宝也指出，儿童义务教育机会无法保障的原因在于：“政府过多地放弃了在教育成本上应尽的责任，而把教育的直接成本、机会成本太多地推给了自己的公民。”② 虽然这种状况是中国的国情所使然，但对于正在实现现代化且远远落后于西方发达国家的中

① 苌景州：《建立有利于义务教育均衡发展的资金保障体系》，《贵州社会科学》1994年第1期。

② 檀传宝：《中国教育机会均等问题的现实及对策思考》，《教育科学》1994年第2期。

国来说，加大政府投入，实现义务教育机会平等是必须选择的道路。肖雪慧在1996年指出："要结束义务教育中的不公正，最关键一步是政府应立足于优先保证教育，加大教育经费的投入。"在他看来，义务教育是社会对个人的责任，是应由政府担负起来的"政府行为"。至于希望工程，在缓解教育经费不足，救助失学儿童上起了一定作用。"但其本质上属民间慈善行为，如果把从总体上解决儿童失学的期望寄于希望工程，这个问题的解决将遥遥无期。"①

在20世纪90年代中后期，随着对教育平等本质认识的深入，义务教育由国家办的公立学校来承担，中央和省级政府投入的思想为更多的学者所倡导。与80年代不同的是，80年代立论的基础是出于经济的发展，认为经济的发展需要加大对教育的投资，需要普及基础教育提高全民族的素质；90年代的思想则建立在每一个人的基本教育权利必须得到保障，基本教育是个人生存与发展、人之成为人的必需等认识之上。

2000年以后，中国义务教育的投入体制开始转换。这既是人们对教育平等以及义务教育本质认识的结果，也是农村税费改革的客观要求。2000年中国开始实行农村税费改革，取消了面向农民征收的教育附加费和教育集资。2004年开始降低农业税，逐步取消农业税。农村税费的改革以及农业税的取消，使农村义务教育的经费失去了来源，农村义务教育经费开始由政府承担。到2004年，农村义务教育经费的80%已经由政府承担。② 政府在农村义务教育经费方面的改革，也促使学者们花时间研究政府投入这一课题，并积极呼吁重视这一问题。如周洪宇根据1998年以来国家财政性教育支出占GDP的比例以及一些省区预算内教育经费，提出政府应加大教育投入。他认为这是"教育改革和发展的前提，也是实现教育公平的基础"。③ 张力考察了一些国家的教育政策后，认为各国促进教育公平政策的共同之处是：公立教育系统保证教育机会均等，重点是实施不同年限的免费义务教育；政府通过财政为主和规范转移支付制度，扶持落后地区和弱势群体。他提出："国家在坚持教育优先发展战略的前提下，确认公共

---

① 王星：《义务教育中的社会公正——访肖雪慧副教授》，《教育评论》1996年第1期。

② 《周济介绍中国教育"十五"发展和"十一五"工作情况》（http://www.xinhuanet.com/zhibo/20060228/wz.htm）。

③ 周洪宇：《教育公平是实现和谐社会的重要途径》，《长江日报》2005年9月15日第12版。

财政的保障重点，首先要全力支付法定范围的免费义务教育。”①

2006年新修订的《义务教育法》第2条规定：“义务教育是国家必须予以保障的公益性事业。国家建立义务教育经费保障机制，保证义务教育制度实施。”第44条规定：“义务教育经费投入实行国务院和地方各级人民政府根据职责共同负担，省、自治区、直辖市人民政府负责统筹落实的体制。”从2006年3月起，国家率先在西部地区和中部部分试点地区实施农村义务教育经费保障机制；2007年在全国农村推开；到2010年，中央和地方各级财政用于农村义务教育经费保障机制改革的新增经费累计将达2182亿元，中央财政将要承担1254亿元，地方财政（包括东部）一共是928亿元。② 对于西部地区，中央财政承担更多的责任，比如在2006年中央财政承担80%，地方财政承担20%。③ 可以看出，从2006年起，中国的义务教育真正由“人民教育人民办”转向了“人民教育政府办”。在投入体制上，由过去的县、乡镇负担转向了中央和地方共同分担，④ 省级政府统筹落实。而且中央财政的支出比例占有很大份额，尤其在西部落后地区。

二　推行免费教育，扫除入学障碍

免费是义务教育另一重要特征，它和政府的投入有密切关系。从20世纪80年代初开始，伴随着对义务教育“政府投入，国家办学”性质的认识，人们对义务教育的“免费性”也有了较深刻的认识，并在2006年开始变为现实。

1980年，郑仪对新中国成立以来“在普及教育阶段收取学费，高等教育阶段反而不收学费”的做法提出质疑，认为“这种做法不利于普及

① 张力：《促进公平：中国公共教育政策的基本价值取向》，《现代教育报·校长周刊》2006年11月8日第3版。

② 《教育公平：唱响主旋律——2007年教育改革与发展印象》，《人民日报》2007年12月31日第5版。

③ 《周济介绍中国教育“十五”发展和“十一五”工作情况》（http：//www. xinhuanet. com/zhibo/20060228/wz. htm）。

④ 国务院发展研究中心《县乡财政与农民负担》课题组2001年发表的调查结果显示，农村义务教育的投入，乡镇一级的负担高达78%左右，县财政负担约9%，省地负担约11%，中央财政只负担了2%。（林春霞：《县级政府难扛义务教育大旗》，《中国经济日报》2003年1月9日第1版。

教育”。他提出：“越是生产落后、条件差的地方，国家要免收学费，千方百计普及教育，堵住新文盲产生的缺口。”① 郑仪对于免费教育的提议基于普及教育的考虑。到了 1983 年，千家驹对免费教育的认识超越了仅仅为了普及教育这一表层含义。他指出：“既称义务教育，则必须全部免费，这是全世界各国实行义务教育的通例。”在他看来，全部免费是义务教育的本来含义。“因为如果不全部免费的话，父母可以借口交不起学费而不送子女入学。”义务教育的义务具有强制性，而强制是以免费为前提的。千家驹从义务教育的本义出发，指出中国当时的小学“根本就不是义务教育”。因为中国农村小学是民办性质的，一直实行的是“谁上学谁出钱”的原则，民办小学的学生要交费。②

千家驹的观点一提出就遭到人们的反对。对于义务教育制度，80 年代的人们已经认识到它的强制性以及法律规定性，但对于全部免费则还难以接受。对千家驹观点提出反对意见的柳随年就认为义务教育制度基本含义有三方面：“一是采取多种方法和形式实行免费或半免费教育；二是通过国家立法保证儿童和青少年能够受到一定程度的教育；三是国家可以采取必要措施强制儿童和青少年入学，接受一定年限的教育。”在他看来，义务教育究竟是全免或半免，决定于国家的经济实力。中国“国家大、人口多、底子薄，经济文化发展也很不平衡，小学教育又是一个群众性很强的事业”，因而必须收取一定的费用。否则会“限制集体和群众办学的积极性，延缓普及小学教育的进程”。③

读书交费是中国历来的传统，再加上当时中国的经济实力不足、财力有限，千家驹的观点最终没有成为国家政策。1985 年在讨论《义务教育法》时，有一部分人认为杂费不要收了。但一算账，杂费有 6 个亿，国家拿不出这笔钱。全国人大讨论后，决定还是只写免收学费。④ 时任国家教委主任的李鹏在关于《义务教育法》的报告中说：“是否征收少量杂

① 郑仪：《普及教育是国家的义务》，《南京师范大学学报》（社会科学版）1980 年第 2 期。

② 千家驹：《再论“普及初等义务教育”》，《宏观经济研究》1983 年第 27 期。

③ 柳随年等：《普及初等义务教育也不能由国家包下来》，《宏观经济研究》1983 年第 27 期。

④ 马昌博等：《义务教育，这 20 年为何这么难——对话全国人大常委会委员、原国家教委副主任柳斌》，《协商论坛》2007 年第 2 期。

费，问题复杂，可由当地决定。”[①]

1986年后，中国的义务教育继续收取一定的费用，而且随着市场化的提倡，越收越多。一些学校不仅把学生杂费作为办学经费的一部分，而且成为增加教师福利之源。尤其是一些国家扶持发展起来的重点优质教育，更是把收费作为阻挡学生的办法之一。高额的学费把穷人的子弟挡在了校门之外，教育机会不平等成为一个重要的社会问题。90年代中期，随着人们教育平等意识的觉醒以及对教育平等认识的深化，义务教育的免费问题重新为学者所关注。这一阶段对免费的倡议，不仅出于义务教育本来的含义，而且从教育平等的角度进行立论。

1994年苌景州提出：“为每一个适龄儿童和少年创造一个平等的接受教育的环境，是实施义务教育的重要目的和原则；而要真正贯彻执行这一原则，不仅需要对大多数学生免收各种学杂费用，甚至需要为一部分低收入家庭和学生提供一定的补助。”他认为，允许征收杂费的规定加重了低收入家庭的经济负担，不利于贯彻机会平等的义务教育原则。对义务教育中途失学学生的调查也发现，大部分都是由于经济困难、负担不起较高的学杂费而退学的。[②] 檀传宝指出：中国的义务教育制度，“对西方实行的免费教育和强制教育的双重机制，只取其强制一面，不谈免费二字。虽然这里有政府财力上的苦衷，但事实是只要不是双管齐下，不要说九年制，就是六年制义务教育也难在中国完全实现”。中国义务教育学生流失严重，机会均等水平低，原因之一就在于收费。[③] 1996年肖雪慧指出，义务教育之所以必须免费，原因在于“任何国家内部有贫富差别，义务教育关系每个人的生存发展基础和国家的公民素质，只有免费才能不分贫富为人人所享有”。他认为：“假如义务教育不是免费的，而像这些年有的人解释的是家长有义务供子女读书，那么义务教育对于那些连解决温饱都困难的家庭来说就纯属空话，因为这些家庭承担不起这种义务。但这样一来，这些家庭的孩子就失去了走向未来的权利。”当义务教育需要用钱来

① 千家驹：《谈物价、特区和义务教育问题》，载《千家驹经济论文选》，中国国际广播出版社1987年版，第143页。

② 苌景州：《建立有利于义务教育均衡发展的资金保障体系》，《贵州社会科学》1994年第1期。

③ 檀传宝：《中国教育机会均等问题的现实及对策思考》，《教育科学》1994年第2期。

换取时，原属无条件的、人人都应享受的受教育权利就变为只有部分人能享受到的权利。[①]

由上可知，20世纪90年代中期后，人们逐渐认识到义务教育权利是每个人的天赋权利，而免费教育是保障人人教育机会平等的必要条件。进入21世纪，免费开始渐渐成为现实。2001年，为切实解决落后地区贫困家庭子女上不起学的难题，中国政府开始实施“两免一补”政策，即免除学生的书本费、杂费和对寄宿生进行生活补贴。2005年3月，温家宝总理在人大会议上宣布：“从今年起，免除国家扶贫开发工作重点县农村义务教育阶段贫困家庭学生的书本费、杂费，并补助寄宿学生生活费；到2007年全国农村普遍实行这一政策，使贫困家庭的孩子都能上学读书，完成义务教育。”政府的决策进一步推动了学者们观念的解放。2005年9月，人大代表、教育学者周洪宇提出免费不应仅仅限于农村贫困家庭，“政府应该考虑今后逐步对农村乃至整个九年义务教育实行全免费制（即免学费、杂费、教科书费，有条件的地方可提供伙食补助费）”。[②] 2005年10月吴德刚提出，“要从机制上保证教育公平，当前的一个重要方面是要将免费制提到议事日程”。[③] 学者们的观念又进一步推动了政府决策。2005年12月24日国务院发布了《关于深化农村义务教育经费保障机制改革的通知》，提出：“全部免除农村义务教育阶段学生学杂费，对贫困家庭学生免费提供教科书并补助寄宿生生活费。2006年，西部地区农村义务教育阶段中小学生全部免除学杂费；2007年，中部地区和东部地区农村义务教育阶段中小学生全部免除学杂费。”从农村开始的义务教育免费行动，直接减轻了农民的负担，保障了农村广大适龄儿童少年的受教育权利。2006年6月修订颁布的《义务教育法》第2条明确规定：“实施义务教育，不收学费、杂费。”2008年3月，温家宝总理在政府工作报告中提出“在全国城乡普遍实行免费义务教育”，同年8月，国务院发布了《关于做好免除城市义务教育阶段学生学杂费工作的通知》，“从2008年秋季学期开始，全部免除城市义务教育阶段公

① 王星：《义务教育中的社会公正——访肖雪慧副教授》，《教育评论》1996年第1期。

② 周洪宇：《教育公平是实现和谐社会的重要途径》，《长江日报》2005年9月15日第12版。

③ 吴德刚：《从机制上保证教育公平》，《学习时报》2005年10月3日第6版。

办学校学生学杂费”。新颁布的《义务教育法》得到贯彻，中国的义务教育从此进入了免费时代。

三　强调法律责任，从家庭转向国家

以法律保障义务教育的实施，是西方义务教育的另一重要特征。法律保障的内涵也在发生变化，最初注重强制性，强调家庭对于子女上学的义务，后来更强调国家对公民平等受教育权的具体保障。中国人对法律保障含义的认识也大致经过了这样的过程。

对义务教育“国家办学、政府投入”、“全部免费”这两个特征在20世纪80年代尚有争论，但对义务教育的法律规定性当时就形成了一致意见。这一点从当时争论双方对义务教育的界定就可以看出。柳随年认为：“所谓义务教育制，就是以法律规定并采取多种形式的经济和社会措施，保证一定年龄的儿童和青少年必须接受一定程度的教育。”[①] 千家驹认为：“义务教育是一种强迫教育，就是说，凡是适龄儿童都必须接受一定年限的学校教育，如果家长不送适龄儿童接受义务教育，家长要负法律责任。”[②] 可见，他们二人都认为，义务教育就是让所有适龄儿童接受一定年限或一定程度的教育，而实现这一目标的手段就是通过法律强制执行。

新中国成立后，党和政府一贯重视普及教育。改革开放后，对教育的普及丝毫没有放松。1980年12月中共中央作出《关于普及小学教育若干问题的决定》。但从实际来看，适龄儿童入学率不仅没有上升，反而下降。1977年，全国适龄儿童的入学率为96.5%，到了1982年却下降到93.2%，其中农村由90.8%降到62.6%。[③] 这种状况更加强了学者们通过制定相关法律，保障义务教育普及的观念。如当时有学者指出，制定法律是保障普及义务教育实施的关键性措施。如果不以法律的形式强迫实行普及义务教育，必然在普及教育工作上造成很大的随意性：工作开展的好

---

① 柳随年等：《从我国实际情况出发走自己普及教育的路子》，《宏观经济研究》1983年第27期。

② 千家驹：《谈物价、特区和义务教育问题》，载《千家驹经济论文选》，中国国际广播出版社1987年版，第141页。

③ 马昌博、徐卓君：《义务教育，这20年为何这么难——对话全国人大常委会委员、原国家教委副主任柳斌》，《协商论坛》2007年第2期。

坏，只取决于当事人的觉悟。“学龄儿童入学得不到保证，普及教育也就得不到保证。”因而，“教育要普及，必须依靠强制性的法律保证”。[①]

1986年4月，《中华人民共和国义务教育法》（以下简称《义务教育法》）颁布，这是中国教育史上的第一部义务教育法。从近代倡导义务教育以来，清政府、北洋政府、国民政府曾经颁布过一些相关的法令、条例，但没有正式的法律出台。《义务教育法》的颁布，标志着国家开始以专门的法律保障义务教育的实施。这部法律制定的目的，主要是为了在中国能够实现义务教育的普及，更强调法律的强制性。但是，从这部法律的具体内容来看，强调家长对国家和社会的义务多，强调国家对人民的义务少。事实上，家长能否履行义务应以政府办学兴学义务为基础，如果没有政府的办学兴学义务，就没有家长送子女入学的义务。虽然《义务教育法》颁布了，但由于国家在财力上投入有限，农村特别是边远落后地区义务教育迟迟不能普及。

20世纪90年代中期后，人们逐渐认识到受教育权是公民的基本权利，公民为接受教育有权要求国家提供均等的受教育机会和条件。但从现实来看，一些人由于自然、经济、社会和文化方面的低下状态，受教育权利无法得到保障，在获得教育机会方面处于不利地位。从“以人为本”的教育平等理念出发，有学者提出，对于这部分教育弱势群体，国家要有相应的制度保障他们的教育权利不受损害，能够确保他们获得应有的教育机会及相应的补偿。这些学者认为：“国家不仅是教育权利的分配主体，而且同时也是教育权利的保障主体。相应的国家制度对于保障教育弱势群体具有决定性的意义。”[②] 在他们看来，立法是最重要的制度保障，教育法制是建立教育公平机制的根本环节。而中国还没有形成一个有关保障弱势群体受教育权利的法律法规体系，没有用法律来保障教育公平的实现，已有的《义务教育法》等法律缺少具体保障公民教育权利的措施。因而，学者们建议尽快修订、完善《义务教育法》等现有的法律；根据不同的教育对象进行教育立法，如制定《农村教育法》、《特殊教育法》等；把

① 范宁：《制订〈义务教育法〉普及义务教育》，《北京师范大学学报》（社会科学版）1985年第5期。

② 胡劲松：《从教育公平看弱势群体的受教育权》，《中国教育报》2001年7月21日第4版。

国家关于扩大教育机会的方针政策、制度措施、实现目标等用法律形式固定下来，使之成为整个国家的意志和整个社会所遵循的准则。[①]

可以看出，20 世纪 80 年代初，中国人视法律是普及教育的必要手段，法律更加强调公民受教育的义务。到 90 年代中期以后，把法律作为保障教育平等的重要制度，法律更加强调公民受教育权利的实现。从 1986 年和 2006 年的《义务教育法》可以看出这种转变。以这两部法律的立法依据为例：1986 年《义务教育法》的立法依据是“为了发展基础教育，促进社会主义物质文明和精神文明建设”。2006 年新修订的《义务教育法》的立法依据是“为了保障适龄儿童、少年接受义务教育的权利”。这种认识的转变和人们对受教育权性质的认识有直接的关系。随着人们教育平等意识的觉醒，人们认识到公民受教育权是一项积极的权利。“与传统消极自由权对国家的不作为要求不同，公民受教育权特别是义务教育需要国家以作为的方式制定法律，并履行给付义务。”[②]

第四节　走向教育过程与结果平等

教育机会平等是中国近代以来一直追求的目标，并在 20 世纪末的中国基本实现。进入 21 世纪，随着中国经济的快速发展以及教育不均衡问题的爆发，人们关注的重点逐步转向教育过程与结果平等，而这也成为政府制定教育政策的重要依据。

一　20 世纪 90 年代:过程和结果平等能否实行的争论

20 世纪 50—60 年代，西方教育平等理念已由机会平等发展到过程、结果平等。也就是说，国家不仅要让每个人都得到平等的教育机会，而且要使每个人能获得平等的教育资源，接受平等的教育，最终实现学业成就的平等，即结果平等。改革开放后，西方教育平等的新理念逐渐传入中国。到 90 年代，过程平等、结果平等的理念已为学者所熟知，对于中国这样一个基本教育机会尚未实现平等的国家，究竟应不应该兼顾教育过程、教育

① 吴德刚:《从机制上保证教育公平》,《学习时报》2005 年 10 月 3 日第 6 版。

② 郑贤君:《公民受教育权的法律保护》，人民法院出版社 2004 年版，“导言”第 4 页。

结果平等，这在当时的学界引起了争论。争论中主要有以下三种观点。

第一，实现教育机会平等的同时，兼顾教育过程、结果平等。这一观点的代表性人物是檀传宝。他认为："中国现在所进行的现代化并非自发型而是转借型的，即是在别人已实现了较高水平的现代化的背景下向别人学习别人走过的路。"西方在工业化时期已经实现了教育机会均等的第一期目标——教育机会平等，在后工业化时期正在实行教育机会均等的第二期目标——教育过程、结果平等。虽然中国还没有完成西方在工业化时期已经实现的目标，但"中国同西方发达国家同处一个时代，中国要实现的现代化又要同发达国家最终站到同一起跑线上"。因而，"中国又不能对西方已经实行或正在追求的教育机会均等（第二期目标）诸措施视而不见"。"中国必须在积极完成教育机会均等工业化时期目标的同时，追踪、兼顾其后工业化时期的每一个进步。"对于中国这样一个发展中国家来说，同时兼顾这两个目标困难重重，但中国人民必须同时担负起西方在工业化和后工业化两个阶段业已完成的任务。[①] 从这一目标出发，檀传宝提出，中国在教育体制上要注重资源投入的均衡，在教育目标上要注意发展学生的个性、潜能，在教育内容上要兼顾学业、人格、就业等多方面因素。同时，中国要在继续教育、远距离教育、终身教育上建立相应的制度，使每个人都有获得学业成功的机会。

第二，在保证机会平等的情况下，先让一部分人占有较优质的教育资源、接受高质量的教育。这一观点的主要代表人物有唐安国、吕型伟、范先佐。这些学者认为："教育公平的实现程度总是与一定的经济和社会发展相适应，也即不能离开社会的实际发展水平来侈谈公平。"中国是一个经济落后的发展中大国，因而"在现阶段或今后相当长一个时期，教育公平首先体现在满足社会成员基本的学习需求。这里包含两层意思：一是学习者的入学机会均等，而不包括教育过程（教育条件）和教育结果的公平；其二是指，即使入学机会均等，也只能是最基本的九年义务教育，而不是指所有的教育"。[②] 中国的实际经济条件决定了只能实现教育机会平等，还不能实现教育过程、结果平等。而且，在这些学者看来，教育过

① 檀传宝：《中国教育机会均等问题的现实及对策思考》，《教育科学》1994 年第 2 期。

② 唐安国：《实施义务教育："效率优先、兼顾公平"》，《探索与争鸣》1996 年第 10 期。

程与结果不平等也是客观存在的、无法消除的。一方面学校之间总是有差距的，任何时代、任何地区永远不可能把所有的学校办成一模一样；另一方面学生的聪明才智也有差别，这是永远存在的事实。①

既然学校的差距是客观存在的，中国的经济水平更无法消解差距，这些学者因而提出：政府在教育政策的选择上应遵循“效率优先、兼顾公平”的原则，在实施义务教育时也应遵循这一原则。效率优先原则是指选拔有条件入学者接受高质量教育，使有限的教育投入取得较大的产出。② 有条件入学者包含两层含义：一是指学习能力。通过竞争性入学，选择好的学生进入好的学校，使之得到好的培养。这不仅是个人的事，也是社会发展的需要。③ 二是指经济条件。国家出让一部分优质教育资源，提供部分接受高质量教育的机会，以吸收部分富裕家庭的资金用之于教育。在国家财政预算不能为教育提供充足资金的情况下，这种方式可以为扩充高质量教育机会创造更多有利的条件。同时，又可以满足在经济上富裕起来的人们让自己子女接受高质量教育的需求。尽管这样做造成了教育的某些不公平，但这种不公平主要体现在受高质量教育上，并没有妨碍人人享有受教育机会目标的实现。④

持这种观点的人认为中小学分设重点学校，通过钱来选择好的学校是合理的。他们强调了经济条件的限制以及过程、结果平等的不可实现性，而忽视了过程、结果平等对于每个人的意义及价值。他们对教育平等是一个人的基本权利，其核心是“以人为本”的内涵还没有真正接受。

第三，根据客观实际，分地区、分阶段逐步实现教育过程、教育结果平等。这一观点的代表人物主要有谈松华、吴刚平。持这种观点的人一方面认为：“质量公平是教育公平追求的更为高级、更为本质的目标，是教育公平的真谛所在。”⑤ 另一方面又认为：公平并不是一个抽象的口号，它建立在一定的经济基础之上。从这两方面出发，他们提出，在尚未实现

---

① 吕型伟：《要重视英才教育问题》，《教育发展研究》1999 年第 5 期。

② 唐安国：《实施义务教育：“效率优先、兼顾公平”》，《探索与争鸣》1996 年第 10 期。

③ 吕型伟：《要重视英才教育问题》，《教育发展研究》1999 年第 5 期。

④ 范先佐：《择校与教育机会均等》，《教育研究与实验》1996 年第 4 期。

⑤ 吴刚平等：《我国义务教育的机会公平与质量公平》，《乐山师范高等专科学校学报》1999 年第 4 期。

普及教育的地区，首先要将有限的教育资源投入到为所有学龄儿童提供入学机会上。在已经基本“普九”的城市和发达地区，则要把公平地享有较高质量的教育作为目标。这种观点把实现教育过程、结果平等作为终极目标，同时又考虑了客观实际。

由于认识到过程平等、结果平等是教育平等内涵的重要方面，持这种观点的人认为，即使是在未实现普及教育的地区，为儿童所提供的机会也要考虑公平和质量的关系。这里的质量既指办学条件，也指学生的学业成就。基础教育是每一个人生存和发展的必要的、充分的准备，因而为儿童所提供的机会必须保证基本的质量。在办学条件上使学生有受教育的起码条件，比如必备的教材、合格的教师等；在学业成就上要使他们具有基本的文化科学水准，获得未来生活所需要的基本教育。“没有基本的质量保证，那种普及教育的公平原则只能是表面的，暂时的。”① 只有在使儿童获得基本质量的公平教育机会基础之上，才有可能解决更高层次上公平和质量的关系。

从近代以来，为每个人提供教育机会一直是仁人志士的理想与奋斗目标。但是在大多时候，只强调有教育的机会就可以，至于什么样的机会是不去理会的。如20世纪20—30年代学者们提出以最经济、最灵活的方式普及教育。50年代毛泽东谈到通过在小学办戴帽中学为农民子弟提供初中教育机会时，也曾讲道：“如果说办学质量差，孔夫子还没有受过这样的教育呢。……唱戏也还有草台班子嘛。在农村，教育要强调普及，不要强调提高，不要过分强调质量。”② 正是由于只是强调机会，而不管质量，所以一方面普及教育率不断提高；另一方面新文盲又不断产生。80年代，政府已经意识到“义务教育必须建立在有切实物质条件保证的基础之上，切实保证质量，避免重蹈‘低标准，瓜菜代’③ 的覆辙”。④ 谈松华等学

① 谈松华：《普及教育中公平目标和质量目标的现实选择》，《现代教育论丛》1994年第3期。

② 毛泽东：《在普通教育工作座谈会上的讲话》，载《毛泽东、邓小平、江泽民论教育》，中央文献出版社2002年版，第67页。

③ 1960年8月10日，中共中央发出《关于全党动手、大办农业、大办粮食的指示》，要求切实计划用粮、节约用粮。口粮标准要从低、其他标准也要从低；同时，大搞瓜菜的代食品；这两个决策简称为“低标准、瓜菜代”。

④ 柳斌：《积极稳步地推进九年制义务教育》，《课程·教材·教法》1988年第4期。

者从实现人人受高质量教育的目标出发，把基础教育的基本质量作为实现这一目标的一个阶段，这对于消除导致义务教育不平衡和不平等的制度、政策，最终实现教育过程、结果平等具有重要意义。

二 21世纪：过程与结果平等成为共同理念

进入21世纪以来，关于在中国是否可以实现教育过程与结果平等的争论趋于平息。人们逐渐认识到教育过程与结果平等是教育平等理念的重要内涵，也是中国教育平等的必然选择。中国政府在教育政策、教育理念上开始关注、倡导教育过程与结果平等。

教育过程与结果平等之所以在新世纪成为中国学者与政府的共同理念，有以下几个原因。

一是到20世纪末中国基本普及了九年义务教育，实现了教育机会平等。2001年1月1日，中国国家主席江泽民向世界宣布：中国如期实现了基本普及九年义务教育，基本扫除青壮年文盲的战略目标。到2000年底，全国通过“两基”验收标准的县（市、区）和其他县级行政区划单位总数已达2541个，地区人口覆盖率达到85%以上。全国小学学龄儿童入学率为99.11%，小学毕业生升学率为94.89%，全国初中阶段入学率为88.6%。[①] 教育机会平等实现后，教育过程和结果平等就成为寻求教育平等更主要、更实质的内容。如郭兴旺在2001年所言：“中国教育经过几十年，特别是改革开放以来的努力，已经有了飞跃的发展。过去的要求是‘人人有学上’，现在的要求是‘人人上好学’。”[②]

二是学校之间的客观差距与人们对高质量教育需求之间的矛盾。由于中国教育经费长时期实行的是地方负责的体制，不同区域之间经济实力的差距影响到对基础教育的投入，造成了学校之间的地区差别。在计划经济时代，为实现国家的现代化目标，形成了城乡二元经济结构和社会体制。农村的主要功能是为城市和工业化积累资金，国家在教育资源的分配上庇护城市。这种体制和政策造成了城乡学校之间的差距。为了尽快培养人才，在基础教育阶段又分设重点与非重点学校，这又进一步拉大了同一区

---

① 时晓玲：《“两基”：谱写中国教育新篇章》，《中国教育报》2002年9月24日第2版。

② 郭兴旺：《辩证地看待教育公平》，《中国经济时报》2001年11月13日第5版。

域内学校之间的差距。而改革开放后，人们生活水平逐渐提高，对教育的需求也越来越高，家长都希望把自己的孩子送入好的学校。家长对高质量教育充满期待，但现实的学校办学水平又参差不齐，这种矛盾要求学校之间资源更加均衡、教育质量趋于接近。

三是中国的经济实力稳步上升。2001 年中国的国内生产总值（GDP）为 109655 亿元，突破 10 万亿元。从 2002 年到 2007 年国内生产总值每年比上一年分别增长为：9.1%、10.0%、10.1%、10.4%、12.7%、14.2%。2010 年国内生产总值达到 401513 亿元，突破 40 万亿元。[①] 经济实力的提升，打消了一些人的顾虑，使人们相信国家完全有实力推进教育过程和结果的平等。2007 年 3 月温家宝总理在人大会议上作政府工作报告时讲道："让所有的孩子都能上得起学，都能上好学，我们一定能够实现这个目标。"

四是对教育平等认识的深化。世纪之交，随着中国收入差距的拉大，人们重新思考平等的社会价值。认识到每个人的基本权利应该完全平等。义务教育是每个人最基本的教育权利，也应该完全平等。一些学者提出：不仅有钱有势者可以为自己的孩子选择好的学校、好的班级、好的老师，充分享受教育的权利，每一个人特别是弱势群体更应该获得好的资源，其教育权利必须得到保障。[②] 教育过程平等、结果平等成为必须实现的目标。

在教育过程平等方面，人们讨论最多的是教育资源的配置。不仅学者们给予很大的关注，普通老百姓也议论纷纷。这一方面由于人们最直接的感受是现实中资源配置的严重不均衡；另一方面办学条件也是一个好学校的基本标准，是取得好的教学质量的前提。人们所论及的教育资源配置主要包括物质条件的配备、师资的配备。物质条件的配备主要指学校内的各种设施，例如学校建筑物的数量和质量，实验室的配备，教学仪器的达标程度，图书馆的藏书量及设施，所有这些物质条件，各个学校应该基本相当。师资的配备要求不同地区或是同一地区的不同范围内处于同一层次的学校、年级，应配备同等水平的师资。

① 国家统计局：《2011 年国民经济和社会发展统计公报》（http：//news.xinhuanet.com/fortune/2012—02/22/c_ 122737952.htm）。

② 周洪宇等：《关注教育公平：今年热门话题?》，《人民政协报》2001 年 2 月 13 日第 5 版。

对于如何实现教育资源配置的均衡，人们提出要加强国家的宏观调控，将资源配置权上移到省级或中央政府。在分配教育资源时要遵循平等的原则、对等的原则和补差的原则。根据中国目前教育资源的现状，教育经费、教育资源应该由城市向农村倾斜、由东部向西部倾斜、由发达地区向落后地区倾斜、由富裕人群向贫困人口倾斜。要尽快取消重点学校制度，积极支持薄弱学校的改造和发展，把有限的财力用在条件较差学校的建设和改造上，尽快缩小差距。[①] 师资的配备是更困难、更重要的教育资源配置。乡村教师教学水平不仅跟城市相比有很大差距，而且在数量上也不足，像音乐、英语、电脑等专职教师根本就没有。如果按照一般的平等原则，城乡教师待遇相同，显然没有人愿意去条件艰苦的乡村。因而，有人提出："城乡教师工资待遇应该倒挂，越是艰苦的地方，越要给更高的工资待遇，以确保优秀的教师去基层。""条件越艰苦的地区教师特殊津贴应越高，其额度不应是点缀性、象征性的，要使农村贫困地区教师的工资待遇等于甚至高于城市教师的平均水平。"还有人提出：为了加强农村教师队伍的建设和管理，应确立中小学教师教育公务员制度，并以法律确保教师作为教育公务员的地位，这样会为农村教师的建设提供良好的制度平台。[②]

中国政府从 2002 年以来，把农村教育、西部教育作为重点工作，在政策、经费上给予倾斜和补偿，努力消除区域、城乡差距。如：2003 年召开了新中国成立以来第一次农村教育工作会议，制定了新增教育经费主要向农村倾斜的政策。2004 年开始实施的国家西部地区"两基"攻坚计划，中央共投入 100 亿元专项资金，到 2007 年年底如期完成。2005 年年底，国务院决定建立中央和地方分项目、按比例分担的农村义务教育经费保障新机制。2006 年新修订的《义务教育法》将这些政策以法律形式加以确定。如该法第 6 条规定："国务院和县级以上地方人民政府应当合理配置教育资源，促进义务教育均衡发展，改善薄弱学校的办学条件，并采取措施，保障农村地区、民族地区实施义务教育，保障家庭经济困难的和

① 周洪宇：《教育公平是实现和谐社会的重要途径》，《长江日报》2005 年 9 月 15 日第 12 版。

② 《2007，教育公平提速》，《校长阅刊》2007 年第 4 期。

残疾的适龄儿童、青少年接受义务教育。”尽管国家在促进教育均衡发展方面已经采取了诸多措施，但由于历史原因以及基层教育行政部门意识的淡薄，在城乡之间、区域之间、学校之间，义务教育的师资和办学条件的差距仍然非常大。如何实现公共教育资源配置的平等，仍然是人们在教育过程平等方面主要议论的话题，对于国家来说，这一工作仍然任重道远。

在教育过程平等方面，人们除了关注教育资源的平等外，对教学内容、师生关系及课堂教学也有论及。不过与对资源平等的议论相比，这些方面论述较少，而且所论往往不是从现实中课堂教学不公出发，而是从应试教育给学生带来的桎梏着眼。从 20 世纪 90 年代素质教育的提倡起，就开始了这方面的论述。如 1997 年姚家群曾指出：“平等与质量是素质教育的两大问题。”他认为素质教育的核心就包含着平等精神，因为“素质教育要求面向每所学校，面向全体学生，帮助学生在各方面生动活泼地得到发展”。因而自然要求“在教育中应该特别关注那些处于不利学习环境下及学业上有困难的学生”，“为每个人发挥潜在才能提供机会”。[①] 他所谈的平等实际上就是教育过程的平等。

从 2001 年开始的新课程改革，是一种从应试教育向素质教育的制度转型过程。课程改革的理念就是对传统教育以教师为本位、学生处于被动地位，以培养少数精英为主的模式的反叛。2001 年发布的《基础教育课程改革纲要（试行）》中明确提出：“教师应尊重学生的人格，关注个性差异，满足不同学生的学习需要。”[②] 这既包含了师生平等的思想，又指出教师在课堂教学中要平等对待每一个学生。这种平等体现了以学生的发展为本，因材施教的思想。钟启泉认为，2001 年以来课程改革的指导思想“就是从精英教育转型为大众教育，从强调对少数有学术才能学生的培养，转到强调对全体学生的全面素质教育”。“大众教育并不排斥对少数有学术才能学生的培养，而是在提升所有学生的基础上，为每一位学生提供适合其个性发展的教育引导。”[③] 平等的教育过程核心就在于使每个

---

① 姚家群：《平等与质量是素质教育的两大问题》，《上海教育科研》1997 年第 1 期。

② 钟启泉等：《为了中华民族的复兴，为了每位学生的发展——〈基础教育课程改革纲要（试行）〉解读》，华东师范大学出版社 2001 年版，第 7 页。

③ 赵小雅：《对话钟启泉教授：义无反顾奏响改革进行曲》，《中国教育报》2006 年 12 月 15 日第 5 版。

学生得到最大发展。

在2001年课程改革中，一些学者也指出教学内容的本身对每一个人也要平等，这也是教育过程平等的重要内容。如张力就指出："在义务教育阶段，课程编制应该着眼于整个的学龄人口，而不是着眼于智力水平在前20%或者30%的学龄人口来设置课程。给学生提供的知识和能力的训练，应该是所有人都能够达到的一个基本标准，至少从国家意义上来讲，不存在智力水平的歧视。"① 只有适合大多数学生的教学内容，才能使大多数孩子学习愉快，没有挫折感，他们在教学中才能感受到一种平等。

教育结果平等是教育平等的最终目标和理想。进入21世纪，学者们都倾向于将教育结果平等作为一种终极的价值追求。人们开始从整体上思考教育平等三个要素的关系，认为机会平等、过程平等是学习成就机会均等的条件，而学习成就机会均等是机会平等、过程平等的最终目标。结果平等不仅是教育平等的应有内涵，它也是机会平等、过程平等一种客观的评价和监控工具，对机会平等和过程平等具有促进作用。② 尽管人们都认为结果平等、结果公平是教育平等、教育公平的应有之义，但对结果平等、结果公平的内涵与评测有不同的观点。有学者认为教育结果平等就是"每个学生接受教育后都应达到一个最基本的标准，都能获得学业上的成功，在德、智、体、美等方面实现全面发展"。③ 还有学者认为结果平等就是："追求学生人人成人、学业人人合格、身心人人健康，尽力缩小地区之间、城乡之间、学校之间学生素质发展的差距。实现人的基本素质大体均衡的发展。"④ 有学者从教育结果的影响因素解读结果公平的内涵，影响学生学业成绩的变量主要有个体、学校以及家庭。在这些变量中，一些是可以通过政策和管理调整和控制的，还有一些变量是教育本身所无法进行调节和控制的，如学生的智力水平、家庭的社会经济地位等。"教育

① 张力：《今后十年政府最主要的教育理想是促进教育公平》，《人民教育》2002年第4期。

② 辛涛等：《教育公平的终极目标：教育结果公平——对教育结果公平的重新定义》，《教育研究》2009年第8期。

③ 于建福：《教育均衡发展：一种有待普遍确立的教育理念》，《教育研究》2002年第2期。

④ 袁德林：《基础教育均衡发展一定要坚持科学发展观》，《中国农村教育》2006年第5期。

结果公平的本质，并不是需要每个来自不同背景的学生在学业成绩上完全的平等，而是将教育无法控制的那部分变量排除之后，只考虑教育系统自身的变量对学习成绩所造成的影响是平等的。也就是说，无论学生之间家庭条件、智力水平等先天因素的差距如何，通过教育的过程，每个学生能够获得平等的教育上的增加量，这部分的平等才是真正意义上的教育结果的公平。"①

对结果平等、结果公平尽管有一些争议，但是它已经成为教育政策的价值取向。《国家中长期教育改革和发展规划纲要（2010—2020年）》提出："提高义务教育质量。建立国家义务教育质量基本标准和监测制度。切实缩小校际差距，加快缩小城乡差距，努力缩小区域差距。"为每个儿童提供有质量的义务教育，成为教育必须完成的目标。

总之，20世纪70年代后，随着中西教育交流的全面开展，以及中国与国际组织交往合作的加深，西方教育平等观念再次大规模输入中国。这种输入是前几次不可比拟的，一方面西方教育平等理念在20世纪60—70年代有了大发展，国际组织又不遗余力地将这种理念推向世界，这种理念本身就是现代教育的本质内涵。另一方面中国的改革开放政策、经济发展以及民主法制建设，也为这种理念的输入提供了良好的条件。正是在这样的背景下，中国逐步融入世界教育平等大潮，共享着世界教育平等观念。

中国人对教育平等的本源性内涵有了深入了解，人们认识到受教育权不仅是每个人的基本人权，而且它是需要政府积极保障的权利；受教育是人本身所需，促进个体自由和谐发展是教育最根本的目的；教育平等是教育的目标之一，是社会的基本价值，政府是推进教育平等的重要责任者。

这一阶段，中国人对教育平等内涵的理解也从单纯强调机会平等，转向关注教育过程、结果平等。对于基本教育机会平等的制度依托——义务教育制度有了更真切的认识。人们认识到公民受教育义务的履行建立在国家办学义务履行的基础上，国家是义务教育办学主体。义务教育免费是其本来意义，如果不免费，公民就可不履行义务。法律应该更强调国家的责任与公民的权利。在教育过程平等方面，主要关注的是资源平等，对教学

---

① 辛涛等：《教育公平的终极目标：教育结果公平——对教育结果公平的重新定义》，《教育研究》2009年第8期。

内容、师生关系及课堂教学平等等方面也有论及，但相对较少，而且往往从教育改革的大背景切入。

对经济发展与教育平等的关系，认识也逐渐深化，经济虽然是教育平等实现的制约因素，但不能一味强调经济因素。经济与教育平等要同步发展，不能等经济发展了，再推行教育平等。政府及教育工作者首先要有教育平等的意识，这是教育平等推进的重要保障。

结　语

一　西方教育平等观念的历史演进

西方教育平等观念的历史演进大致可以划分为三个阶段。

第一阶段从文艺复兴到 19 世纪末，是西方教育平等观念的生成期，其核心内涵在此阶段基本形成。文艺复兴时期，新兴的资产阶级掀起了旨在恢复和重建人的主体性的人文主义运动，强调个人价值和地位，现代教育平等观念的最本质内涵——以人为本开始萌生。16 世纪 20 年代爆发的宗教改革运动反对教会组织中的等级关系，宣称信徒凭着“信”就能与上帝沟通、得到拯救，提出人人在上帝面前具有平等的地位。基督教所宣扬的平等精神为现代教育平等观念的确立提供了文化支持。从“唯信称义”思想出发，宗教改革领袖马丁·路德主张要为每个人提供免费的初等教育，以使他们获得阅读《圣经》的能力和知识。教育平等的制度依托义务教育已具雏形。18 世纪的启蒙运动视平等为自然公理、先验的价值，明确提出“每个人都生而自由平等”，平等是不可剥夺的“天赋人权”。启蒙思想家清楚地表达了受教育是人的原始权利、自然权利，是一项平等的社会权利。国家应普遍立学，将教育普及到社会各阶层，以使每个人获得生存所必需的知识和技能，具有近代国民的民主意识和政治觉悟。教育平等的人权内核由此形成。18 世纪末，资产阶级大革命取得胜利，新型的资本主义国家制定宪法明确规定人民享有受教育权。19 世纪随着资本主义工业革命的展开，对劳动者的素质要求越来越高，工人阶级也不断通过斗争争取包括教育权在内的基本人权。资本主义国家通过专门的教育法律来保障公民的基本教育权。

可以看出，现代教育平等观念关注人自身，以人权为核心、法律为保障、公共义务教育制度为依托。公共义务教育具有国家性、公共性、普及性、免费性等特征。现代教育平等观念的产生是资本主义经济关系、民主政治制度以及工业大生产发展的产物。

第二阶段从第一次世界大战到第二次世界大战。该阶段教育平等内涵主要有两方面发展：一是由初等教育入学机会平等转入中等教育入学机会平等，进入中等学校的条件不再是身份、阶级，而是儿童的智力、才能，到这一阶段末，西方多数国家已实现中等教育入学机会平等。二是随着第二代人权的形成，国家不再单一地被看作人权防范的对象，它还是人权实现的手段。西方一些国家把受教育权作为一项需要社会来保障的积极权利加以确认。

第三阶段从第二次世界大战开始。该阶段西方教育平等观念取得新进展，并在联合国等国际组织的推动下，在世界范围内得到最大张扬。这一新进展表现在：一是从机会平等转向过程、结果平等，注重教育质量的提高，20 世纪 50 年代至 60 年代中期强调教育过程平等，60 年代中期后转至教育过程的产出——教育结果平等，也即学业成功的机会均等；二是为不利人群提供补偿，以实现教育结果平等；三是保障教育平等是现代政府最重要的基础性职能，政府是推进教育平等的主导力量、重要责任人。

二　中国教育平等观念的发展阶段及其主要特征

中国的现代教育制度移植于西方，教育平等观念也主要源于西方。由于“后发外源型”现代化的特点，决定了中国教育平等观念的发展滞后于西方，并融入自己的因素，既体现了西方教育平等观念的发展特征，又形成了自身特色。中国教育平等观念的发展总的来看可划分为三个阶段。

第一阶段从 19 世纪中后期到“五四”时期。中国知识精英逐渐吸纳西方教育平等观念的基本价值。19 世纪 90 年代戊戌维新派最早系统表达了普设学校、人人受教，并以法律来强制实施的思想。20 世纪初资产阶级两个政治派别改良派和革命派开始用天赋人权、人人平等的观念来审视现实中的教育不平等，提出只要是人就应该受教育。“五四”时期早期马克思主义者明确表述了在教育上人人享有平等的权利。维新派提倡人人受教主要出于国家强盛需要人才；革命派则认识到教育是培养现代国民的重要手段；“五四”知识精英把教育和个人的生存、成为国家主人相联系。到“五四”时期，西方教育平等中关注人、教育是人权、教育是人之成为人的必需等思想已被中国知识精英所接受。

从人人应该受教育以及教育是人权的思想出发，该阶段主要关注的受教育对象是中国古代长期被剥夺受教育资格的非士阶层和女子。19 世纪 90 年代维新派发出读书不能为士所专有的呼声，"五四"知识精英从人人禀赋相同、人格平等的角度阐明非士阶层应当平等接受教育。兴女学的思想最早也由维新派提出，但主要目的是为了培养贤妻良母，以便保种保国；革命派把女子受教育看作是实现男女平权的条件，提出了培养女国民的思想；"五四"知识精英从女子也是人的视角，主张女子应该享有与男子同样的教育权利，接受同男子一样的教育。至此，非士阶层、女子不能受教育的传统思想被彻底打破，知识精英认识到教育是全社会全人类的。

第二阶段从 20 世纪 20 年代后期到 90 年代中期。该阶段的教育平等主要指的是受教育机会平等。20 年代后期，知识精英教育平等观念的重点已从权利平等发展到机会平等。由于受异族的侵略，中国国势危殆、乡村衰落至极，30—40 年代的学者主要关注农民、成人的受教育机会，寄希望于通过大众受教育实现民族自救。50 年代始，工农的教育机会受到特别的重视，共产党人主张各级教育都要以工农为主体。这其中一个重要原因就是他们认为"教育权跟着所有权走"，既然工农成为物质资料的占有者，在教育上也要成为权利的享有者。由于把教育权视为阶级的产物，因而在过分强调阶级斗争时期，限制甚至剥夺了一些阶层的受教育权利。70 年代后期，阶级教育观逐渐被清除，智力、能力成为获得教育机会的条件。

第三阶段从 20 世纪 90 年代中期始，对西方教育平等本质内涵有了更深刻的认识，这一认识不再是少数知识精英的专利，而在更大范围内形成共识。西方 20 世纪 60—70 年代兴起的过程平等、结果平等，为弱势人群提供补偿以及政府是推进教育平等的主导力量等观念逐渐为中国人所接受。

三　影响中国人教育平等观念变革的因素

中国教育平等观念源于西方，始终受西方的影响。但中国人对西方教育平等观念的接受不是全盘照收，而是作出了自己的选择。这种选择受多种因素的影响。

第一，中国与西方的关系以及中国人对西方文化的认识程度。把中国教育平等观念与西方教育平等观念进行对照，可以发现中西交往最密切、最频繁的“五四”时期和改革开放后，是中西教育平等观念最接近的时段。而在20世纪50—70年代中期，中西关系基本中断，中西教育平等观念差异也最大。中国人对西方文化的认识程度直接制约着对其教育平等观念的接受。以早期对西方教育权思想的接受为例，清末民初，来华传教士是中国人了解西方的主要渠道，由于语言、文化长久隔绝，国人只接受了普设学校、人人受教的观念，至于其背后的权利思想并没有注意到。20世纪初，知识精英在日本接触到西方启蒙时期的一些思想巨著，开始以天赋人权学说审视人与人之间的教育不平等。而到了“五四”时期，随着欧美留学生的归国以及西方学者直接来华演讲，知识精英认识到教育权本身就是一项不可剥夺的人权。可以看出，中西关系越密切，接触愈广、了解愈深，对其教育平等观念接受也越深入。

第二，中国自身的国情。西方教育平等观念能否被中国人接受，中国自身的国情是一个重要影响因素。以义务教育为例，西方认为其具有强迫性、免费性、公共性等特征，这几个特征密切相连，强迫性建立在国家办学、免费教育的基础上。如果义务教育不全部免费，父母完全可以借口交不起学费而不送子女入学。但中国人在接受时，只取其强制一面，不谈免费二字，在国人看来，义务教育的核心在于保证一定年龄的儿童和青少年必须接受一定程度的教育，至于免费与否以及采用何种途径完全以国家所具有的经济实力为基础。之所以出现这种思想差异，中国的工业化程度低下、经济发展水平落后、人口众多是一个不可忽视的原因。

第三，中国自身的文化传统与价值观。一种文化传统中成长起来的人，在接受另一种异质的文化价值观时，总要在自己文化中寻找一些相近的因素，纳入自己固有的文化思维框架中。比如维新派把西方普及教育以及现代教育制度看作是中国三代教育的遗意，这种对接有利于吸纳新思想，但也丢失了外来文化的一些基本特质。当外来文化中的一些价值与中国固有的价值系统相冲突时，很难被中国人所接受。比如西方教育平等所强调的教育权是个人权利、教育对于人自身具有重要意义的观念，只有在中国少数时段被积极宣扬，更多的时候并没有成为支配普及教育的观念。中国普及教育始终关注的是某一群体、强调教育对于国家和社会发展等功利性作用。导致这一差异的原因在于中西方对权利以及教育价值观的认识不同，西方文化比较强调自然人即人的自然属性、个人性、利己性以及个人与他人的分离性，注重个人权利；而中国文化则比较强调社会人即人的社会性、道德性以及个人对他人的依存性，注重集体权利。西方人把教育视为个人生存、进化、成为人的必要条件，中国古人把教育作为对民众进行道德教化，培养官僚的重要手段。一种文化对另一种文化价值观的接受总要经过一个冲突交融的过程，这种过程有时是非常漫长而艰难的，不以个人意志为转移。

第四，不同的意识形态与社会制度。在 1949 年前，共产党人认为工农受教育权只是一个阶级权利问题，只要夺取政治权，就可以夺回被地主资产阶级剥夺了的劳动者受教育权利。1949 年后的很长一段时间，仍然特别强调教育权的阶级性。在经济和教育的关系上，共产党认为经济是基础，教育是上层建筑，只有在经济发展的基础上，才能逐步发展教育文化事业。而在一些资产阶级思想家看来，教育首先是一项基本人权，教育权利是社会民主的重要内容，经济发展与民主进程同样重要。意识形态的不同制约着中国人对西方教育平等观念的接受。

第五，教育科学的发展。民主和科学具有密切关系，科学的发展会推动民主的进程。教育平等作为教育民主的重要内容，同样需要教育科学的支持。那些被科学规律证明的西方教育平等观念也较容易为国人所接受，如 20 世纪 30—40 年代中国人对成人教育机会重要性的认识，原因之一就是现代教育、心理科学证明成人教育是可能的和必要的。

四　中国人教育平等观念的中国元素

在实现教育机会平等方面，中国人既吸收西方教育平等理念，又结合自身国情，从中国传统教育中寻求智慧、汲取合理成分。下面三方面最明显地体现了这一特点。

第一，为民众提供生活所需的教育。20 世纪 30—40 年代，学者们倡导为农民提供教育机会，但他们认为农民所受的教育应有别于都市教育，有助于他们的生产生活，切实提高农民的谋生能力以及加快农村的复兴。20 世纪 50—60 年代，政府设立了农业中学、半工半读、半农半读等学校，极力为农民、工人提供教育机会，以培养工农业生产所需的各种技术人员，实现工业、农业现代化。

上述思想、做法有一个共同点，就是把受教育机会的提供与国家的命运相连，教育内容上力求实用，它实际上是中国儒家“经世致用”传统思想的延续。经世是指致力于国家，致力于社会；致用指以我之所学，化我之所用。经世致用的传统源于先秦孔派儒学，后来又有几次重要的提倡。第一次是南宋时期浙东学派，以吕祖谦为代表，他们对当时理学家心情命理的空疏之学进行猛烈批判，主张治经史以致用；第二次是明末清初，以顾炎武、黄宗羲为代表，他们总结明亡的教训，深感明季学风空疏不实，对国家和民族造成了极大的灾难，提倡经世致用的真学问和“以实为宗”的新学风；第三次是清朝末年，以龚自珍、康有为为代表，再兴经世致用之学，他们在救亡图存的旗帜下，倡导变法维新，用科学提高国民，振兴国魂，培养大批不拘一格的人才。

与中国古代几次经世致用思潮一样，20 世纪 30—40 年代的乡村教育运动和 50—60 年代的工农教育浪潮，其提倡者都是社会精英。社会精英怀着对国家的忧虑、对同胞的同情或者从阶级同盟的立场希望平民能受到对生活有用的教育，有利于国家社会的昌盛。但平民往往对这样的机会不甚欢迎，因为此种机会不能改变他们的身份，他们和精英阶层之间仍然有一不可逾越的鸿沟。因而，为某一群体提供适合其生活的教育，并不一定能真正让他们乐于接受教育、实现教育机会平等。要实现这样的目的，需要有个前提条件，就是这种实用的教育并不固定于某个阶层，每个阶层都有平等获得不同种类教育的机会。一个社会不能是精英阶层的子弟受升学的、成为精英的教育，而平民阶层只能受一些实用的职业教育。

第二，发动群众办学，扩充教育机会。1949 年前中国共产党领导的革命根据地实行“民办公助”政策，经费主要由群众自筹。1949 年后，解放区的经验得到继承，国家明确提出“两条腿走路”，即国家办学和群众办学并举，1958 年的教育大革命以及 60 年代中后期，群众办学被大力提倡。改革开放后，“两条腿走路”仍然是普及教育的重要战略。

群众办学是中国古代的重要传统。中国古代非常重视童蒙之学，《周易·蒙卦》有“蒙以养正，圣功也”之说。到宋元时期，蒙学设立普遍，数量已很多。但古代的蒙学除宫廷内为贵胄设立的学校由官学承担外，一般蒙学教育主要由私学来承担。清代官府专为民间孤寒子弟设立的义学不收学费，但它主要也是由民间办理，其经费不是来源于政府，而是依靠地方官员、富裕的家庭、商人等的赞助。可见，中国古代的初等教育办学经费主要来源于民间，这一传统在中国兴办新教育后仍然延续。

在国家经济衰弱，无法为每个人提供教育机会时，群众办学确实能集聚民众的力量，极大地扩充教育机会。但这种办学模式把政府办教育的责任转嫁给了群众，客观上增加了群众的经济负担，不利于保障群众的教育权利。在国家办学和群众办学的格局下，也造成了城乡教育的不均衡。

第三，以非标准化、非规范化甚至非制度化的形式来普及教育。20世纪三四十年代知识精英针对中国的国情，提出不能普及欧美那样的义务教育，主张在校舍设备、修学年限、入学年龄、师资建设等方面采用经济、灵活的方式。一些学者甚至提出普及教育不能仅通过学校模式，要在学校之外创建文化组织，让更多的人有机会受教育。

这种思想的提出受中国古代自由灵活办学传统的影响。以中国古代的私塾为例：没有专门的校舍，大户人家在家设塾，一些塾师或在自己家里，或借祠堂、庙宇、他人房屋设塾；学费也不是平均纳费，量各个学生之家之有无以为纳费多寡的标准；每个私塾只设一个教师，塾师来源于多条渠道，有的是低级生员和终生老于场屋的童生，有的是一些命运不济或仕途无望的没落文人；学生年龄没有限制，一些20岁已婚男子还可以在这里上学；没有严格的作息时间，教学年限也没有规定。

与西方现代义务教育制度相比，中国古代灵活自由的办学方式在经济上非常节俭，在时间上也不影响农民的生产生活，对普及教育有重要的意义。但要看到，这种方式减少了国家的责任，如果一味地强调经济的限制，采取伸缩变通的方式来普及教育，而不是增加国家的投入与责任，义务教育永远不可能普及，人民也不可能获得平等的教育机会。

从上述三方面可以看出，中国人一方面吸收西方关于促进教育机会平等的观念；另一方面又根据自身国情作了适当的调整，这些调整都是中国古人经验的结晶，有一定的合理之处。对于经济不发达的国家来说，它值得借鉴，但同时也要注意到，这些措施都是权宜之计。要真正实现教育平等，必须确立教育权是每一个人不可剥夺的人权，且需要国家采取积极措施来保障的观念。教育不仅具有经济、政治等工具性功能，更与人自身具有不可分割的关系。教育的目的就在人自身，人受教育的最终目标是个体自由和谐地发展。只有尊重每一个体的基本人权与自由的发展，才符合教育平等的原则。

参考文献

一　基本史料

1. 陈学恂主编:《中国近代教育文选》，人民教育出版社 1983 年版。

2. 陈学恂主编:《中国近代教育史教学参考资料（中册）》，人民教育出版社 1987 年版。

3. 陈学恂主编:《中国近代教育大事记》，上海教育出版社 1981 年版。

4. 丁守和主编:《辛亥革命时期期刊介绍》（第 1 册），人民出版社 1982 年版。

5. 顾明远主编:《教育大辞典·教育哲学卷》，上海教育出版社 1992 年版。

6. 国联教育考察团:《中国教育之改进》，国立编译馆 1932 年版。

7. 何东昌主编:《中华人民共和国重要教育文献（1949—1997）》（第 3 册），海南出版社 1998 年版。

8. 何东昌主编:《中华人民共和国重要教育文献（1998—2002）》，海南出版社 2003 年版。

9. ［瑞典］胡森等主编:《国际教育百科全书》（第 3 卷），贵州教育出版社 1990 年版。

10. 华东师范大学教育系编:《中国现代教育文选》（修订版），人民教育出版社 1998 年版。

11. 教育科学研究所筹备处编:《老解放区教育资料选编》，人民教育出版社 1959 年版。

12. 璩鑫圭、唐良炎编:《中国近代教育史资料汇编·学制演变》，上海教育出版社 1991 年版。

13. 刘英杰主编：《中国教育大事典（1949—1990）》，浙江教育出版社 1993 年版。

14. 梅生编：《中国妇女问题讨论集（上）》，新文化社 1923 年版。

15. 瞿葆奎主编，雷尧珠选编：《中国教育改革》，人民教育出版社 1991 年版。

16. 瞿葆奎主编，马骥雄选编：《美国教育改革》，人民教育出版社 1990 年版。

17. 瞿葆奎主编，金含芬选编：《英国教育改革》，人民教育出版社 1993 年版。

18. ［日］森有礼编：《文学兴国策》，［美］林乐知译，上海书店出版社 2002 年版。

19. 《三十年全国教育统计资料（1949—1978）》，中华人民共和国教育部，1979 年。

20. 宋恩荣、章咸主编：《中华民国教育法规选编》，江苏教育出版社 1990 年版。

21. 杨学为：《高考文献（上）1949—1976》，高等教育出版社 2003 年版。

22. 袁刚等编：《民治主义与现代社会——杜威在华讲演集》，北京大学出版社 2004 年版。

23. 张宝明、王中江：《回眸〈新青年〉·社会思想卷》，河南文艺出版社 1998 年版。

24. 张人杰主编：《国外教育社会学基本文选》，华东师范大学出版社 1989 年版。

25. 张枬、王忍之：《辛亥革命前十年间时论选集（第一卷上、下册）》，生活·读书·新知三联书店 1960 年版。

26. 中国第二历史档案馆编：《中华民国史档案资料汇编（第三辑教育）》，江苏古籍出版社 1991 年版。

27. 中国第二历史档案馆编：《中华民国史档案资料汇编（第五辑第一编教育）》，江苏古籍出版社 1994 年版。

28. 中国第二历史档案馆编：《中华民国史档案资料汇编（第五辑第二编教育）》，江苏古籍出版社 1997 年版。

29. 中国社会科学院近代史研究所编:《五四运动文选》，生活·读书·新知三联书店 1959 年版。

30.《中国教育年鉴》编辑部编:《中国教育年鉴（1949—1981)》，中国大百科全书出版社 1984 年版。

31.《中国教育年鉴》编辑部编: 《中国教育年鉴: 地方教育(1949—1984)》，湖南教育出版社 1986 年版。

32. 中华全国妇女联合会妇女运动历史研究室编:《五四时期妇女问题文选》，生活·读书·新知三联书店 1981 年版。

33.《中华人民共和国法规汇编（1959. 1—6)》，法律出版社 1959 年版。

34.《中国近代学术名著·万国公报文选》，生活·读书·新知三联书店 1998 年版。

35. 中央档案馆编:《中共中央文件选集（第一册）1921—1925》，中共中央党校出版社 1982 年版。

36. 中央教育科学研究所编:《中华人民共和国教育大事记（1949—1982)》，教育科学出版社 1983 年版。

37. 中央教育科学研究所编:《中国现代教育大事记（1919—1949)》，教育科学出版社 1988 年版。

38. 中央教育科学研究所编:《老解放区教育资料（一)》，教育科学出版社 1981 年版。

39. 中央教育科学研究所编:《老解放区教育资料（三)》，教育科学出版社 1991 年版。

40. 周满生、吕达主编: 《发达国家教育改革的动向和趋势（第七集)》，人民教育出版社 2004 版。

41. 朱有瓛主编:《中国近代学制史料》（第一辑下册)，华东师范大学出版社 1986 年版。

42. 朱有瓛主编:《中国近代学制史料》（第二辑下册)，华东师范大学出版社 1989 年版。

二 思想家、教育家原著

1. 蔡元培:《蔡元培教育论集》，湖南教育出版社 1987 年版。

2. 蔡元培：《蔡元培教育论著选》，人民教育出版社 1991 年版。

3. 陈独秀：《陈独秀教育论著选》，人民教育出版社 1995 年版。

4. 《邓小平文选》（第 3 卷），人民出版社 1993 年版。

5. 《邓小平论教育》，人民教育出版社 1995 年版。

6. 傅葆琛：《傅葆琛教育论著选》，人民教育出版社 1994 年版。

7. 高践四：《高践四民众教育论著选》（内部资料），华东师范大学教育信息资料中心藏。

8. 胡适：《胡适教育论著选》，人民教育出版社 1994 年版。

9. 胡适：《胡适学术文集·教育》，中华书局 1998 年版。

10. 蒋梦麟：《蒋梦麟教育论著选》，人民教育出版社 1995 年版。

11. 康有为：《大同书——传统外衣下的近世理想国》，中州古籍出版社 1998 年版。

12. 康有为：《大同书》，华夏出版社 2002 年版。

13. 康有为：《康南海自编年谱（外二种）》，中华书局 1992 年版。

14. 雷沛鸿：《雷沛鸿教育论著选》，人民教育出版社 1992 年版。

15. 李大钊：《李大钊全集》（第三卷），河北教育出版社 1999 年版。

16. 李建勋：《李建勋教育论著选》，人民教育出版社 1993 年版。

17. 梁启超：《饮冰室合集》（第一、二、五册），中华书局 1989 年版。

18. 梁启超：《新民说》，辽宁人民出版社 1994 年版。

19. 梁启超：《变法通议》，华夏出版社 2002 年版。

20. 梁启超：《康有为传》，团结出版社 2004 年版。

21. 梁漱溟：《梁漱溟教育论著选》，人民教育出版社 1994 年版。

22. 《刘少奇论教育》，教育科学出版社 1998 年版。

23. 《毛泽东选集》（第 1—4 卷），人民出版社 1991 年版。

24. 《毛泽东选集》（第 5 卷），人民出版社 1977 年版。

25. 《毛泽东同志论教育工作》，人民教育出版社 1992 年版。

26. 《毛泽东、邓小平、江泽民论教育》，中央文献出版社 2002 年版。

27. 千家驹：《千家驹经济论文选》，中国国际广播出版社 1987 年版。

28. 秋瑾：《秋瑾集》，中华书局 1960 年版。

29. 沈灌群：《沈灌群教育论稿》，华东师范大学出版社 1993 年版。

30. 舒新城：《舒新城教育论著选》（上、下册），人民教育出版社 2004 年版。

31. 孙中山：《孙中山全集》（第二卷），中华书局 1982 年版。

32. 孙中山：《孙中山全集》（第十卷），中华书局 1986 年版。

33. 孙中山：《孙中山选集》（上、下卷），人民出版社 1956 年版。

34. 孙中山：《总理全集》（第二集），《民国丛书（第二编 91）》，上海书店出版社 1990 年版。

35. 陶行知：《陶行知教育论著选》，人民教育出版社 1991 年版。

36. 许崇清：《许崇清文集》，中山大学出版社 2004 年版。

37. 晏阳初：《晏阳初全集》（第一卷），湖南教育出版社 1989 年版。

38. 晏阳初：《晏阳初教育论著选》，人民教育出版社 1993 年版。

39. 杨贤江：《杨贤江教育文集》，教育科学出版社 1982 年版。

40. 俞庆棠：《俞庆棠教育论著选》，人民教育出版社 1992 年版。

41. 郑观应：《郑观应集》，上海人民出版社 1982 年版。

42. 郑晓沧：《郑晓沧教育论著选》，人民教育出版社 1993 年版。

43. 《周恩来刘少奇朱德邓小平陈云著作选读》，人民出版社 1987 年版。

44. 邹容：《革命军》，中华书局 1971 年版。

三　中文专著及译著

1. ［澳］W. F. 康内尔：《二十世纪世界教育史》，张法琨等译，人民教育出版社 1990 年版。

2. 白桂梅等：《国际法上的人权》，北京大学出版社 1996 年版。

3. 陈桂生：《现代中国的教育魂：毛泽东与现代中国教育》，辽宁教育出版社 1993 年版。

4. 陈桂生：《“教育学视界”辨析》，华东师范大学出版社 1997 年版。

5. 陈盛清主编：《外国法制史》，北京大学出版社 1985 年版。

6. 程晓樵：《课堂互动中的机会均等》，江苏教育出版社 2002 年版。

7. 陈旭麓：《近代中国社会的新陈代谢》，上海人民出版社 1992 年版。

8. 陈中原:《中国教育平等问题初探》，广东教育出版社 2004 年版。

9. 丁钢:《中国教育的国际研究》，上海教育出版社 1996 年版。

10. 丁钢主编:《中国教育：研究与评论》（第 4 辑），教育科学出版社 2003 年版。

11. 董宝良、周洪宇主编:《中国近现代教育思潮与流派》，人民教育出版社 1997 年版。

12. 董渭川:《中国教育民主化之路》，中华书局 1949 年版。

13. 杜成宪、丁钢:《20 世纪中国教育的现代化研究》，上海教育出版社 2004 年版。

14. 杜蒲:《极左思潮的历史考察》，河南人民出版社 1994 年版。

15. ［法］皮埃尔·勒鲁:《论平等》，商务印书馆 1988 年版。

16. 冯亚冬:《平等、自由与中西文明》，法律出版社 2002 年版。

17. 高瑞泉:《中国现代精神传统》（增补本），上海古籍出版社 2005 年版。

18. 葛兆光:《思想史研究课堂讲录》，生活·读书·新知三联书店 2005 年版。

19. 郭彩琴:《教育公平论——西方教育理论的哲学考察》，中国矿业大学出版社 2004 年版。

20. 华东师范大学教育科学资料中心编:《当代国外教育研究》，华东师范大学出版社 1986 年版。

21. 华桦等:《教育公平论》，天津教育出版社 2006 年版。

22. 黄明同等:《康有为早期遗稿述评》，中山大学出版社 1988 年版。

23. 黄书光等:《中国基础教育改革的文化使命》，教育科学出版社 2001 年版。

24. 霍益萍:《近代中国的高等教育》，华东师范大学出版社 1999 年版。

25. ［瑞典］胡森:《社会环境与学业成就》，云南教育出版社 1991 年版。

26. ［加］威尔·金里卡:《当代政治哲学》，刘莘译，上海三联书店 2004 年版。

27. ［加］许美德、［法］巴斯蒂等：《中外比较教育史》，上海人民出版社 1990 年版。

28. 金林祥：《蔡元培教育思想研究》，辽宁教育出版社 1994 年版。

29. 金一鸣：《中国社会主义教育的轨迹》，华东师范大学出版社 2000 年版。

30. 李华兴：《民主与近代中国》，上海社会科学院出版社 2006 年版。

31. 李剑萍：《康有为教育思想研究》，辽宁教育出版社 1997 年版。

32. 李泽厚：《中国思想史论》（上、中、下），安徽文艺出版社 1999 年版。

33. 联合国教科文组织国际教育发展委员会编著：《学会生存：教育世界的今天和明天》，上海译文出版社 1979 年版。

34. 刘精明：《国家、社会阶层与教育——教育获得的社会学研究》，中国人民大学出版社 2005 年版。

35. 罗荣渠：《现代化新论——世界与中国的现代化进程》，商务印书馆 2004 年版。

36. 马和民、高旭平：《教育社会学研究》，上海教育出版社 1998 年版。

37. 马凤岐：《教育政治学》，人民教育出版社 2003 年版。

38. ［美］阿瑟·奥肯：《平等与效率》，王奔洲等译，华夏出版社 1987 年版。

39. ［美］杜威：《民主主义与教育》，人民教育出版社 2001 年版。

40. ［美］吉尔伯特·罗兹曼主编：《中国的现代化》，江苏人民出版社 1995 年版。

41. ［美］库姆斯：《世界教育危机：八十年代的观点》，赵宝恒等译，人民教育出版社 1990 年版。

42. ［美］莫琳·T. 哈里楠：《教育社会学手册》，华东师范大学出版社 2004 年版。

43. ［美］R. 麦克法夸尔、费正清编：《剑桥中华人民共和国史（1949—1965）》，中国社会科学出版社 1998 年版。

44. ［美］R. 麦克法夸尔、费正清编：《剑桥中华人民共和国史（1966—1982）》，中国社会科学出版社 1998 年版。

45. ［美］亚历克斯·卡里尼克斯：《平等》，江苏人民出版社 2003 年版。

46. ［美］约翰·罗尔斯：《正义论》，何怀宏等译，中国社会科学出版社 1988 年版。

47. 闵维方主编：《中国教育与人力资源发展报告（2005—2006）》，北京大学出版社 2006 年版。

48. 苗春德：《中国近代乡村教育史》，人民教育出版社 2004 年版。

49. 任时先：《中国教育思想史》，商务印书馆 1937 年版。

50. ［瑞士］查尔斯·赫梅尔：《今日的教育为了明日的世界》，中国对外翻译出版公司 1983 年版。

51. 沈灌群：《从鸦片战争到五四运动时期的教育》，教育科学出版社 1984 年版。

52. 舒新城：《近代中国教育思想史》，中华书局 1932 年版。

53. 宋仁：《梁启超教育思想研究》，辽宁教育出版社 1993 年版。

54. 孙培青：《中国教育史》，华东师范大学出版社 2000 年版。

55. 田正平、肖朗：《世纪之理想——中国近代义务教育研究》，浙江教育出版社 2000 年版。

56. 田正平：《中国教育史研究·近代分卷》，华东师范大学出版社 2001 年版。

57. 田正平：《中外教育交流史》，广东教育出版社 2004 年版。

58. 童富勇、张天乐：《陈独秀李大钊教育思想研究》，辽宁教育出版社 1997 年版。

59. 王海明：《公平、平等、人道——社会治理的道德原理体系》，北京大学出版社 2002 年版。

60. 王先谦：《荀子集解》，中华书局 1996 年版。

61. 翁文艳：《教育公平与学校选择制度》，北京师范大学出版社 2003 年版。

62. 韦杰廷、邓新华：《孙中山教育思想初探》，湖南教育出版社 1992 年版。

63. 吴德刚：《中国全民教育问题研究——兼论教育机会平等问题》，教育科学出版社 1998 年版。

64. 吴洪成：《中国近代教育思潮研究》，西南师范大学出版社 1993 年版。

65. 吴根友：《中国现代价值观的初生历程：从李贽到戴震》，武汉大学出版社 2004 年版。

66. 吴康宁：《教育社会学》，人民教育出版社 1998 年版。

67. 夏勇：《人权概念的起源——权利的历史哲学》，中国政法大学出版社 2001 年版。

68. 谢维和等：《中国的教育公平与教育发展（1990—2005）》，教育科学出版社 2008 年版。

69. 熊川武等：《教育研究的新视域》，辽海出版社 2003 年版。

70. 熊月之：《西学东渐与晚清社会》，上海人民出版社 1994 年版。

71. 熊月之：《中国近代民主思想史》（修订本），上海社会科学院出版社 2002 年版。

72. 熊贤君：《湖北教育史》（下卷），湖北教育出版社 2003 年版。

73. 熊贤君：《中国女子教育史》，山西教育出版社 2006 年版。

74. 徐显明主编：《人权研究》（第二卷），山东人民出版社 2002 年版。

75. 杨东平：《艰难的日出——中国现代教育的 20 世纪》，文汇出版社 2003 年版。

76. 杨东平：《中国教育公平的理想与现实》，北京大学出版社 2006 年版。

77. 杨军：《西北少数民族地区基础教育均衡发展研究》，民族出版社 2006 年版。

78. 于富增等：《教育国际交流与合作史》，海南出版社 2001 年版。

79. 俞新天等：《国际关系中的文化》，上海社会科学院出版社 2005 年版。

80. 袁振国主编：《当代教育学》（修订版），教育科学出版社 1999 年版。

81. 袁振国：《论中国教育政策的转变——对我国重点中学平等与效益的个案研究》，广东教育出版社 1999 年版。

82. 赵中建编：《教育的使命：面向二十一世纪的教育宣言和行动纲

领》，教育科学出版社1996年版。

83. 张宝明：《忧患与风流——世纪先驱的百年心路》，东方出版中心1999年版。

84. 张崇玖：《平等教育计画》，源记书庄1922年版。

85. 张建勋：《我国教育机会均等政策之分析》，正中书局1991年版。

86. 郑大华：《民国思想史论》，社会科学文献出版社2006年版。

87. 郑谦：《被“革命”的教育》，中国青年出版社1999年版。

88. 郑师渠等：《近代中西文化论争的反思》，高等教育出版社1991年版。

89. 郑贤君主编：《公民受教育权的法律保护》，人民法院出版社2004年版。

90. 郑新蓉：《性别与教育》，教育科学出版社2005年版。

91. 《中国共产党教育理论与实践》，北京师范大学出版社2001年版。

92. 钟启泉等：《为了中华民族的复兴，为了每位学生的发展——〈基础教育课程改革纲要（试行）〉解读》，华东师范大学出版社2001年版。

93. 周谷平：《近代西方教育理论在中国的传播》，广东教育出版社1996年版。

94. 周浩波：《教育哲学》，人民教育出版社2000年版。

95. 周全华：《“文化大革命”中的“教育革命”》，广东教育出版社1999年版。

96. 周仲秋：《平等观念的历程》，海南出版社2002年版。

四　中文论文

1. 曹如军：《论当代教育平均主义思想及其危害》，《教学与管理》（理论版）2005年第10期。

2. 苌景州：《建立有利于义务教育均衡发展的资金保障体系》，《贵州社会科学》1994年第1期。

3. 陈桂生：《“有教无类”辨析》，《河北师范大学学报》（教育科学版）2004年第3期。

4. 陈礼江：《儿童教育与成人教育》，《教育与民众》1932 年第 4 卷第 4 期。

5. 陈礼江：《实施义务教育应与举办成年补习教育并行》，《教育与民众》1935 年第 6 卷第 10 期。

6. 陈启天：《中国教育政策》，《中华教育界》1927 年第 16 卷第 4 期。

7. 陈文联：《中国近代“兴女学”思想的历史考察》，《湘潭大学学报》（哲学社会科学版）2004 年第 2 期。

8. 陈正绳：《人权时代之教育》，《教育杂志》1919 年第 11 卷第 10 号。

9. 程时煃：《最近德国的平民教育与美国的军事教育》，《教育丛刊》（北京高师编）1920 年第 1 卷第 2 期。

10. 储劲：《如何普及民众教育》，《教育与民众》1932 年第 4 卷第 2 期。

11. 邓春兰：《我的妇女解放之计划同我个人进行之方法》，《少年中国》1919 年第 1 卷第 4 期。

12. 丁钢：《要充分考虑教育发展中的人文精神》，《探索与争鸣》1996 年第 10 期。

13. 杜瑞军：《从高等教育入学机会的分配标准透视教育公平问题——对新中国 50 年普通高校招生政策的历史回顾》，《高等教育研究》2007 年第 4 期。

14. 范宁：《制订〈义务教育法〉普及义务教育》，《北京师范大学学报》（社会科学版）1985 年第 5 期。

15. 范寿康：《普及教育亟有彻底实施的必要》，《教育杂志》1937 年第 27 卷第 1 号。

16. 范先佐：《择校与教育机会均等》，《教育研究与实验》1996 年第 4 期。

17. 丰向日：《全民教育：中国的解读与实践》，《山西师范大学学报》（社会科学版）2007 年第 3 期。

18. 丰向日：《传入与吸收：西方教育平等观念在中国》，《教育学报》2008 年第 1 期。

19. 丰向日：《义务教育均衡发展：目的、原则与核心》，《学术论坛》2008 年第 2 期。

20. 丰向日：《西方教育平等观念的历史演进》，《大学教育科学》2009 年第 2 期。

21. 丰向日：《推进教育公平须树立的若干观念》，《中国教育报》2009 年 8 月 24 日第 4 版。

22. 高华：《中共从“五四”教育遗产中吸取了什么：延安教育的价值及其局限》（http：//gaohua. coldwarchina. com/ztlw/yjzs/000025. htm）。

23. 顾明远：《教育均衡发展是教育平等的问题，是人权问题》，《人民教育》2002 年第 4 期。

24. 郭林：《三年来的小学教育》，《人民教育》1953 年 1 月号。

25. 郭兴旺：《辩证地看待教育公平》，《中国经济时报》2001 年 11 月 13 日第 5 版。

26. 何黎萍：《中国近代妇女教育平等权的演进》，《社会科学辑刊》2000 年第 6 期。

27. 胡劲松：《从教育公平看弱势群体的受教育权》，《中国教育报》2001 年 7 月 21 日第 4 版。

28. 胡玉娟：《拯救信仰——评马丁·路德的宗教改革》，《湖北大学学报》（哲学社会科学版）1997 年第 6 期。

29. 霍益萍、戴天华：《为了所有学生的成功——法国全国教育大讨论总报告概述》，《教育发展研究》2004 年第 12 期。

30. 《加快教育改革与发展，依法保障公民受教育权——访教育部副部长陈小娅》，《人权》2006 年第 4 期。

31. 蒋梦麟：《教育究竟做什么》，《新教育》1919 年第 1 卷第 1 期。

32. 姜琦：《教育上“德谟克拉西”之研究》，《新教育》1919 年第 1 卷第 4 期。

33. 姜琦：《女子教育问题之研究》，《教育杂志》1921 年第 13 卷第 5 号。

34. 金林祥：《孙中山教育思想述评》，《高等师范教育研究》1995 年第 2 期。

35. 康白情：《绝对的男女同校》，《少年中国》1919 年第 1 卷第 4

期。

36. 雷宾南（雷沛鸿）：《民族自救运动下之民众教育析义（二）》，《教育与民众》1932 年第 3 卷第 7 期。

37. 雷宾南（雷沛鸿）：《民众自救运动下之民众教育析义（四）》，《教育与民众》1932 年第 4 卷第 4 期。

38. 李贵连：《话说权利》，《北大法律评论》，北京大学出版社 1998 年第 1 卷第 1 辑。

39. 李光业：《今后女子教育》，《妇女杂志》1922 年第 8 卷第 2 期。

40. 李江源：《教育平等新论》，《浙江社会科学》2001 年第 2 期。

41. 李帆：《教育：让民众有尊严地分享改革成果》，《人民教育》2007 年第 9 期。

42. 李振宏：《中国古代均平文化论纲》，《学术月刊》2006 年第 2 期。

43. 李蒸：《中国之农村社会与教育》，《中华教育界》1931 年第 19 卷第 3 期。

44. 谅一：《民众教育之使命》，《教育与民众》1929 年第 1 卷第 1 期。

45. 刘百川、朱佐廷：《教育民主化的根本考虑》，《教育杂志》1948 年第 33 卷第 12 号。

46. 刘吉：《关于发展我国教育的几个战略观点》，《社会科学》1989 年第 4 期。

47. 刘薰宇：《“五四”以来的教育》，《教育杂志》1926 年第 18 卷第 5 号。

48. 柳斌：《积极稳步地推进九年制义务教育》，《课程・教材・教法》1988 年第 4 期。

49. 柳随年、王泓、魏礼群：《普及初等义务教育也不能由国家包下来》，《宏观经济研究》1983 年第 27 期。

50. 柳随年、王泓、魏礼群：《从我国实际情况出发走自己普及教育的路子》，《宏观经济研究》1983 年第 27 期。

51. 陆璟：《上海基础教育公平的实证研究》，《教育研究》2013 年第 2 期。

52. 吕小蓟、方晓东：《刘少奇与新中国的教育方针》，《人民教育》1998年第11期。

53. 吕型伟：《要重视英才教育问题》，《教育发展研究》1999年第5期。

54. 罗江华、张诗亚：《从“水土镇现象”看如何破解“普九”欠债难题》，《中国教育学刊》2007年第5期。

55. 罗清水：《论教育机会均等意涵与做法（上）》，《研习资讯》1998年第2期。

56. 罗清水：《论教育机会均等意涵与做法（下）》，《研习资讯》1998年第3期。

57. 马昌博、徐卓君：《义务教育，这20年为何这么难——对话全国人大常委会委员、原国家教委副主任柳斌》，《协商论坛》2007年第2期。

58. 马和民、许小平：《西方关于教育平等的理论》，《杭州师范学院学报》1999年第1期。

59. 马叙伦：《三年来中国人民教育事业的成就》，《人民教育》1952年10月号。

60. 马叙伦：《高等教育的方针、任务问题》，《人民教育》1953年4月号。

61. 马早明：《西方教育机会均等研究述评》，《教育导刊》2001年第15、16期。

62. 木心：《教育与德谟克拉西》，《教育杂志》1919年第11卷第9号。

63. 钮永建：《中国全民教育的必要与民众教育学院学生的责任》，《教育与民众》1929年第1卷第3期。

64. 千家驹：《再论“普及初等义务教育”》，《宏观经济研究》1983年第27期。

65. 钱俊瑞：《当前教育建设的方针》，《人民教育》1950年第1期。

66. 钱俊瑞：《学习和贯彻毛主席的教育思想——为纪念中国共产党的三十周年而作》，《人民日报》1951年6月29日第3版。

67. 钱俊瑞：《为提高工农的文化水平，满足工农干部的文化要求而奋斗——在第一次全国工农教育会议上的总结报告》，《人民教育》1951

年 5 月号（第 3 卷第 1 期）。

68. 钱朴译述：《北美学校教育的平等问题——加拿大 G. J. 爱默生教授在上海师大讲学片断之二》，《外国中小学教育》1988 年第 2 期。

69. 邱椿：《中国小学教育之过去的错误与今后的出路》，《中华教育界》1931 年第 19 卷第 3 期。

70. 瞿菊农：《现代教育上的几种新倾向》，《教育与民众》1932 年第 4 卷第 3 期。

71. 曲相霏：《受教育权初探》，《政法论坛》2002 年第 3 期。

72. 单中惠、勾月：《基于学校和教室层面的教育机会公平——达林—哈蒙德的教育公平思想初探》，《比较教育研究》2010 年第 9 期。

73. 沈灌群：《法国教育问题及战后的教育改革》，《中华教育界》1949 年第 28 卷（复刊第 3 卷）第 2 期。

74. 沈灌群：《二次世界大战以来的英国教育》，《中华教育界》1949 年第 28 卷（复刊第 3 卷）第 3 期。

75. 申素平：《受教育权国际标准研究》，《清华大学教育研究》2007 年第 5 期。

76. 盛冰：《转型时期政府的教育公平责任及其边界》，《教育研究》2007 年第 3 期。

77. 舒新城：《免费问题》，《教育杂志》1928 年第 20 卷第 6 号。

78. 宋德华：《康有为“大同三世”说新探》，《华南师范大学学报》（社会科学版）2003 年第 4 期。

79. 孙力：《“贵族”学校、“精英”教育不利于教育公平》，《探索与争鸣》1996 年第 10 期。

80. 邰爽秋：《教育机会均等》，《中华教育界》1926 年第 15 卷第 12 期。

81. 檀传宝：《中国教育机会均等问题的现实及对策思考》，《教育科学》1994 年第 2 期。

82. 唐安国：《实施义务教育：“效率优先、兼顾公平”》，《探索与争鸣》1996 年第 10 期。

83. 陶行知：《学生自治问题之研究》，《新教育》1919 年第 2 卷第 2 期。

84. 王海明：《平等新论》，《中国社会科学》1998 年第 5 期。

85. 王怀宇、张静：《国外怎样谋划义务教育阶段教育平等》，《中国教育报》2006 年 3 月 21 日第 3 版。

86. 王克仁：《教育上的机会》，《中华教育界》1922 年第 11 卷第 5 期。

87. 王蕾：《PISA 在中国：教育评价新探索》，《比较教育研究》2008 年第 2 期。

88. 王星：《义务教育中的社会公正——访肖雪慧副教授》，《教育评论》1996 年第 1 期。

89. 吴德刚：《从机制上保证教育公平》，《学习时报》2005 年 10 月 3 日第 6 版。

90. 吴德刚：《论促进教育公平成为国家基本教育政策的意义——学习〈教育规划纲要〉的体会》，《教育研究》2010 年第 12 期。

91. 吴效马：《五四“儿童的发现”与中国教育的近代化》，《学术研究》2005 年第 7 期。

92. 辛涛、黄宁：《教育公平的终极目标：教育结果公平——对教育结果公平的重新定义》，《教育研究》2009 年第 8 期。

93. 许杰：《后普九时代教育走向内涵发展的学校责任》，《中国教育学刊》2011 年第 5 期。

94. 徐锡龄：《各国民众教育发展的经过》，《教育与民众》1932 年第 4 卷第 1 期。

95. 徐梓：《“天地君亲师”源流考》，《北京师范大学学报》（社会科学版）2006 年第 2 期。

96. 《学制改革的重大意义和新学制的基本精神》，《人民教育》1951 年 10 月号（第 3 卷第 6 期）。

97. 杨效春：《我们的教育》，《中华教育界》1933 年第 20 卷第 7 期。

98. 杨效春：《中国农村复兴与教育改造》，《教育杂志》1934 年第 24 卷第 1 号。

99. 杨效春：《普及农村教育的困难和我们的做法》，《教育杂志》1937 年第 27 卷第 1 号。

100. 姚家群：《平等与质量是素质教育的两大问题》，《上海教育科研》1997 年第 1 期。

101. 姚绍华：《基本教育的时代使命》，《中华教育界》1947 年第 26 卷（复刊第 1 卷）第 8 期。

102. 叶澜：《中国教育学发展世纪问题的审视》，《教育研究》2004 年第 7 期。

103. 亦文：《春蕾计划：把花蕾还给春天》，《现代妇女》1995 年第 5 期。

104. 伊琛：《〈义务教育法〉的颁布是我国教育史上的一件大事》，《教育研究》1986 年第 4 期。

105. 隐青：《德谟克拉西教育之实施法》，《教育杂志》1919 年第 11 卷第 9 号。

106. 余家菊：《乡村教育的危机》，《中华教育界》1920 年第 10 卷第 1 期。

107. 余家菊：《乡村教育运动的含义和方向》，《中华教育界》1921 年第 10 卷第 10 期。

108. 余家菊：《国家主义下之教育行政》，《中华教育界》1926 年第 15 卷第 1 期。

109. 乐先莲：《致力于更加公平的教育——来自发达国家的经验》，《比较教育研究》2007 年第 2 期。

110. 岳毅平：《教育平等，离我们还有多远》，《决策》2005 年第 11 期。

111. 袁德林：《基础教育均衡发展一定要坚持科学发展观》，《中国农村教育》2006 年第 5 期。

112. 于建福：《教育均衡发展：一种有待普遍确立的教育理念》，《教育研究》2002 年第 2 期。

113. 曾昭抡：《三年来高等教育的改进》，《人民教育》1953 年 1 月号。

114. 赵笃明：《中国教育应如何改革》，《教育杂志》1925 年第 17 卷第 12 号。

115. 赵萍：《国际组织推进教育公平的不懈努力》，《比较教育研究》2007 年第 2 期。

116. 赵小雅：《对话钟启泉教授：义无反顾奏响改革进行曲》，《中国教育报》2006 年 12 月 15 日第 5 版。

117. 张长征、郇志坚、李怀祖：《中国教育公平程度实证研究（1978—2004）——基于教育基尼系数的测算与分析》，《清华大学教育研究》2006 年第 2 期。

118. 张力：《今后十年政府最主要的教育理想是促进教育公平》，《人民教育》2002 年第 4 期。

119. 张力：《促进公平：中国公共教育政策的基本价值取向》，《现代教育报·校长周刊》2006 年 11 月 8 日第 3 版。

120. 张良才：《孔子的教育平等思想及现代价值》，《孔子研究》1997 年第 1 期。

121. 张人杰：《西方“教育民主化”初探》，《中国高教研究》1986 年第 1 期。

122. 张人杰：《西方“教育民主化”初探（续）》，《中国高教研究》1986 年第 2 期。

123. 张奚若：《目前国民教育方面的情况和问题——在第一届全国人民代表大会第三次会议上的发言》，《人民教育》1956 年 7 月号。

124. 张翼：《市场经济条件下的教育平等和平等的教育》，《教育与经济》1997 年第 2 期。

125. 郑仪：《普及教育是国家的义务》，《南京师范大学学报》（社会科学版）1980 年第 2 期。

126. 郑婴：《我国急需的义务教育》，《中华教育界》1930 年第 18 卷第 6 期。

127. 郑裕硕：《孙中山的平等观述评》，《历史教学问题》1983 年第 4 期。

128. 郑玉清：《当代美国联邦政府教育平等政策的发展及其启示》，《世界教育信息》2007 年第 7 期。

129. 周谷城：《教育新论》，《教育杂志》1928 年第 20 卷第 1 号。

130. 周洪宇、雷江华：《关注教育公平：今年热门话题?》，《人民政协报》2001 年 2 月 13 日第 5 版。

131. 周洪宇：《教育公平是实现和谐社会的重要途径》，《长江日报》

2005 年 9 月 15 日第 12 版。

132. 周佳：《农民工子女义务教育问题进入政策研究视野》，《上海教育科研》，2004 年第 12 期。

133. 朱永新、袁振国：《〈大同书〉的教育平等思想》，《苏州大学学报》（哲学社会科学版）1985 年第 3 期。

134. 朱元善：《尊重个性》，《教育杂志》1915 年第 7 卷第 1 号。

135. 朱智贤：《中国学校教育的新生命》，《中华教育界》1930 年第 18 卷第 5 号。

136. 庄泽宣：《联合国文教组织与基本教育》，《教育杂志》1947 年第 32 卷第 3 号。

137. 祖印：《择校失控与教育公平》，《教育研究与实验》1996 年第 4 期。

五 外文文献

1. Coleman, J.: *The Concept of Equality of Educational Opportunity*, Harvard Educational Review, Vol. 38, No1, Winter 1968.

2. Cole, Mike: *Education, Equality and Human Rights*, London: RoutledgeFalmer, 2000.

3. Griffin, Keith & Saith, Ashwani: *Growth and Equality in Rural China*, Geneva: Interational Labour Office, 1981.

4. Hill, Dave & Cole, Mike: *Schooling and Equality: Fact, Concept and Policy*, Lodon: Kogan page limited, 2001.

5. Stiefel, M. & Wertheim, W. F.: *Production, Equality and Participation in Rural China*, London: Zed Press, 1983.

6. Valverde, L. A.: *The Coexistence of Excellence and Equality*, Education and Urban Society, 1988 (20).

7. William, J. Smith & Charles Lusthaus: *The Nexus of Equality and Quality in Education: a Framework for Debate*, Canandian Journal of Education, 1995 (20).

8. World Bank: *Priorities and Strategies for Education*, Bethesda, Maryland: Congressional Information Service, Inc., 1996.

六　报刊及其他资料

《新教育》（1919—1925，新教育共进社编辑）
《教育丛刊》（1919—1926，北京高师编辑）
《教育杂志》（1909—1948，上海商务印书馆出版）
《中华教育界》（1912—1950，上海中华书局出版）
《教育与民众》（1929—1948，江苏省立教育学院编辑）
《人民教育》（1950—1979）
《人民日报》（1949—1979）
中国政府网（http：//www. gov. cn/）
中国人权网（http：//www. humanrights - china. org/china/index. htm）
联合国教科文网（http：//www. unesco. org/zh）

后　记

本书是在我博士论文基础上修改而成的，得到了教育部人文社会科学研究青年基金项目资助（项目批准号：10YJC880031）。

“教育平等”这一西方式的话语从19世纪下半叶来到中国后，一直为社会精英所关注。社会精英的教育平等观念有时是外显的，但大多数时候隐藏在普及教育的论争之中，它同中国现代教育的发展共生互动。研究中国近现代教育平等观念的历史演变，既具有重要的现实意义，又有助于丰富教育平等的理论宝库。然而，要想把精英们头脑中的观念真实而生动地揭示出来，对研究者有很高的要求。对于我——一个稚嫩的研究者来说，完成它是很困难的，最终展示出来的成果也很粗糙。

衷心感谢我的博士生导师华东师范大学霍益萍教授！难忘博士求学期间霍老师对我们生活、学业的关心、指导。

她以慈母般的细心关爱着学生生活的点点滴滴，对我们的学业，霍老师要求非常严格，投入的精力很大。每半个月她至少会找我们一次，谈学习、论文情况，论文的每一环节她都严格把关。我们在学业上有什么问题，随时可以去打扰她，她再忙都会留出时间给学生。我的宿舍和霍老师的家都在清水湾小区，两楼只有一路之隔，三年的学习我惊扰霍老师的次数也最多。

我硕士专业是语文教学论，没有受过教育史的专业训练，霍老师以她编辑史料、辞典的深厚功夫，把我逐渐带入教育史专业领域。在学习专业的同时，我有幸参与了霍老师的课题“科教合作推动教师专业发展”，与课题组一同研讨、深入中小学课堂、参与教师培训。这一经历给我现在的工作带来了很大帮助。霍老师对事业的执着、对教育实践的热情深深地感染着我，从她身上我明白了一个教育理论工作者，无论从事什么专业都应该努力关心和参与教育实践。霍老师的新思想、大视野，对大型活动的组织能力以及与团队成员、中小学校长教师的交流合作都给了我很多启示。

我求学的华东师范大学教育学系汇聚着教育学界的重量级学者。教育史学界的知名学者丁钢教授、杜成宪教授、金林祥教授、黄书光教授开设了教育史系列课程，从不同角度阐释教育史，为我们提供了丰盛的专业大餐。能听他们的课、得到他们的指点，真是非常幸福。他们在教学中向我们介绍教育史最新研究趋势，并将自己的研究课题、研究心得毫无保留地惠予我们，他们各具特色的教学风格值得我们去品味、学习。叶澜、陆有铨、郑金洲、范国睿等教授精彩的报告，开题、答辩时睿智和风趣的点评、质疑，让我们获益良多、难以忘怀。教育学系积极向上、充满人文关怀的氛围，让我们三年的博士学习充实而快乐！难忘2005级博士班集体，大家如今分布在祖国各地从事着教育学不同领域的研究、管理等工作，见面的机会少了，但那种集体的温暖一直留存在我们心里，激励着我们继续奋进。难忘同门师兄妹赵鑫、宋建军、沈俊强、王春秋、吴晓东、沈岚霞、张萌、李甜、肖思汉等，感谢他们快乐温馨的相伴，感谢他们对我的关心和帮助！

能够从一个中等师范学校教师最终读到教育学博士，特别感谢我的硕士生导师山西师范大学的卫灿金教授！是他培养了我对教育的兴趣，给了我研究的信心，把我留在大学这一研究学问的殿堂。硕士期间的王光龙、武永明等老师给了我最初的教育学启蒙，感谢他们把我带上教育研究的道路。

2009年，我来到天津师范大学工作，感谢天津师大高玉葆校长以及人事处等部门的领导，感谢他们对我的接纳，让我走出人事关系的羁绊，安心于教学科研工作。我所在的初等教育学院杨宝忠院长、刘艳霞书记、陈方红书记等领导给了我很多关心和帮助。杨院长带我走进小学教育这一广阔的研究领域，为我的成长倾注了心血，我在这里体会到了专业的乐趣以及一个教育研究者的价值。

从博士求学到现在已近10年，感谢我的爱人屈彩霞一路相伴！我在上海上学期间，她一个人带孩子、读硕士、做家务，还要工作，正是她的付出才有了我博士学业的顺利完成。如今女儿已经上初一，爱人也已成为博士，在人生的道路上，我们一起继续努力前行。

本书的出版得到中国社会科学出版社的支持，特别感谢责任编辑凌金良博士！他精细地雕刻着书中的一字一词，付出了辛劳的汗水。

谨以此书献给我逝去的父亲、母亲。

丰向日

2014 年 12 月于天津